《我们的大学》编委会

我们的大学

易佐永题

大学生文化素质发展日志年编（2011）

主编◎陈　爽　副主编◎饶东方

暨南大学出版社
JINAN UNIVERSITY PRESS

中国·广州

图书在版编目（CIP）数据

我们的大学：大学生文化素质发展日志年编．2011／陈爽主编．—广州：暨南大学出版社，2012.12

ISBN 978－7－5668－0401－3

Ⅰ.①我…　Ⅱ.①陈…　Ⅲ.①大学生—学生生活—广州市—2011　Ⅳ.①G645.5

中国版本图书馆CIP数据核字（2012）第255670号

出版发行：暨南大学出版社

地　址：中国广州暨南大学
电　话：总编室（8620）85221601
营销部（8620）85225284　85228291　85228292（邮购）
传　真：（8620）85221583（办公室）　85223774（营销部）
邮　编：510630
网　址：http：//www.jnupress.com　http：//press.jnu.edu.cn

排　版：弓设计
印　刷：广州市怡升印刷有限公司

开　本：787mm×960mm　1/16
印　张：19.25
字　数：347千
版　次：2012年12月第1版
印　次：2012年12月第1次
印　数：1—2000册

定　价：42.00元

精彩导读

五月

六月

七月

八月

九月

十月

十一月

十二月

我们的大学

January 一月

1月4日　公共管理学院“互助家族”举行“寒冬送温暖”活动

为了把公共管理学院同学的爱心传承下去，“互助家族”义工团队在08级辅导员付艳老师的带领下于1月4日举行了“快乐行动”第二站——“寒冬送温暖”活动，为家庭经济困难的同学送上了新年的礼物和祝福。

“互助家族”团队充分运用同学们前期的捐助金，为学院12名不能进入经济困难数据库的困难学生购买了暖水袋、手套等防寒用品，同时为其中5名同学准备了现金资助。由“互助家族”的义工成员分组，附上问候信，做成新年祝福礼包，逐一把礼物送给需要帮助的同学，把学院对他们的关爱送出去，希望他们可以过上一个温暖的冬天。（付艳）

1月8日　学校成功举办“2011届毕业生广东省环保企业专场招聘会”

为支持高校的教育工作，促进广东省环保专业大学生的顺利就业，由广东省环境保护产业协会牵头，经广州大学、中山大学、华南理工大学、华南师范大学、华南农业大学、广东工业大学协商，1月8日，在广州市大学城广州大学校区共同举办了“2011届毕业生广东省环保企业专场招聘会”。广州大学招生就业处和环境科学与工程学院具体承办了本次校园招聘会。广东省科技厅产学研结合处及广东省民间组织管理局综合处领导到招聘现场进行指导。

本次招聘会是省环保产业协会第三次利用广州地区6所高校丰富的对口专业毕业生资源举办环保企业招聘专场，针对性强、对接率高。1月8日，在我校图书馆广场，来自全省各地的127家环保企业为毕业生提供了1 500多个职位，吸引了近4 000名应届毕业生前来应聘。本次招聘专场由往届主要邀请广州6所高校的应届毕业生拓展到邀请全省60多所有环保及相关专业的院校应届毕业生。求职者中应届毕业生居多，也有有工作经验的往届毕业生。这些来求职应聘的学生不仅有来自广州及珠三角其他地区的，也有来自我省东西两翼地区的。（环境科学与工程学院学工办）

1月10日　地理科学学院黄竞等10名同学荣膺“南粤优秀研究生”称号

1月10日，地理科学学院08级人文地理学专业研究生黄竞等10名同学荣膺2010年度广东省“南粤优秀研究生”称号。

南粤优秀研究生的评选主要是就研究生的政治表现、社会工作、业务能力、论文学术水平等各方面条件综合评审，学校今年推选15人参加广东省评比，最终10人荣获该项荣誉。迄今为止，地理科学学院已有7名研究生荣获该项荣誉称号。（刘晓亮）

1月13日　2010年退伍复学学生七成立功

2008年光荣入伍学生近日退伍返校。1月13日，我校举行座谈会，欢迎他们圆满履行服兵役义务归来。副校长龙少锋出席会议，代表全校师生向他们表示热烈欢迎，对他们载誉归来表示祝贺。

2008年冬季，我校有41名同学光荣入伍，今年退伍返校的学生共有37名，其中校本部退伍学生17人，校外二级学院退伍学生20名，另有4名同学考入军校。两年里，这批学生在部队的大熔炉里严格要求、刻苦训练，在军营中塑造了威武的军人形象和良好的“广州大学人”形象，为国防事业作出了应有的贡献。他们绝大多数在部队立功受奖，其中立三等功的27人，占退伍人数的73%；在部队光荣加入党组织的22人，占退伍人数的59%。龙少锋副校长对复学学生在部队取得的成绩给予了充分肯定。他说，载誉归来，说明同学们刻苦锻炼，都是合格的军人。同学们用实际行动实现了应征入伍时许下的“以实际行动为广大争光”的承诺，学校感谢你们。（林雪漫）

1 月 13 日　广州大学获亚运会、亚残运会志愿服务工作优秀组织单位

1 月 13 日，广州亚运会、亚残运会志愿者工作总结表彰大会在市委礼堂隆重举行。

广州大学获“广州亚运会、亚残运会志愿者工作优秀组织单位”、“创先争优主题实践活动先进集体”、“志愿者工作优秀项目奖”、“文明观众组织工作优秀组织单位”4 个集体奖项，共计 308 人次获得个人表彰奖项，易佐永、屈哨兵、董皞、龙少锋等校领导分别获得“志愿者工作贡献奖”和“观众组织贡献奖”，饶东方等 7 人获得“文明观众组织工作先进个人”称号，何晓晴等 19 人获得“志愿者工作先进个人”称号，郑美玲等 7 人获得“创先争优主题实践活动先进个人”称号，郭杏薇等 270 人获得“志愿者先进个人”称号。（校团委）

1 月 14 日　广州大学师范生实习支教工作获市教育局领导高度评价

1 月 14 日，广州市 2011 年师范生实习支教工作安排会和广州大学 2010 年师范生实习支教工作总结大会在广州大学召开，广州市教育局巡视员王小强、广州大学副校长禹奇才参加会议并讲话。

会上，王小强指出，广州大学所开展的师范生实习支教置换教师培训工作是一项非常有意义的工作，不仅作出了成绩，而且塑造了广州大学自己的品牌。希望广州大学、区（县级市）教育行政部门、支教学校继续共同努力，使这项工作收到更好的效果，以推进我市教师培养模式改革，共同培育

我市基础教育人才，促进我市农村教育事业的发展。

副校长禹奇才代表我校致辞，教务处领导作了实习支教工作总结，支教学生代表、带队教师代表、支教学校代表和区（县级市）教育局代表分别作了发言。会议期间，广州大学提出了2011年师范生实习支教工作计划，与会代表进行了热烈的讨论，基本确定了2011年实习支教的专业和人数。（施小平 摄影：肖湘）

1月14日 商学院经济系与广发证券股份有限公司建立实习基地

1月14日，商学院经济系金融学与国际经济与贸易专业院级校外实习基地——广发证券股份有限公司正式挂牌并开始运作。商学院副院长陈喜强、经济系主任邓宏、副主任杨勇华、支部书记颜金林、学工办主任孟强与广发证券总经理钟彩虹等领导参加了隆重的揭牌仪式，双方就实习基地的规划与建设交换了意见，并就毕业实习、认识实习和证券从业资格考试培训等工作作了具体安排，共同表示将按照广州大学校级校外实习基地的要求和标准规划建设广发证券实习基地。（商学院学工办）

1月18日 2010年广州大学十大新闻评选开始

刚刚过去的2010年，恰逢我校合并组建十周年，也是学校发展历史中的又一个丰收年。国家科学技术进步奖的获得，研究生硕士、博士学位点申报的新突破，亚运会击剑场馆组织工作的出色完成……一个个精彩片段、一份份耀眼成绩勾勒出我校与时俱进、不断超越的发展轨迹。

今年是广州大学合并组建的第一个十年，站在学校合并组建十年的节点上，我们追忆走过的十载足迹，也瞻望下一个十年的方向。十年我们有着不变的旋律："博学笃行、与时俱进"；十年我们有着同样的视野：国际合作迈大步，服务社会有作为；十年我们有着共同的希望：广大前程、广大视野、广大胸怀、广大理想造就更加美好的广大明天。十年间，广大人唱响不辍弦歌；下一个十年，广大人心沐晨晖，弦歌再起。

喜讯频传，战鼓吹响。值此辞旧迎新之际，我们一如既往关注在过去一年里那些对学校发展进步具有重要影响的事件。为此，我们通过继续组织评选学校十大新闻，特别推出十大新闻评选专题网页，并在《广州大学报》上发动有奖投票活动，希望与全校师生员工共同回首这精彩纷呈的2010，欢迎广大师生员工积极参与评选活动。（新闻中心）

1月19日　美国杨百翰大学客人来访音乐舞蹈学院

1月19日上午，美国杨百翰大学艺术管理部副总监 Rex L. Barrington 教授、Shane W. Wright 教授与音乐舞蹈学院马达院长就2011年5月中旬杨百翰大学室内乐团来广州大学进行交流演出事宜进行了洽谈。广州大学音乐舞蹈教育研究所所长陈雅先教授、校团委朱丹丹老师等参加了本次合作洽谈会议。

在洽谈会上，两位外宾介绍了杨百翰大学室内乐团的概况，并提供了演出的节目名称、行程安排等，已确定于今年5月13日晚在我校演艺中心演出。会谈中，双方还就演出期间乐团成员与我院学生举行联谊活动交换了意见和看法，一致同意在演出期间安排双方学生分组进行艺术交流和学习交流。两位外宾对杨百翰大学室内乐团来我校进行交流演出事宜表现出极大的热情，马达院长也表示将联合学校相关部门为即将到来的交流演出提供便利，全力保障交流演出的成功。

本次洽谈会为5月份美国杨百翰大学室内乐团来我校进行交流演出打下了很好的基础，双方都对即将到来的交流活动表现出了极大的期待。（音乐舞蹈学院学工办）

1月20日　广州大学被授予“中华诵·经典诵读行动”特别贡献奖

1月20日，国家语委2010年工作会议在北京召开，广州大学被授予“中华诵·经典诵读行动”特别贡献奖。

2010年，广州大学先后举办了校园第二届中华经典诵读大赛和承办了教育部、中央文明办、中国教育电视台主办的“中华诵·端午篇”2010经典诵读晚会。晚会取得了圆满成功，并在中国教育电视台和广州电视台、南方电视台多家媒体播出，社会反响热烈，为推动“中华诵·经典诵读行动”作出了积极的贡献。在刚刚结束的2010年全国经典诵读大赛中，广州大学参赛作品获得集体组三等奖两个，新闻学院刘雯雯同学获得个人三等奖，新闻学院魏玉祥、孙伟两名同学获得个人优秀奖。（校团委）

1月30日　校领导与寒假留校学生共迎兔年新春

玉兔迎春至，校园喜增晖。1月30日中午，学校举行2011年寒假留校学生春节团拜会。校领导易佐永、屈哨兵、陈爽及有关部门负责人与500多名经济困难学生在菊苑食堂共进团年饭，欢度兔年新春，向学生们送上了新年祝福，并向与会学生送上了新春大礼包。

团拜会上，校党委书记易佐永向学生们及其家人送上新春祝福，并寄语经济困难学生要克难求进。副校长屈哨兵在会上致辞，他代表学校向全体学生及学生家长致以良好祝愿。

随后，校领导分别来到学生中间，与他们共进团年饭，询问同学们的生活状况与学习情况，校领导还专门到新疆少数民族学生的就餐区送上慰问和祝福。

会后，学校还向每位学生送上新春大礼包，内有巧克力和具有广州特色的糕点。此外，学校还与中国移动合作，在会场为留校学生提供免费拨打长途电话的服务，让同学们能与家人通话报平安。（霍佳敏　摄影：梁铭茵）

1月31日　外国语学院近两百名志愿者给力服务天河花市

随着春节脚步的临近，花城广州张灯结彩，花市热闹非凡，处处洋溢着欢乐祥和的气氛。外国语学院学生志愿者自愿放弃假期，投身广州天河花市开展

“护花行动”。

1 月 31 日上午，外国语学院院长肖坤学、党委书记梁碧茹等一行 6 人前往天河体育中心，向在天河花市服务的学生志愿者送上新春祝福及节日的慰问。

外国语学院近两百名志愿者从农历年二十八到除夕夜，不畏寒风，起早贪黑，在天河区团委、学院及花市指挥部的统一调度下，为领导来宾、广大市民及花贩提供运送盆花、搬运货品、接待指引、广播宣传、咨询讲解、扶老携幼等温馨服务，陪同市社会福利院少年儿童游览花市，并在花市结束之后，耐心地说服花贩不要砸花，募集剩余盆花送往福利院和有需要的困难家庭。今年，为活跃花市的气氛，志愿者们还特别设计了猜灯谜、知识问答及互动游戏，吸引了大批热心市民在志愿者服务站前驻足并参与活动。在志愿者的不懈努力下，“护花行动”受到各级领导和广大市民的一致好评，也得到了花贩的理解与支持，成为天河花市一道亮丽的风景线。(鄢智青)

February 二月

2月1日　广州大学交换生在帕多瓦孔子学院举办迎兔年春节联欢会

2月1日，位于意大利帕多瓦市中心的上海饭店张灯结彩，巨大的横幅上写着“帕多瓦孔子学院2011年春节联欢会”，50多位中意来宾欢聚一堂，载歌载舞，迎接中国兔年的来临。

联欢会由孔子学院汉语教师哈莎女士与广州大学交换生杨馥主持。帕多瓦大学亚洲事务负责人Lorenzoni教授，帕多瓦大学语言中心和外事处代表，威尼斯华人华侨总会秘书长周耸先生、理事长蒋崇王先生、顾问朱从军先生，威尼斯星际旅行社经理林洁女士、张春红女士，帕多瓦孔子学院代表，广州大学12名交换生等应邀参加了联欢会并演出节目。（帕多瓦孔子学院）

2月2日　广州大学青年志愿者协会志愿者齐当花市志愿者

2月2日，即农历年三十，海珠区海幢街道办事处花市志愿服务工作负责人携我校青年志愿者协会38名志愿者来到海珠区滨江花市进行志愿服务。本次志愿者的工作主要是劝说花农将卖剩的盆栽捐献给老人院和回收这些盆栽，以及协助工作人员维持现场秩序等。

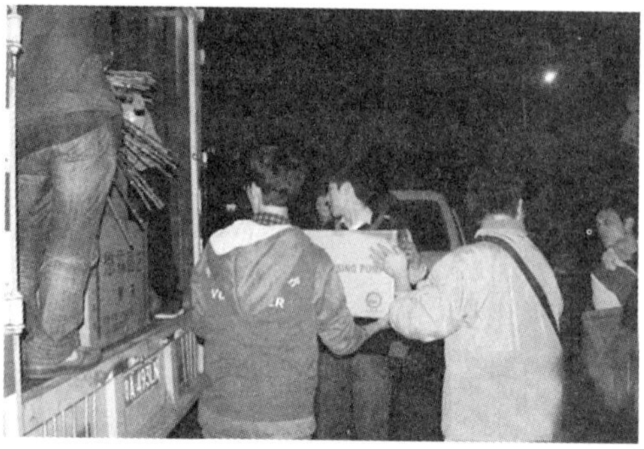

志愿者协助搬运盆栽

本次花市的志愿者们热情高涨，都认为把花农剩下的盆栽花果送到老人院十分有意义，均表示如果还有机会，一定会继续参加这样有意义的活动。（校青协）

2月25日　旅游学院召开2011年“寻梦·起航”主题班会

本次主题班会以“寻梦·起航”为主题。召开班会的目的是确定同学们的奋斗目标，为实现同学们的人生梦想提供一些可塑性的方法，希望通过这个主题班会能给同学们的大学生活带来启示和帮助。

主题班会是旅游学院针对入学新生举办的，希望能给新生一个适应大学生活的好办法：起初的迷茫是避免不了的，但有梦想有目标便有了奋斗的动力，生活便会充实起来，“寻梦·起航”便是最好的提示。（仇妙芹　简远森）

2月27日　广东科学中心寒假志愿者志愿服务在继续

广州大学青年志愿者协会志愿者继续在广东科学中心进行寒假志愿服务。志愿者们用辛勤的劳动与真挚的微笑，在寒冬中传递一股又一股的温暖。他们不辞辛劳，终于圆满而又成功地完成了今年寒假的服务任务。

志愿者指导小朋友游玩

志愿者为观众热情解说

志愿者们每天早上8：40准时到达广东科学中心，然后准备开展他们一天的志愿者服务。9：30，他们正式开始志愿者服务。志愿者们在不同展馆的不同区域，介绍该展馆中设施的使用方法以及应用的科学原理。他们耐心的介绍让游客在游玩过程中学到了科学知识，优质的服务让游客更加享受整个使用过程。经过数小时的志愿服务，到下午4：00，志愿者们完成了该天的任务，悄悄地随人群散去。

在今天志愿者服务的休息时段，我们采访了几位志愿者。他们都说，志愿者服务虽然有点辛苦，但是他们在这个过程中锻炼了自身的能力，也体会到了帮助他人的快乐，是一段难忘的回忆。（校青协）

2 月 28 日　关注社会，与时俱进——广东大学生思想动态重点调研座谈会

2 月 28 日，来自省学联的刘永佳等代表以及广州大学各学院随机抽派的学生代表齐聚广州大学图书馆副楼，就寒假后大学生关注的热点问题交换意见和看法，作深入的交流与研讨。在广州大学学生会主席陈尚龙的主持下，大家齐聚一堂，针对时下的热点问题，展开了讨论。

座谈会讨论了两会热点、学校管理、官员腐败、贫富差距、“富二代”、“官二代”等社会热点问题和网络街拍、酒后驾驶、网络亲民、大运会等网络焦点事件。

对社会的关注度不高，是省学联代表们对各学院代表的评价。代表们希望大学生把个人发展与国家发展联系在一起，多了解时事，多关心社会，与时俱进。学生组织也要重视学生干部的培养，运用各种新颖的方式，团结各方力量，真正做到为学生服务，共建幸福校园。（李华龙）

2 月 28 日　新闻与传播学院创新班 22 名学生赴台交流学习一学期

2 月 28 日下午，广州大学新闻学院创新班赴台湾淡江大学学习欢送仪式在我校行政西楼二楼会议厅举行，22 名赴台学子将于 3 月 1 日启程。

赴台学生往心愿盒投入自己所写的愿望

据悉，参加此次赴台学习的 22 名同学是我校国家级新闻人才培养模式创新实验区的第二批学员。实验区以人文素质为基础，以新闻素养为平台，将先进的媒体资源和教学资源直接植入教学过程。通过课程订购，让学生获得最先进的教育资源，培养适应广州广播电视传媒事业发展需要的高素质优秀新闻人才。这是我校教学制度的创新，也是国内高校新闻学教育的首创。

我校副校长禹奇才、陈爽，广州市对台办公室宣传交流处处长潘为华，校党委宣传部、国际交流处、教务处、新闻与传播学院的负责人，即将赴台的22名创新班学子，以及来自新闻与传播学院学生代表参加了此次欢送仪式。（新闻与传播学院学工办）

我们的大学

March 三月

3月1日　第八届女生节开幕前奏——千人瑜伽展风采

3月1日下午，近千名女生聚集于演艺中心前的广场，在资深瑜伽老师的带领下，开展了一场千人瑜伽活动，一展瑜伽的柔美风采。

瑜伽展示排练现场

本次活动是由广州大学学生会和学生会妇女委员会联合主办的广州大学第八届女生节系列活动之一，也是将于3月6日举行的“粉红春天　万人瑜伽”活动的一次练兵，老师所教授的内容正是“万人瑜伽”大赛时将展现的瑜伽动作。

主办方表示希望女生们踊跃参加即将举行的“万人瑜伽”活动，以万人同做瑜伽的恢弘气势冲击吉尼斯世界纪录，同时通过有益身心的瑜伽运动，倡导健康生活理念，传播慈善大爱精神。（校学生会）

3月2日　抓好入党推优工作，加强党员队伍建设

3月2日，人文学院各学生组织推荐入党积极分子工作会议在文俊东楼602室召开。人文学院团委、学生会主席团、各部门部长及各学生组织等主要负责人出席了本次会议。

会议中，组织部部长陈楠楠介绍了本次入党积极分子推优工作的概况。她指出，深入开展“推优”工作，有利于加强党的组织建设，逐步增加党员队伍中青年党员的比重，以建设一支充满生机和活力的党员队伍。会议最后，团委副书记黎彦彤表示，本次活动是首次将各学生组织推荐入党积极分子工作列为团委的常规工作，希望各组织的负责人能够互相合作，将会议精神带回各组织，认真落实每项细节，从而更好地完成这项工作。（人文学院学工办）

3月3日 “土木杯”篮球赛开赛

3月，广州大学土木工程学院“土木杯”篮球赛正式开始。我们本着“增强同学的体育锻炼，促进同学之间的友谊，友谊第一，比赛第二”的宗旨，给不同年级之间的同学一个交流的机会。每支队伍都为我们带来了精彩的比赛。最终，09给排联队获得了“土木杯”篮球赛的冠军。（土木工程学院学工办）

3月4日 公共管理学院拉开研究生教育质量“绩效管理年”序幕

公共管理学院举行全院研究生大会，并正式拉开了进一步提高研究生教育质量的“绩效管理年”序幕。随着近几年研究生教育的迅猛发展，公共管理学院研究生规模从建院时的几人到现在的近两百人，对研究生管理及教学，学院十分重视，特别是教学上，学院一直严标准、高要求。从今年开始，公管学院将以绩效为主要检验标准，从细节入手，对研究生教育培养的各环节、各阶段工作进行更细致更具体的规范，以提升研究生的教育质量。与此同时，学院还通过党建及各项活动推进研究生群体的自身建设，推动教与学相长的良好局面形成，为实现从教学型院校向教学研究型院校转变而努力。（甘健强）

3月5日　青年志愿者协会本科插班生考试服务活动

3月5日，本科插班生考试在广州大学举行。广州大学青年志愿者协会的40名志愿者协助考务人员，进行了志愿服务活动。志愿者身穿红色志愿者服，面带微笑却不乏严肃，对于考生关于考场事宜的询问，志愿者都耐心、谨慎地回答。若有不清楚的地方，他们则立刻联系考务人员，协助回复。

志愿者的热情帮助、真心协助、严谨服务，对这次考试起到了重要作用，也给了志愿者自己一份美好的礼物，那就是快乐与成长！（邹丽云）

3月6日　万人瑜伽活动

在三八节来临的前夕，由省妇联联合正大卜蜂莲花等大型企业组织的以“关爱女性，关注女性健康”为主题的万人瑜伽活动在大学城体育中心隆重开幕。广东省副省长林木声，广东省政协副主席、广东省妇联主席温兰子，省妇联常务副主席周丽琼、卜蜂莲花华南区总监翁海鑫以及广州大学党委常委、纪委书记陈少梅等领导嘉宾参加了此次活动。中山大学、华南师范大学、广东外语外贸大学、广州大学、广州中医药大学、广东工业大学等学校的部分女生们都作为万人瑜伽中的一分子参加了此活动。（校学生会）

3月7日　“呵护青春，做美丽女生”——广州大学青春健康讲座

讲解员和同学们互动

在广州大学第八届女生节开幕前夕，由广州大学学生会、广州大学学生妇女委员会联合主办的，以“呵护青春，做美丽女生”为主题的广州大学女生青春健康讲座在图书馆讲学厅举行。来自武警广东省总队医院的孔欣主任等出席了此次讲座。

本次讲座分为两个环节，首先

是由孔欣主任主讲“安全、健康、快乐，21世纪智慧女生之道”。接下来，是现场互动环节——角色扮演游戏和有奖问答环节。同学们都积极参与其中，踊跃作答，掀起了此次活动的高潮。

在欢快的氛围中，同学们增长了青春健康知识，并提高了预防生殖健康疾病的意识，在笑声与掌声中度过了一个有意义的、难忘的夜晚。（校学生会）

3月7日　日本福冈大学师生来广州大学访问交流

广州大学友好姐妹学校日本福冈大学师生一行9人前来广州大学作为期两周的访问学习。在访问交流期间，适逢日本发生9.0级大地震，日本各地受到重创。外国语学院师生与在广州大学访问学习的日本学生取得联系，并通过他们向在日本的亲人和朋友致以关心和慰问。

本次交流活动由学校国际交流处统一安排，外国语学院负责具体接待。外国语学院为日本学生安排了活泼生动的汉语课，让学生们在游戏中快乐地学习汉语。另外，由日语专业各年级学生负责，带日本学生游览了陈家祠、广州博物馆、广州塔等景点，体验早茶、粤剧等广东特色文化，让他们在浓郁的岭南文化氛围中学习汉语，体验中国文化的魅力。（张新　鄢智青）

3月8日　党建理论研究会走访优秀党员活动

广州大学党建理论研究会在兰苑饭堂三楼开展走访优秀党员活动。作为本学期的第一期走访党员活动，这次走访的对象是公共管理学院09级的支部负责人黄宇婷。持续了一个小时的访谈轻松愉快。

走访优秀党员是党研会的特色活动，其优点在于近距离地接触党员，感受其优秀，每次活动总会给人不一样的收获和领悟。优秀是一种力量，也是一种习惯，更会潜移默化。（周树松）

走访时合影留念

3月8日　中国南方人才市场部主任彭罡指导生命科学学院学生就业

毕业在即，关于毕业生就业过程中的相关手续问题困扰着不少学生。3月8日下午，生命科学学院邀请中国南方人才市场就业指导部主任彭罡，在校讲学厅开展了“毕业生派遣与人事代理政策解读”专题讲座，生命科学学院400多名毕业生参加了本次讲座。

讲座中，彭罡主任从暂缓就业、人事代理制度、协议书、个人档案材料转出这四个方面为同学们进行了详细解读。（岑学升）

3月8日　广州大学第八届女生节于红棉路隆重开幕

第八届女生节开幕式暨“幸福嘉年华”活动在红棉路隆重开展。伴随着蛋糕的掀开和礼花的喷射，女生节正式开幕。校团委郑美玲副书记亲临红棉路参与这一欢乐时刻。学生妇女委员会主任李凌华致开幕词，她强调了女生节“关怀女生”的意义，并介绍了开幕式的相关活动。

开幕式现场活动多多，精彩不断，有文艺表演，也有各个摊点的小游戏，而千人笑脸墙和许愿墙更是吸引了众多的目光。笑脸墙上的一张张阳光般的笑脸，与“我运动，我健康，我幸福”的主题遥相呼应。许愿墙上的一个个愿望，更展现了女生们心中最美好的渴望。（校学生会）

女生节盛况

3月8日　生命科学学院与日本京都大学综合博物馆签署交流协议

3月8日下午，广州大学生命科学学院与日本京都大学综合博物馆举行了

学术交流备忘录签署仪式。京都大学综合博物馆大野照文馆长和我校生命科学学院吴毅院长分别代表双方在备忘录上签字，广州大学副校长陈爽出席签字仪式并发表讲话。京都大学综合博物馆本川雅治博士、广州大学国际交流与合作处李毅处长、科技处张亚芳副处长和生命科学学院师生100多人共同见证了签约仪式。（李燕冰）

3月8日　旅游学院红会急救技能大赛

3月8日下午，旅游学院红会2011年急救技能大赛在文俊东楼413室举行。红会各部门成员打散后混合组成新的活动小组，在新选出组长的带领下，同学们设计好队名和口号后立即投入到紧张的比赛当中。比赛环节有必答题、抢答题、三角巾包扎等。面对一系列的难关，各组成员齐心协力，在大赛中发挥团队精神和个人特长，分工突破，纷纷把在寒假中学习掌握的急救技能知识灵活变通地运用到了比赛当中。通过比赛，每位红会干事均得到了一次难忘的急救技能知识的学习机会，既增长了见识，也拓展了能力。同时比赛还加深了不同部门的接触和了解，增进了红会各个部门间的团结友谊。（刘绍东　欧阳帼茵）

3月8日　地理科学学院“成才有我”沙龙拉开帷幕

为了认真贯彻我校领导干部联系班级和专任老师值班“两项制度”的要求，地理科学学院经研究部署决定开展学生学术沙龙活动，由专业任课老师根据自身专业优势在值班时间开展专题报告，以此开阔学生视野，增进师生交流。经过精心筹备，3月8日晚，由地理科学学院院长陈健飞教授主持的“留学经历，与你分享”的讲座拉开了沙龙帷幕，学工办刘晓亮、李红宾老师以及50多名学生参与了活动。

在讲座中，陈院长以自己的求学经历为主线，用幽默风趣的语言讲述了自己在比利时和美国的留学生涯。这次讲座使同学们开阔眼界的同时，更加深了对知识的追求是没有穷尽和界限的理解，正所谓“吾生也有涯，而知也无涯”。(李恒华　刘向晖　刘晓亮)

3月10日　人文学院各学生组织推优入党讨论大会顺利召开

3月10日，人文学院首次学生组织推优讨论大会在文俊东楼602室举行，院团委、学生会、院青年志愿者协会、院红十字会、志愿讲解队、曲艺社等各大学生组织中的主要负责人及党员同学出席了会议。本次会议由人文学院团委副书记黎彦彤主持。此外，校团委学术科技部、校红十字会主要负责人也出席了本次会议，并为拟推荐者作个人鉴定，表示了对本次讨论大会的大力支持。(人文学院学工办)

3月10日　日本山形大学Seiki Mori教授到广州大学演讲

3月10日下午，日本山形大学数学系Seiki Mori教授在文新楼211室为数学与信息学院的师生们作了关于日本高等教育概况的报告。许多对日本感兴趣的同学纷纷前来参加讲座，现场座无虚席。

Seiki Mori教授主要介绍了日本教育的历史发展进程、当代的教育模式以及日本学生的学习压力，让广大师生对日本教育有了全面的了解。讲座最后，同学们踊跃发言提问，Seiki Mori教授热心地回答了同学们的提问。讲座结束后，有的同学还积极主动地与Seiki Mori教授交流。参加了讲座的同学对日本的高等教育有了一更深层次的认识，获益良多。(苏哲莹)

3月10日　生命科学学院举办心理委员培训交流活动

3月10日，在行政西楼的学院会议室，广州大学心理辅导中心的冯清梅老师与生命科学学院心理协会会员及各班心理委员进行了一次面对面的培训与交流，就学生代表反映的学生心理状况作了分析与探讨，并对学生提出的心理困扰和情绪问题进行了解答与指引。生命科学学院学工办李燕冰老师出席会议并参与讨论。（李燕冰）

3月11日　“十佳学生社团”评比

今年3月初，广州大学学生社团联合会就开始了为期近两个月的2010年度广州大学“十佳学生社团”评比活动。广州大学“十佳学生社团”评比活动是为了全面贯彻学校繁荣学生社团的方针，推动校园文化建设，促进学生社团发展，表彰在活跃校园科研学术氛围、丰富校园文化、促进校园精神文明建设方面发挥突出作用的学生社团。

当天“十佳学生社团”评比活动大体分为自评、互评以及社联对学生社团的综合评定和答辩大会等环节。最后，经过团委老师的审核，法律咨询服务社、曲艺社等十个学生社团获得了2010年度“十佳学生社团”称号，AL桌游协会、广告协会等6个协会荣获2010年度广州大学“学生社团进步奖”。（学生社团联合会）

3月12日 爱心暖瀛洲——瀛洲老人院慰问活动

3月12日，广州大学青协的向日葵志愿服务部与广东工业大学应用数学学院青年志愿者协会的同学一起到瀛洲老人院进行慰问活动。志愿者们探望了老人们，并和他们聊家常。活动过后，志愿者们还与广工应用数学学院的同学进行了交流，交换了各自的感受和体会。（黎海静）

志愿者与老人谈心

志愿者合影

3月12日 播音术科考试顺利举行 生源数量与质量稳中有升

3月12日上午9：00，广州大学2011播音与主持艺术专业术科考试在广州大学大学城校区文俊东楼正式开始。考生分组进行考试，均接受形象气质、稿件播读、话题讲述三项的考察。晚上8：00左右，所有考生的考试顺利完成。考试官刘玉萍老师提到，今年的考生有相当一部分是受过专门训练的，这样无论是对考生本身的表达能力还是对问题的分析能力而言都是一种很大的提升。

今年共有1 217名考生报考广州大学播音与主持专业，其中新设的湖南考点报考人数为466人，广州大学考点普语播音考生595人、粤语播音176人，总报考人数约为去年的两倍。（新闻与传播学院学工办）

3月12日　广州大学党建理论研究会与广东药学院社团交流会

3月12日，在广大社联与广药社联的通力合作下，两大高校之社团交流会正式开始。广大社联理事长刘晓威表示，在当今社会形势下，各大高校的社团组织在发展方面都面临困难，所以希望借着此次交流之际，社团组织能相互借鉴优秀的经验，尽力打造出各个社团的特色文化与品牌活动。

交流大会上，广州大学党建理论研究会的代表上台进行PPT展示，向在座两大高校的社联和社团组织进行了一番详细而又精彩的介绍。随后，广大法语协会、广药植研会和广药音乐协会的代表们相继上台展示。12：00，广大与广药之社联、社团交流会顺利落下帷幕。（王晓雯）

3月12日　精彩交流学习，争取司考成功

3月12日，广州大学法律咨询服务社全体社员参加了在模拟法庭举行的司考成功经验交流会。交流会邀请了优秀的师兄师姐以及培训学校的专业教师，分享成功通过司法考试的宝贵经验，为正在备战司考的同学指明了光明的奋斗之路，同时进一步促进学院内各年级同学的交流和学习，进而进一步推动法学院专业学习的发展。（陈炎华）

3月13日　法律咨询服务社校内开展送法进宿舍活动

3月13日，广州大学法律咨询服务社学术部和编辑部的全体干事在广州大学学生宿舍区B11和B17两栋楼开展了送法进宿舍活动。法咨社社员深入每一间宿舍，为宿舍里的同学派发制作精美的宣传手册，除了介绍手册内容外，还给大家介绍了一些简单的维权技巧。整个活动持续了2个小时左右，所有的宣传手册均已派发，活动圆满成功。（梁尊预）

3月13日　地理科学学院领导与外省新生亲切座谈

3月13日晚，为了进一步了解地理科学学院10级外省新生的思想状况，切实解决他们在生活、学习上遇到的困难，为同学们的学习和生活提供方便，地理科学学院利用星期天在会议室召开新学期外省新生座谈会。会上，同学们就入学一学期以来在生活、学习和工作中遇到的问题向学院党委刘向晖副书记进行了反映。刘副书记进行了一一解答，并表示学院一定会尽全力为同学创造一个良好的学习、生活环境，同时对同学们提出了殷切期望。

此次座谈会的召开达到了预期效果，受到了来自新疆、湖北、云南、贵州等外省同学的欢迎。（李红宾　陈蕊）

3月15日　2011年度素质拓展认证培训大会

为进一步加强大学生素质拓展证书的认证工作，推进大学生素质拓展工作计划的有效实施和科学规范，广州大学校团委素质拓展认证中心认证培训部在3月15日举行素质拓展认证培训大会，广州大学21个学院的素拓负责人为主要培训对象。会议分三个环节进行：首先是对上学年证书填写存在的问题进行详细说明和提出相应的新要求；然后示范证书规范填写的形式；最后是答疑环节，对各学院代表提出的问题进行详细、认真的回答，使其对素质拓展有更深一步的了解，使校团委更加顺利地开展工作。（赖厚蓉）

3月15日　第十二届全国“挑战杯”作品竞赛广州大学校赛终审决赛圆满结束

3月15日下午，第十二届全国“挑战杯”作品竞赛广州大学校赛终审决赛在图书馆副楼隆重举行。此次比赛作品主要分为两大类：论文调查类和创造发明类，不同类的作品各放异彩，显示出“挑战杯”崇尚科学，追求真知的精神。

屈哨兵副校长与同学亲切交流

此次决赛前半部分为展示同学参赛作品，各参赛者都很认真地为参观者介绍他们的作品，但并不仅仅是单向的讲解，而是双向的交流，参观者会在参赛者的讲解中提出疑问，甚至相互讨论，现场的学术氛围异常浓郁。在展示参观的环节中，副校长屈哨兵也来到了现场。他很认真地观看每个作品，并且不断鼓励参赛者们“好好做”。后半部分是评审环节，评审员非常认真地观看每个作品并评分，最终评出优胜作品。（古家怡）

3月15日　广州大学第八届女生节闭幕式暨“舞法舞天”动感舞会

3月15日晚上7点，在学生活动中心，广州大学学生会和广州大学妇女联合会联合举办了广州大学第八届女生节闭幕式暨“舞法舞天”动感舞会。来自各个学院的学生代表参加了晚会，晚会上各个学院都表演了精彩节目，深受大家的一致好评。（校学生会）

3月15日　寒假读书交流报告会

3月15日，在文新楼204室，人文学院09对外汉语（1）班召开了一场别开生面的寒假读书交流报告会。他们邀请了广州大学人文学院院长刘晓明教授和人文学院党委书记兼09对外汉语（1）班的班主任周海兵老师作为本次报告会的特约嘉宾。

报告会分为三个部分：首先是读书报告评比中获优的同学上台演讲；接下

来是“从不同的角度看社会”的顾金凤讲述她读《金陵十三钗》的感受；之后是“新生代作家”廖睿文讲述《史记》中介绍经商之道的《货殖列传》。最后，刘晓明院长总结讲话并勉励同学们：“希望读书可以伴随你们的大学，伴随你们的人生！”（人文学院学工办）

现场演讲

3月15日　人文学院、教育学院联合举办普通话专题讲座

3月15日晚，在图书馆讲学厅，人文学院和教育学院联合举行了一年一度的普通话专题讲座活动，以提高同学们的普通话水平，增加同学们的考试信心。讲座邀请了国家级普通话水平测试员、广州市测试中心普通话水平测试小组组长、普通话测试视导员、普通话培训学校讲师团成员徐国苓老师给同学们讲述普通话水平计算机辅助测试应用指南。（人文学院学工办）

3月15日　消费者权益保护日法律咨询服务社校内普法活动

3月15日，广州大学法律咨询服务社全体社员集中在红棉路，开展了一次校内法律游园活动。活动主要是通过有奖问答的方式，用一些简单的法律问题对同学进行考察，促使全校师生深刻理解消费与民生之间相辅相成、相互促进的关系，动员各方面的力量进一步确保广大消费者分享到改革发展的各项成果，更加重视维护消费者的合法权益，切实解决消费者最关心、最直接、最现实的利益问题，着力实现消费领域保障和改善民生的各项目标要求。（法学院学工办）

3月15日　广州大学院际男子篮球赛开幕

3月15日，2011广州大学院际男子篮球赛在梅苑大篮球场开幕，参赛队

伍有来自全校20个学院的20支篮球队。在首日比赛中，经过激烈的交战，计机学院、法学院、商学院、土木学院、桂花岗队最终胜出。据了解，此次院际篮球赛将持续到4月19日，届时将以冠军争夺战为比赛画下句号。比赛坚持友谊第一，赛出水平。（校学生会）

篮球因你荣耀

3月15日　郑其绪教授做客数学讲坛论创新

3月15日，受广州大学数学与信息科学学院数学讲坛邀请，中国石油大学原党委书记、国家人事部人才研究会学术部副主任、中国人才学研究会副理事长郑其绪教授在文清楼207室为同学献上了一场题为“论创新能力培养”的精彩讲座。

本次讲座使同学们对创新有了更深刻的了解，明确了创新道路的方向，为培养未来创新型人才打下了坚实的基础。正如郑教授所言：“创新是成功的使者，创新成就多彩人生，创新是永恒的追求。”（数学与信息科学学院学工办）

3月16日　见微知著，放飞教师之梦

3月16日，文俊东楼的203微格教室，广州大学知行读书社师范技能小组的成员们相聚在这里，站在三尺讲台上，开始了他们微格教学的试讲活动。

只见试讲者从容地站上讲台，开始了讲课。流畅的语言表达、灿烂的笑

容、精心设计的课件和有趣的讲课内容让台下同学不禁为之喝彩，完全融入了精彩的课堂中。在互动环节时，同学都抢着发表自己的见解，课堂气氛十分活跃。通过此次活动，试讲者可以对比不同的意见而更加深刻地了解自己的优点与不足，从而对自己的课堂教学进行改进。（杨晓莹）

3 月 18 日　《广告人》杂志副主编关键畅谈媒体分析及大学生就业启蒙

3 月 18 日晚，继庄健、徐先鸿等广告界资深人士莅临广州大学开讲后，《广告人》杂志副主编、南京大学客座教授关键以媒体的市场价值分析、大学生就业启蒙为题，作专题讲座。讲座在文新楼 213 室举行，新闻与传播学院各年级广告专业学生、广告爱好者也前来观摩学习，传播系副主任王艺出席了讲座。（新闻与传播学院学工办）

3 月 18 日　分享经验，成就明日之师

3 月 18 日晚，由广州大学知行读书社举办的“师范技能交流大会”于理南 304 室隆重举行。该会面向广大师范生，旨在通过交流经验，提高他们的教学技能。知行读书社“明日之师”的冠军和师范技能协会示范技能大赛一等奖的获得者徐喜春，为大家作了精彩的演讲。

上届师范技能大赛冠军传授经验

会上，徐喜春与大家共同分享

了他参加比赛的过程和经验，针对“如何提高师范生的师范技能”这一问题发表了自己独特的见解，并耐心地为大家解答了相关的问题。讲授过程有声有色，使在场的人员都对师范专业有了更深刻的了解，会场的气氛非常活跃。（杨晓莹）

3月20日　定向越野比赛　彰显学生干部合作精神

为加强学生干部队伍建设，提高学生工作能力，5月20日，公共管理学院举行了干部培训系列活动之定向越野比赛。本次定向越野比赛在广州大学校区内设置了12个站点，每个站点设有不同的任务。队伍需要根据提示与通关暗语，找到正确的位置，与工作人员对上通关暗语，完成相应的任务，才能继续下一站。比赛共有136人参加，他们被随机分成12个小组。90分钟之后，第十组以完成了11个任务的优秀成绩夺得了这次比赛的桂冠。这次比赛加强了各部门之间的沟通交流，进一步提升了学生干部的动手能力和应变能力。（公共管理学院学工办）

定向越野活动中的“五人六足”任务

3月22日　追求绿色时尚，给力文明校园

3月22日，广州大学绿色动力协会为迎接一年一度的植树节和世界水日，在学校红棉路举行了相关的环保宣传活动。此次活动目的在于给我们的校园增添一点绿色，使我们的生活环境更加美丽，让保护环境的意识深入人心。

活动期间，绿色动力协会在摊位前用电脑播放植树、保护绿化、环保再生、宿舍节能节水等系列宣传短片，张贴关于植树节、盆栽护理的精美海报进

行宣传。这次活动不仅增强了同学们爱护植物、保护环境的环保意识，也有利于提倡大家树立绿色观念，履行从自己做起，用行动践行绿色生活的承诺。让追求绿色生活成为一种新的时尚，共同为营造文明校园出力。（李卓贤）

3月22日　默默耕耘，育人育才

3月22日，广州市黄埔区长洲岛小学义教基地老师给知行读书社颁发了“默默耕耘，育人育才”的锦旗和证书。

长洲岛小学义教活动是知行读书社的一项常规特色学陶实践活动，该活动旨在增加师范生的见闻，巩固他们的学科和示范知识，拓宽他们的知识视野。同时让小学生在轻松、愉快和活跃的课堂中，缓解学习压力，提高对知识学习的主动性和积极性，使他们的身心健康得到全面发展。（杨晓莹）

3月22日　“中华诵·经典诵读”系列活动“诵读角”正式启动

3月22日下午，由学生处、校团委、校语委主办，校学生会、社联、各学院学生会、沧浪诵读社协办的“中华诵·经典诵读”系列活动“诵读角”在文新楼架空层启动。广州大学副校长屈哨兵、教务处处长罗三桂、学生处副处长林雪松、校团委副书记郑美玲、何瑞豪等领导参加了此次诵读活动。本次活动分为三个环节，分别是学生朗诵、名师指导及学生们互助背诵。

领诵同学

师生现场诵读活动

此次活动面向广州大学全体学生，由校学生会、社联、人文学院学生会以及沧浪诵读社等学生组织带动全校学生诵读中华经典，引领了一股中华经典诵读的热潮，为全校学生提供了一个自由的平台，让学生自觉感受广州大学的人文气息。（校学生会）

3 月 23 日　省学联第十届二次主席团（扩大）会议在广州大学举行

3 月 23 日，由省学联主办、广州大学学生会承办的广东省学生联合会第十届二次主席团（扩大）会议在广州大学图书馆副楼二楼会议室隆重举行。团省委学校部干部、省学联副秘书长朱瑞峰老师，省学联执行主席李越瀚、刘永佳、刘茹楠、何婉婷，省学联主席团单位代表和部分委员单位代表共 60 多人参加了本次会议。会议邀请了广州大学团委郑美玲副书记出席。（校学生会）

3 月 24 日　新闻与传播学院启动“传诵经典，读书修身”百书品评、经典诵读活动

3 月 24 日，新闻与传播学院师生 2011 年度百书品评、经典诵读活动启动仪式于图书馆一楼讲学厅举行。

本次活动内容主要有两个方面：一是读书笔记比赛，要求同学们整理读书笔记，并进行交流；二是经典诵读比赛，即结合学校经典诵读名篇的要求，组织一年级学生进行经典名作的背诵和考试。

新闻与传播学院副院长夏德勇在动员讲话中以“终生学习”为基础提出了“读书本体论”，即我们应该把读书看成生命的一部分，将读书当作一种生活方式。仪式中，田秋生老师和魏永秀老师分别根据书本的不同类别及学生对

阅读抱有的不同态度对同学们进行了阅读指导。此外，学院领导还给各个班级赠送了书籍。（新闻与传播学院学工办）

3 月 25 日　英国伯明翰大学专家来环境科学与工程学院交流

3 月 25 日，以英国政府对华专务委员会委员、英国伯明翰大学 K. K. Cheng（郑家强）教授为首，William Bloss（威廉·布洛斯）博士、Xiaoming Cai（蔡晓鸣）博士以及伯明翰大学国际关系处东亚区域经理 Wu Wenwei（吴文蔚）组成的代表团莅临广州大学，与广州大学环境科学与工程学院师生进行了交流，就今后教学、科研和人才培养等方面的广泛合作进行了座谈，并参观了学院实验室。（环境科学与工程学院学工办）

3 月 26 日　数学与信息科学学院团委学生会组织优秀学生参观日资益力多集团

为了响应学校开展“挑战杯”创业大赛作品申报工作，数学与信息科学学院广泛宣传、发动全院优秀学生积极参与创业大赛的作品申报。为调动同学们参与的积极性，并给予同学们关于创业相关知识的培训。3 月 26 日下午，由数学学院团委学生会组织优秀学生参观广州益力多乳品有限公司，激发大家的创业灵感，为未来创业指点迷津。

这次参观活动，使同学们对未来创业的设想以及参加本届“挑战杯”创业大赛的信心和决心得到了积极有效的推动，同学们对参与创业计划作品的立项申报有了更明确的方向，对自己未来创业以及未来梦想也有了更多期望。（数学与信息科学学院学工办）

3 月 27 日　关爱长者，奉献爱心

3 月 27 日，广州大学外国语学院红十字会与机电学院红十字会带着精心准备的节目，带着暖暖的爱心和衷心的祝福，走进了瀛洲长者乐园苑。在将老人们请出来并送至活动场地之后，精彩的节目表演开始了：歌曲串烧、手语表演、健康知识与健康操讲解、粤曲、笛子表演、大合唱……活动还有与老人互动和聊天的环节，会员们走到老人们的身边，同他们聊天，了解他们的日常生活。

这次活动，同学们通过与老人们的近距离接触，更加深入地了解老人们的内心世界，也学会了关心老人。同学们尽自己的一份力量为老人送去了欢乐，慰藉了老人，丰富了自己的课余生活，增加了对社会弱势群体的关注，锻炼了自己的组织和交际能力。（李黎）

3 月 27 日　学生党建社团争优创先进学习月启动仪式暨先进党员交流总结会

3 月 27 日晚，广州大学党建理论研究会争优创先进学习月启动仪式暨先进党员交流总结会在学生活动中心举行。此次与会的有商学院党支部代表、兄弟社团负责人、党研会会员和各个班的入党积极分子。党研会的此次活动既是争优创先进学习月的开幕式，更是党研会为大家搭建的一个以先进带动和促进党建理论学习交流的平台。（周树松）

3 月 27 日　科技哲学影片分享会完满结束

3 月 27 日晚，哲学学习社携手知行读书社在文新楼 113 室举办了主题为“科技哲学”的影片分享活动。本次活动观看了外国著名电影《造物弄人》（*Creation*）。片中深刻地反映了科学、哲学与宗教的联系，引人深思。

该片在介绍科学家达尔文如何撰写巨著《物种起源》的同时，刻画了其婚姻家庭生活，精确而不乏温柔地描述了达尔文感情丰富细腻的一面，使同学们体会到爱的力量、矛盾的痛苦、回忆的价值与人类理解力的限度。影片结束后，不少同学对达尔文为科学真理敢于与教会斗争的精神表示敬佩，并希望自

己也能找到奋斗目标，永不放弃。（李俊杰）

3月29日　学校表彰500多名学科竞赛获奖学生及指导老师

3月29日下午，学校隆重举行2010年学科竞赛总结表彰及颁奖大会。大会表彰了508名优秀获奖学生及其指导老师。副校长禹奇才及有关部门负责人参加会议并为获奖师生颁奖。获奖学生代表陈俊鑫和指导教师代表龙晓莉作了发言。

2010年是学校学科竞赛的丰收年，不仅获奖人次最多而且项数最多、层次最高。学校共组织了5 000余名学生参加51项学科竞赛，有508人次获奖，约占参加学科竞赛活动人数的10%，其中获得了15项国家一等奖以上奖项、71项省级奖项、14项市级奖项，共获得各种各类奖励260项。另外，在第十四届“外研社杯”全国英语辩论赛中，我校代表队选手陈俊鑫和郭昕在128所高校代表中脱颖而出，荣获全国一等奖，创造了我校参赛以来的最佳成绩。

学科竞赛的宗旨是丰富校园学术氛围，培养大学生的创新思维和团队精神，提高学生解决实际问题的能力，促进相应学科课程的教学改革和教学内容建设，推进素质教育，造就21世纪知识、能力、素质协调发展，具有实践能力和创新精神的高素质人才。学校今后将继续调动指导老师和有关部门的积极性，为我校学科竞赛提供良好的条件。（欧漫清　郑燕玲）

3月29日　模拟审判现场，提升实践能力

3月29日，广州大学、华南农业大学、广东工业大学、广东金融学院四校的法学社团，在广州大学模拟法庭举行了一场别开生面的审判活动。此次活动由广东工业大学的法学社团拉开帷幕，活动在所有参与人员的精心准备和全力配合下完美地落下帷幕。活动目的在于弥

补平时学习过程中因侧重理论知识而忽视了的实践环节。模拟法庭审判，按照现实审判中所有的程序，从案例选取到提起起诉书等一直到最后的庭审及宣判，真正完整地开展模拟审判活动，给法学学子提供真正学法用法的平台，丰富了同学们的专业学术知识，提高了同学们参与司法实践的断案能力。（陈炎华）

3月30日　建筑与城市规划学院“宿舍设计大赛”圆满落幕

3月30日，建筑与城市规划学院结合生活和学生专业特点举办的“宿舍设计大赛”落幕。在比赛中，同学们通过对宿舍的设计，展现了对生活的热爱和空间设计能力。建筑与城市规划学院的未来建筑师们结合作息时间和生活习惯而设计的一间间构思新颖的理想宿舍，不仅是同学们对宿舍的美好设想，还展现了大学宿舍未来的设计趋势。（建筑与城市规划学院学工办）

我们的大学

April 四月

4月1日　三尺讲台染芳华　师范技能显儒雅——师范技能大赛培训

4月1日晚，广州大学人文学院第四届师范技能大赛培训大会在文新楼123室举行，会议邀请了第三届师范技能大赛冠军陈俊杰、有丰富带班经验的赖丽娟和优秀支教员代表李浩明等为本次师范技能大赛的选手们答疑、传授经验。

当晚，文新楼123室座无虚席，现场气氛活跃，参加师范技能大赛的选手们热情高涨，对“传道、授业、解惑”这一门学问表现出浓厚的兴趣。这次培训大会让选手们学到了许多教学技巧，希望在接下来的师范技能大赛中，选手们能以更加积极的精神面貌参赛，让本次师范技能大赛更加精彩。（人文学院学工办）

4月2日　台湾中原大学黄坤锦教授做客学校“博学讲坛”

应广州大学国家大学生文化素质教育基地的邀请，台湾中原大学人文与教育学院院长黄坤锦教授莅临广州大学，在会议厅、报告厅为师生作了主题为“美国大学通识教育的理念、实践与借鉴”及“从哲学省思当前教育问题”两场学术讲座。

“要赢得世界的竞争力，首先要在教育上取得胜利。”4月2日上午，黄坤

锦院长从教育的重要性以及当前中国通识教育令人忧心的现状进入对通识教育的演进、含义与序列的讲解。他认为只有 Special Education（专门教育）加上 General Education（通识教育），才是真正的 Professional Education（专业教育）。黄坤锦院长以法学系为例，认为法学系的学生除了要接受理论法学、法理学、法哲学、法律逻辑学、法律社会学等专门教育，还要接受生物学、心理学、社会学、伦理学等通识教育，才可成为有社会责任感的大律师。他还以同是法学专业的陈水扁和马英九为例，讲述陈水扁的专门教育很出色，但缺少人文关怀和伦理方面的通识教育，而马英九虽然专门教育不如陈水扁出色，但接受通识教育比较充分，有良好的社会责任感和人文关怀，最后陈水扁成了贪污巨额的阶下囚，马英九则成为颇有建树的台湾地区领导人。黄坤锦教授不时旁征博引、妙语连珠，用词幽默而生动，百科全书式的讲解让观众听得津津有味。在这短短的两个小时内，在场的师生不仅对美国的通识教育有了一定的了解，还对中国大学教育的现状进行了深思。

在当天下午"从哲学省思当前教育问题"的讲座中，黄坤锦教授从哲学的角度出发，向广大学子阐释了他对当前教育问题的所思所感。首先，黄坤锦教授从哲学与教育的关系谈起，他认为哲学是教育的普通原理，哲学是教育问题和教育研究的出发点和立足点，而教育则是哲学的实验室，哲学原理要通过教育来证实。随后，他分别从本体论、宇宙论、认识论、知识论和伦理学五个方面省思当前教育。从本体论省思教育的本体，提出教育的根本；从宇宙论中的创造论和进化论省思当前的学校制度和功能，提出当前教育存在的媚俗现象；从认识论中的理性主义和经验主义省思教育的课程、课目和教法；从知识论省思当前教育中共同必修和自由任选的现象；从伦理学省思教育中的训育辅导。

两场讲座的结尾，黄教授皆以拉斐尔的名画《雅典学苑》结束。他说："教育是理性和经验的交流，人文和科技的整合。"此外，他提出了"优质的通识教育应是研究、教育、服务三位一体"、"卓越一流的大学必定有卓越一流的通识教育"等观点，并且呼吁学校师生："我们要定下望远镜般的目标，以透视镜的态度，像显微镜那样着手去研究，拒绝先入为主的透视镜、崇洋自卑的西洋镜、自欺欺人的哈哈镜。"两场讲座皆赢得了一阵阵的掌声。

黄坤锦系台湾省桃园县人，现任中原大学教育研究所教授兼人文与教育学院院长、南京大学教育学院兼职教授、北京理工大学兼职教授。目前，他还担任台湾通识教育学刊总编辑、台湾师资培育发展促进会理事长。他曾获美国傅

尔布莱特2003—2004资深学者奖、哈佛大学访问学者等。（黄恒　何竹茵　杨锐爱　摄影：梁铭茵）

4月3日　商学院2011年职场精英大赛赛前培训

为办好2011年商学院学生职场精英大赛，4月3日下午，商学院举行了赛前培训，用现场问答、应急情景问答和小组合作等方式训练同学们的职场技能。大赛历时近一个月，将真实地检验同学们的求职能力。决赛时还将邀请香港美雅桃公司总裁前来观战，而现场总决赛最终将于4月26日落幕。

赛前培训现场

这次大赛让即将步入社会加入求职大军的大三、大四的同学有了一个实践操练的机会，并通过模拟多重面试，丰富经验、增强自信，达到查缺补漏、完善技能的目的。同时，也让大一、大二的同学参与其中，增广见闻，提前涉猎求职知识，赢在起跑线上。（商学院团委学生会）

4月3日　珠三角地区高校社会工作专业交流会——新鲜社工人的乐与路

广州大学5名社会工作专业的同学作为广州大学社会工作协会的代表应邀到北京师范大学香港浸会大学联合国际学院（简称UIC）参加2011年珠三角地区社工系主题交流会。参与这次交流会的还有中山大学、深圳大学、北京师范大学珠海分校、珠海城市职业技术学院和UIC社工专业的学生。

这次交流会的主题是“新鲜社工人的乐与路”，社工的发展、社工专业的

认同度、各高校的社工专业课是如何授课的、实习的问题……围绕这些同学们最关心的问题，与会者抓紧一分一秒与各高校的同学进行交流。香港城市大学应用社会科学系甘炳光教授作了题为“社工的信念”的讲座。信念是社工的灵魂，坚守信念，做一个进步的社工……甘教授充满感染力的讲话更加坚定了在座社工学生的信念。UIC 的师兄师姐们也跟大家分享了社会工作的学习和工作经验。（冯杏莹）

4 月 6 日　人文学院义教服务队伍前往鱼窝头中学进行义教活动

人文学院实践义教队伍的 11 名教员在团委实践部的带领下前往鱼窝头中学与该校学生进行了一次义教实践活动。义教活动中，人文学院 11 名教员用自己过去的经验和身边的例子，与中学生们进行交流、指导。

课后，各位班主任也对教员们的表现加以肯定。鱼窝头中学的老师们认为，这类实践活动，不但让众多有意在未来成为老师的教员提前踏上讲台，积累经验，同时也可以让班主任们用自己的经验指导有需要的学生，希望在未来可以与人文学院加强合作，多进行这样的交流活动。（人文学院学工办）

4 月 6 日　广州大学第五届英语辩论赛决赛圆满落幕

由广州大学教务处和外语教育训练基地主办、广州大学外国语学院团委学生会和外国语学院辩论队协办，第十五届“外研社杯”全国英语辩论赛广州大学校内选拔赛暨 2011 年度广州大学第五届英语辩论赛决赛圆满落幕。通过初赛、半决赛的层层选拔，来自全校各学院的 8 名优秀辩手进入最终的比赛。在决赛中，辩手围绕着“The house believe that the UN should launch military operation against Libya（联合国是否应该对利比亚采取军事行动）”的辩题，从联合国宪章、外交政策、国际影响和国家利益等各个角度展开了精彩的辩论。这次比赛，以或新颖的观点，或流畅的表达，或优雅的风采，或清晰的思路给评委和观战的同学留下了深刻的印象，给广州大学的辩论氛围添上了浓墨重彩的一笔。（李黎）

4月7日 “第一作者讲坛”之博士后讲坛在地理科学学院开讲

由地理科学学院研究生会携手校研究生会博士部成功举办了学校“第一作者讲坛”之博士后讲坛。此次讲坛邀请了研究生处宋智老师、唐爱臻老师，学院副院长潘安定教授，学工办刘晓亮、陈蕊等老师出席。主讲人是地理科学学院优秀毕业生、现就读于中科院南海分院博士后的罗传秀，她与中大博士杨士雄、李杰一起跟到场的六十余名学生交流了读书经历以及学习背后的故事。副院长潘安定教授向大家介绍了罗传秀博士读研期间的优异表现，鼓励同学们认真学习，成就梦想。此次活动极大提高了我院研究生的学习积极性，也带动了本科生的学术科研，受到了院校领导的充分认可。(李莎　刘向晖)

4月8日 “相声与语文教学”师范技能讲座

任征宇老师现场试验

当天下午，从化中学高级语文教师任征宇老师应邀来到广州大学，为人文学院同学作了一堂名为“相声与语文教学”的师范技能讲座。任征宇老师从事语文教学工作三十多年，在从化中学任教期间，她将相声小品带进语文课堂，其风趣幽默、灵活多变的教学风格深受学生的欢迎。

任老师简单分享了她自己的一点教学心得。“一流老师靠魅力，二流老师靠管理，三流老师靠修理。”在教学管理方面，任老师提出了“四条腿一起走”，即课本范文、时政新闻、相声小品和小游戏。任老师还当场示范了鸡蛋壳能承受多大重量的一个小实验。

最后，学工办副主任陈永添老师总结了这次讲座，希望大三的同学听完任老师的教学心得后能有所收获，同时亦感谢任老师的莅临演讲。（人文学院学工办）

4月8日　走进尼采　反思当代

广州大学哲学社主办的第二期哲学通讯“关于解读尼采哲学”的读书交流会在理工南教学楼305室举行。在会上，同学们引用如“超人”、“永远回归”、“强力意志”等概念，并结合尼采的生活经历，积极讨论了尼采哲学的主要内容以及尼采个人品格对现代大学生的影响。大多数同学认同尼采关于生命意志的哲学，认为他的观点对于当代大学生面对挫折有着重要的指导意义。同学们应该勇敢地面对人生的困难，怀着积极向上的心态，追求生命自在之美。同时，不少同学对尼采的个性表示赞赏，认为尼采独立的人格值得当代大学生学习。（黄仕成）

4月9日　70名学子获2011年“何耀光助学金”资助

今年是“何耀光助学金”在广州大学设立的第13个年头，2011年“何耀光助学金”颁发总额为12万港元，有70名家庭经济困难的优秀学子获得资助。自1999年以来，我校共有近千名学生受其资助，总金额达到130万港元。何耀光先生长子何世柱先生率领的何氏家族代表一行23人到校出席助学金颁发仪式，校党委副书记赖卫华也出席了颁发仪式。

何世柱先生表示决心秉承父亲的善心，每年坚持资助学校等机构，并率领家族成员定期了解父亲资助过的机构的发展状况，以便解决学生生活的困难，使他们顺利完成学业。赖卫华向何世柱先生赠送了纪念品，表达了广州大学对何氏家族善心善举的衷心感谢。在颁发仪式上，何耀光次子、广州市荣誉市民、香港著名建筑设计师何世栋先生受聘为广州大学建筑与城市规划学院名誉院长和该院校友分会名誉会长。（学生处）

4 月 10 日　放大闪光点，红旗在我心

评选活动现场

广州大学2010年红旗学生会互评大会在图书馆讲学厅隆重开场，会议主持人介绍完与会来宾及互评大会流程后，互评便正式开始。这次红旗学生会评选活动秉着公平、公开、公正的原则，将21个参选学院分为四组，在进行完参评演讲后以组为单位进行现场答辩。红旗飘扬，我心飞翔；各施所长，尽展光芒。捕捉学生会的闪光点，将其发扬光大，为建设一个更大、更强、更为学生着想的学生会而努力。（校学生会）

4 月 11 日　旅游学院高尔夫球队选拔赛

旅游学院高尔夫球队选拔赛

2011深圳世界大学生运动会高尔夫项目参赛人员选拔赛以及广州大学旅游学院高尔夫球队队员选拔赛在广州南沙高尔夫球场举行，活动由旅游学院高尔夫协会承办。共有15名高尔夫与休闲管理专业方向的师生参加此次选拔赛，赛事以18洞比杆数形式举行。此次赛事集竞技性、休闲性、合作性为一体，充分体现了师生们良好的体育精神以及高尔夫运动的文化精神。本次赛事活动顺利开展，受到了来宾的赞赏。该赛事活动的成功举办，为学院选拔出了一批具有高尔夫专业知识与球技优秀的储备选手。（陈志明　黄嘉琦　刘绍东）

4月12日　人文学院第四届秘书节盛大开幕

为庆祝第57个国际秘书节，由广州大学人文学院秘书系主办的广州大学人文学院第四届秘书节于4月12日下午2点于文清楼406室盛大开幕。出席开幕式的嘉宾有人文学院院长刘晓明、党委书记周海兵、中文系教授谢炜如、秘书系主任杨锋、秘书系书记何薇、学工办主任刘军军，以及秘书系教师徐国苓、吴高泉、韩会敏、裰建基、邓海涛等。

刘晓明院长在开幕式致辞中提到，秘书学是人文学院最朝气蓬勃、最具发展前景的一个学科，秘书学将会带给同学们一个新的发展方向。周海兵书记围绕“技能重要，素质更重要”这一中心展开讲话，鼓励同学们要珍惜和把握每一次机会。最后，秘书系主任杨锋宣布广州大学人文学院第四届秘书节正式开幕，学生代表黄志坚介绍了此次活动流程并致以美好祝愿。(人文学院学工办)

集体大合照

4月12日　启能学校爱心传递之行

为弘扬红十字会倡导的“人道、博爱、奉献”精神，4月12日下午，公共管理学院红十字会组织10级行政管理专业和思想政治教育专业的会员到海珠区启能学校进行了实践活动。

红十字会部分会员实践留影

本次实践活动旨在把“人道、

博爱、奉献”的精神传递给启能学校的小朋友们，并倡导当代大学生多参与社会实践，走近社会弱势群体，把爱传递到社会的每一个角落。（公共管理学院学工办）

4月12日　土木工程学院第五届书法大赛决赛

土木工程学院第五届书法大赛决赛在图书馆讲学厅外正式开始。本次大赛邀请了陈永强老师、黄美才老师、何文汉老师、黄柏霖老师、刘涧雄老师担任大赛的评委，还邀请了团委书记刘军、10级辅导员沈如江老师作为大赛的嘉宾。

大赛伊始，刘涧雄老师就如何学习书法作了详尽的讲解，循序渐进、深入浅出的讲解给同学们学习书法提供了有益的参考。刘老师的讲话结束后，随即进入到生动有趣的观众互动环节。（土木工程学院学工办）

4月12日　广州大学启动“中华诵·经典诵读”专家讲坛系列讲座

广州大学启动“中华诵·经典诵读”专家讲坛系列讲座，人文学院曾大兴教授为全校师生作了“唐宋词欣赏”专题讲座，副校长屈哨兵教授及校团委负责人参加了此次讲座。

副校长屈哨兵教授表示，开展中华经典诵读活动，是为了响应党和国家开展“中华诵·经典诵读”的号召，引导和促进广大师生弘扬民族文化精神，树立正确的审美观、价值观和人生观，进而为提高民族文化素质贡献力量。为此学校精心选编了《中华经典诵读选本》，并开创了“五个一”活动，即“一个学分，一个诵读角，一个网站，一个比赛和一个系列讲座”。

讲座上，曾大兴教授指出，学习中华经典、古典诗词是培养想象力、提高人文素养最好的途径之一。同时以张志和的《渔歌子》等著名诗词为鉴赏对象，形象生动地向同学们展现出一个观点：书本上印刷着的诗歌不是一堆无血无肉无情的铅字，而是一个完整的、有生命的微型世界。（黄恒）

4月13日　学校开通中华经典诵读网站　搭建经典学习新平台

4月13日，广州大学中华经典诵读网站（http：//zhs. gzhu. edu. cn/）正式开通。网站界面清新实用、内容丰富，具有较强的学习性、鉴赏性和交流互动性。网站设立了诵读角、专家讲坛、诵读考试、经典100篇、经典拓展、诗书音画、交流园地等7个栏目。

作为教育部、国家语委中华经典诵读活动试点高校，学校率先开设了中华经典诵读专题网站，及时为学生搭建一个中华经典诵读网络学习交流平台，旨在提高中华经典诵读活动的影响力，着力培养经典诵读的学习习惯和氛围，充分推动中华经典诵读活动的全面开展，并为学生参加即将于5月举行的中华经典诵读学分考试提供良好的网络备考环境。

在诵读角栏目，师生们可以了解学校每周诵读角活动的详细情况以及近期活动预告。在专家讲坛栏目，可以欣赏专家解读经典，观看“中华诵·经典诵读”专家讲坛系列讲座音视频材料。经典100篇栏目主要提供《中华经典诵读选本》的100首（篇）中华经典篇目以及相关解析。诵读考试栏目主要为学生提供中华经典诵读学分考试信息，并开设了中华经典考试模拟测试功能，学生登录后可以进行中华经典诵读模拟考试，为学生参加“中华诵·经典诵读”通识考试提供模拟测试环境和考前演练平台，以便学生更有针对性地做好考前准备工作。经典拓展栏目主要提供除《中华经典诵读选本》外更加丰富的中华经典文化内容。诗书音画栏目主要通过音视频、歌曲、书画等形式对中华经典篇目进行更加丰富的展现。交流园地栏目主要为师生提供中华经典诵读的学习互动交流平台。（校团委）

4月13日　第八届“挑战杯”中国大学生创业计划竞赛立项

为进一步引导广大青年学生树立创业精神，培养创新意识，提高就业能力和创业能力，在全校营造浓厚的科技创新创业氛围，同时，为第八届全国

“挑战杯”创业计划竞赛做好准备，广州大学校团委学术科技部与素质拓展中心创业大赛部在2011年3月向各学院团委发起开展第八届“挑战杯”中国大学生创业计划作品立项申报的倡议，并说明申报的要求，让各学院开展本次创业大赛的宣传和收集立项申报书的工作。

倡议得到各学院团委的积极响应，学术科技部于4月13日收到全校学生团队的申报书共239份，数量大大多于上届。这证明我们此次的宣传是有效果的，同时也表明了广州大学学生对“大学生创业”的认识正在加深，想法也更加成熟。(校团委)

4月15日　人文学院学生男女子三人篮球赛开赛

人文学院在梅苑篮球场演绎了一场别开生面的男女子三人篮球赛。比赛前，队员们个个激情满怀，积极做准备。比赛伊始，队员迅速投入比赛，在场上你争我夺，一轮轮地抢球，每个动作都干净利索。比赛中，双方队员情绪高涨，观众亦激情四射。这次篮球赛的顺利举行，为同学们提供了一个相互交流的平台，丰富了同学们的课余生活，创造了展现自我的机会，培养了大家的集体荣誉感，增进了各班的友谊，展示了团结、和谐、勇于拼搏的精神风貌。(人文学院学工办)

紧张激烈的现场

女队员奋力上篮

4月15日　地理科学学院举办关工委教师与低年级学生交流会

地理科学学院举办校、院关工委教师与低年级学生代表座谈会。学校关工委主任左东才（原广州师专党委副书记）、学校讲师团副团长冯国正（原广州教育学院宣传部部长）、学院关工委副主任董慧涵、秘书长黄金龙、委员邓兆熊等老教师与学院学生工作处的全体同志以及低年级学生代表共40人参加了座谈会。

会上，学院学生代表以举手或写纸条的形式踊跃提问，倾吐心中困惑。老同志们热情、耐心解答，与学生分享丰富阅历与感受，让同学们在开眼界的同时体会到其中蕴涵的力量和道理，受到很大启发。最后刘书记对座谈进行了总结，并要求同学们认真思考，合理规划大学时光，努力学习，勤于实践，争做国家建设的栋梁之才。整个会议在融洽的气氛中圆满落下帷幕。（李红宾　陈蕊）

4月17日　“创先争优，争当先锋”演讲比赛初赛

由共青团广州大学土木工程学院委员会策划举办的以“创先争优，争当先锋”为主题的演讲比赛在文清楼210室拉开了序幕。比赛现场，每位选手都演讲了各自对于“创先争优，争当先锋”的不同理解，宣扬了“创先争优，争当先锋”的理念。期间，评委会就选手

们的演讲内容、语言表达、形象风度、综合印象进行了简单的点评。(土木工程学院学工办)

4月17日　知行读书社“明日之师”师范技能大赛

为了传承“知行合一”的教育理念，提升广州大学师范生的教学技能，知行读书社在理工南楼304和305室举办了一年一度的“明日之师”师范技能大赛初赛。大赛以其独特的魅力吸引了众多未来师者前来参赛。这次的比赛让选手们获益匪浅，相信同学们通过不断的尝试、总结，终将成就明日之师。(郭嘉励)

1号选手讲课中

4月18日　公共管理学院老师访寝室　促膝长谈话成长

公共管理学院党委副书记甘健强以及学工办老师肖斌、谢玲、付艳、唐勇一行走访了学生宿舍，详细询问了同学们学习和生活的情况，并带小礼品慰问了宿舍管理人员。

老师走访宿舍虽是一项很常规的活动，但也正是这一普通的平常活动拉近了师生之间的距离，师生促膝长谈，消除了彼此的隔阂。同时，通过这一活动可以使学生真正体会到师爱的不可或缺性，有助于加强师生之间的交流与沟通，使学生能够切实融入到校园生活中，在老师们的关怀和帮助下，不断地提升和完善自己。(付艳)

4月19日　传播商道，提升自我——商学院2011年经济管理论坛

百丰投资咨询有限公司的讲师龙嘉泉先生于4月19日在文新楼119室举

行了主题为“通向财富自由之路”的专题讲座。讲座中，龙先生以丰富的事例解答了为什么要投资理财、怎么选择理财产品、如何进行投资等一系列问题。同日，商学院十分荣幸地邀请到了高力国际负责人来校为学生上课。该课程立足于广州市整体的发展，着眼于房地产的“前世”与“今生”，在金融风暴阴影还未散去的环境下，分析广州市房地产的发展前景。

本次讲座进一步拓宽了同学们的知识网和眼界，不仅丰富了同学们的金融知识，更增强了同学们的理财意识。从现场反响看，同学们都获益良多。（商学院学工办）

4 月 19 日　地理科学学院召开社会实践总结表彰大会

当天下午，地理科学学院2010—2011 年实践总结表彰大会在图书馆讲学厅召开，党委副书记刘向晖与学工办刘晓亮、李红宾、陈蕊老师出席会议。嘉宾郑穗君和王晓恬专程从市区赶来大学城参加会议。

每一个实践活动都有着参与者最难忘的回忆。关爱留守儿童实践活动、赵广军生命热线实践活动、大塘暑假挂职实践活动、岭南印象园志愿者服务实践活动等，仿佛一道道亮丽的风景线，美不胜收，令人获益良多。而嘉宾老师的好评与介绍，也令同学们对志愿实践活动有了更深层次的了解。“我奉献，我快乐”这句话将继续激励同学们投身于社会服务工作中。（陈蕊　李红宾）

4 月 19 日　“过来人”带你“杀”进招聘会

广州大学区域资源协会和地理科学学院团委学生会学习部共同举办的应聘交流会在文新楼 411 室正式开场。这次应聘交流会邀请了李红宾老师、陈蕊老师为同学们讲解本专业的就业前景和就业情况、考研考公务员等需要注意的事项，并对同学们的大学人生规划提出了建议。而身经百战的众优秀师兄师姐们

在精彩有趣的“真实再现，加深体会”环节（由区协干事模拟招聘情景）之后，跟同学们分享了各自的应聘经验，同学们也向前辈们提出了心中的疑惑并得到了很多宝贵的建议。

这次应聘交流会为同学们提供了一个交流的平台，既有专业老师提供宝贵建议，又有优秀前辈分享经验，每一位同学都受益匪浅。（刘婉婷）

4 月 19 日　外国语学院启动“外语专业成才之路讲坛”

4 月 19 日下午，外国语学院举办“外语专业成才之路讲坛”启动仪式暨第一次学术讲座。学院先后邀请院内外专家、学者举办了 10 场学术讲座，针对目前外语专业学生在学习中存在的一些误区，如重视外语的“工具性”而忽视了外语的“人文性”与专业属性，外语专业学生出现知识面窄、学术意识较淡薄等问题而开展，旨在浓厚外国语学院本科生学习氛围，开阔学术视野，丰富学生的专业知识和学术活动。（外国语学院学工办）

4 月 19 日　文化节拉开帷幕　义卖活动显师生爱心

公共管理学院第七届文化节开幕式在红棉路拉开帷幕，开幕式活动主要围绕义卖展开，经过四个多小时的义卖，共为春风爱心互助金筹集善款 1 256. 5 元。院长卢汉桥、党委书记谢俊贵、党委副书记甘健强以及学工办老师谢玲、付艳、唐勇莅临本次开幕式并积极参加了义卖活动。

这次文化节的举办不仅有利于培养同学们高尚的品格，提高他们的创新实践能力，更可以深化校园文化建设，营造活跃、浓郁的文化氛围。（公共管理学院学工办）

谢书记为醒狮点睛（摄影：朱灏杰）

醒狮表演吸引了大量同学（摄影：郭蔼仪）

摊位的义卖物品多种多样（摄影：郭蔼仪）

颁发奖状（摄影：郭蔼仪）

4月19日　学秘书技能，圆职业梦想——秘书职业技能大赛决赛

广州大学人文学院秘书系在文俊西楼209室举行了主题为“学秘书技能，圆职业梦想”的秘书职业技能大赛决赛。秘书系主任杨锋老师、秘书系吴高泉老师以及秘书系辅导员蔡炜老师担当评委并出席了本次活动。

本次活动在同学们热烈的掌声中拉开帷幕，决赛共速记、打字、公文写作、情景模拟四个环节。选手们摩拳擦掌、蓄势待发，充分展示了作为一个优秀的秘书所具备的专业技能。

本次秘书职业技能比赛，给同学们重温了一节秘书基础技能课。在活动

中，充分展现了参赛队伍的自信风采和秘书系同学们可贵的团结精神。（人文学院学工办）

4月19日　学生干部培训以“礼仪知识”来武装

音乐舞蹈学院学生干部培训的最后一场活动——“礼仪知识”讲座在文新楼106室举行，学院党总支副书记刘小燕老师参加了本次活动，新闻与传播学院、环境科学与工程学院的学生干部也倾听了此次讲座。

本次讲座由广州大学社科部党总支书记刘树谦教授主讲，刘教授长期从事思想政治宣传、道德教育、青少年德育理论研究及教学实践工作。在讲座过程中，刘教授通过丰富的素材、鲜活的例子、幽默的语言，对学生干部的礼仪内涵及其重要性从“形象、表达、尊敬、细节”四个方面作了详细而深刻的讲解，给在场的学生干部留下了深刻的印象，大家普遍认为这样的讲座内容实在，听后收获丰硕。（音乐舞蹈学院学工办）

4月19日　书写智慧，共同成长——红会青春健康文化月书写比赛

4月19日，面向外国语学院全体学生举办的“红会青春健康文化月书写比赛”开赛，活动的形式主要为抄写，摘抄有关成长的美文或小故事。评比项目主要为抄写的主题和字体的美观。考场中，参赛者奋笔疾书，努力展示自己精彩的一面。

经过这次活动，让同学们更加注意书写规范，养成端正书写的好习惯并更加深刻地了解励志成长小故事的内涵，同时也给同学们提供了一个展示自我的平台，丰富了大学学习生活。（李黎）

4月21日　广州市共青团“微博开到团支部”开博仪式在我校举行

4月21日下午，广州市共青团“微博开到团支部”开博仪式暨重温入团誓词活动在我校举行。

学校党委书记易佐永向原团市委书记司徒梅芳赠送了礼品，并陪同她参观了校园。原市政协副主席、原团市委书记、市关工委顾问司徒梅芳，团市委副书记魏国华，我校副校长屈哨兵及学校有关部门负责人等共同开通广州共青团微博。团员青年代表、老团干代表等近60人参加了活动。

副校长屈哨兵在致辞中表示，微博作为一种互动性及传播性极快的工具，深受团员青年的喜爱，在社会上广泛流行。团市委把共青团微博开到团支部，将有利于密切新时期团组织与团员的联系，充分发挥共青团的职能，延伸共青团服务青年的触角，这对在当今青年思想呈现出许多新特点、新变化的情况下引导学生积极向上具有极为深远的影响。我们也将通过微博及时了解青年的合理利益诉求，倾听青年的心声，及时加以引导，促进青年健康成长；同时还可以通过共青团微博听取团员青年的意见和建议，收集团员青年的网络民意。团员青年可以通过共青团微博及时学习团的知识，了解团情要讯和时政等，让信息资源得到最大限度的共享。微博开通后将极大地促进团员青年之间的交流和沟通，增进团员青年之间的感情，加深团员青年之间的友谊。

会上，在司徒梅芳的带领下，我校团员青年面向鲜艳的团旗庄严宣誓，重温入团誓词。当时进行了微博现场直播，全市团员青年都可以通过广州市共青团微博看到现场的实时情况。

共青团微博主要包括信息发布、引导服务和交流互动三个方面的功能。广州市共青团微博近期将结合纪念建党90周年、五四运动92周年、创建全国文明城市等，通过组织系列主题活动，搭建共青团组织引导青年的新平台，用信息化的现代手段服务凝聚全市青年。（肖湘）

4月22日　缤纷画笔　爱党情深——手抄报设计大赛

音乐舞蹈学院学生党支部在演艺中心202室举办了“彩笔传情，迎党九十华诞”手抄报设计大赛。本次活动的评委有音乐舞蹈学院党总支刘文波书记、刘小燕副书记、张丽老师、美术设计学院马杨辉同学以及来自12个班级的24名大众评委。本次活动得到了同学们的积极响应，学院领导给予了高度评价。通过编绘手抄报的形式，使同学们对党有了更深的认识、更深的情愫。（音乐舞蹈学院学工办）

4月22日　让青春在西部和山区闪耀光芒活动在招募

2011年“西部计划”、“山区计划”志愿者招募工作已经展开，广州大学青年志愿者协会在红棉路设摊宣传。活动当天，有不少同学来到摊位前咨询相关信息，许多同学十分关心“西部计划”、“山区计划”服务的地点和内容，也有同学询问了相关优惠政策，广州大学青年志愿者协会的干部逐一解答了咨询者的疑惑。毕业生参加“西部计划”、“山区计划”，不仅是一个锻炼自我、提升个人价值的机会，更是毕业生志愿者们服务祖国和人民的途径之一。（校团委）

4月22日　“广州讲坛”走进我校——人民日报原副总编梁衡诠释红色经典

梁衡在讲座中

4月22日下午，由中共广州市委宣传部主办的“广州讲坛”首次在我校开讲。讲坛由国家新闻出版署原副署长、人民日报社原副总编辑梁衡主讲，主题为“阅读红色经典，感悟人生幸福”。讲座由市委宣传部副部长曾伟玉主持，我校党委副书记赖卫华出席，我校师生代表聆听了讲座。

“红色经典是一个政治概念，如果形象化地讲，红色就是指革命题材，红色的就是指党史或者国史题材的东西，这是狭义的理解。”这是梁衡老师对红色经典的定义。他认为从广义来理解，红色经典可以推广为一切爱国和进步的并且催人上进的东西。例如，居里夫人读书、林则徐虎门销烟等积极上进、催人奋进的故事属于红色经典的范畴。相对于其他题材的创作，他认为红色题材的创作比较难，因为红色题材比较枯燥。但从另一个角度来说，文学就是翻译，把别的题材的东西翻译成一种美的东西。红色题材创作首先是文学，借助于政治题材，另外还要符合美学的规律，如果不符合美学规律的话就不是艺术，所以红色题材的创作要遵循文学、政治和美学这三个方面的规律。

文章写作诀窍：二为 + 三境 + 五诀

对于文章的写作规律，梁衡老师认为就是要反映文章之美。“二为”是写文章的目的，一是为思想而写，二是为美而写。文章有“思”无美则枯，有美无“思”则浮。他以《岳阳楼记》为例，讲述了只有符合“二为”的文章才是既有思想又有内容的好文章。“三境”是指文章要达到三个层次的美，一是景物之美，描绘出逼真的形象，让人如临其境，谓之“形境”，类似绘画的写生；二是情感之美，创造一种精神氛围，叫人留恋体味，谓之“情境”，类似绘画的写意，如徐渭（青藤）；三是哲理之美，说出一个你不得不信的道理，让你口服心服，谓之“理境”，类似绘画的抽象，如毕加索。这“三境之美”，一个比一个高。而“五诀”是指要达到这“三境之美”的方法，即“形、事、情、理、典”。文中应有具体形象，有可叙之事，有真挚的情感，有深刻的道理，还有可借用的典故知识。这一切，都得用优美的文字来表达。

讲坛走进广大，受到了师生的热烈欢迎。本次讲坛是“广州讲坛”的第73讲，由中共广州市委宣传部主办的广州讲坛创办于2002年春，是广州负有盛名的学术讲坛。“广州讲坛”以人文社会科学为主题，以弘扬人文精神和科学精神为宗旨，邀请海内外学术界、文化界、教育界及其他各个领域的知名学者到广州讲学，传播当今世界经济、政治、文化、社会发展的新思想、新观念，传承中国文化学术的薪火，营造良好的文化学术氛围。（新闻中心）

4月22日　世界地球日善待地球活动

为了增强当代大学生保护环境、善待地球的意识，广州大学绿色动力协会在红棉路举办了世界地球日善待地球活动。本次活动内容丰富，图片内容主要包括：世界地球日的简史，2011年世界地球日的主题、标志和日本地震的相关情况。游戏环节采用了闯关的方式，第一关为垃圾分类；第二关为以今年地球日 logo 为样板的拼图游戏，以及问答；第三关为在地球仪上找出与问题有关的地理方位。活动还免费派发了宣传册，受到了同学们的欢迎，促进了大家以实际行动循环利用地球资源。（丁小凤）

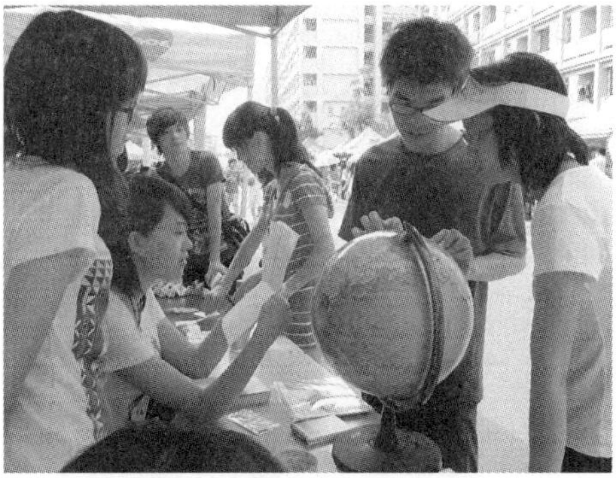

4月23日　广州日报来我校举办新"广州好"大学生一日游活动

启动仪式

由广州日报携手广州大学主办的"畅游广州、青春同行——新'广州好'大学生一日游活动"在我校举行。副校长屈哨兵，广州日报社编委江小川，广之旅总裁助理、市场推广中心总经理温前出席了活动。

本次活动是自2007年12月我校和广州日报社成功合作举办"我爱广州，共创和谐"主题体验之旅活动之后的又一次合作。这是一次青年学生感受新广州、发现新广州的机会。当天一日游的线路为参观沙湾古镇、大元帅府、海心沙公园和广东省博物馆。通过对这些广州代表性景点的游览，同学们收获良多。（学生处）

4月24日　"南沙湿地杯"首届羊城大学生辩论赛首场我校获胜

由羊城晚报、南方电视台、南沙湿地游览区、金羊网、南方卫视主办，新快报、广东羊城晚报文化传播有限公司承办的“南沙湿地杯”首届羊城大学生辩论赛于广州大学隆重举行，主题是“幸福是不是一种主观感受”。评委分别是袁可畅老师、马林老师和王颖老师。正反方出众的雄辩才能为我们呈上了一场精彩且意犹未尽的辩论盛宴。正方广州中医药大学持“幸福是一种主观感受”，反方广州大学持“幸福不是一种主观感受”。最终是反方广州大学获胜，正方四辩李磊获得最佳辩手奖。（古家怡）

辩手在陈述己方观点

4 月 24 日　哲学知识竞赛完满结束

4 月 24 日下午，广州大学哲学学习社全体成员相聚在一起，举行了一场精彩的哲学知识竞赛。本次活动分六组进行竞赛，分别是“思哲”、“哲学连连看”、“磬荧玉蕾”、“给力”、“迎风呐喊”和“爱智”，比赛流程有问答、互动、抢答、我猜我猜四个精彩环节。各组组员们在竞赛中都竭尽全力，充分展现各自的才智。队员们个个活力四射，在喜庆音乐的衬托下，获得全场的掌声。最后，“给力”和“迎风呐喊”两组夺得最高分。（李俊杰）

4 月 25 日　回忆班级点滴　领略班团风采

同学参观班级回忆墙

为了展现丰富多彩的班团文化和校园生活，土木工程学院在文俊西楼 209 室隆重举行了为期 5 天的班团回忆活动展览，各班级踊跃参加，相聚一起重温那温馨的班级回忆。班团日志、各班班服、班级相片、书法展示等内容是整个展览会中最吸引人之处，来参观的同学们刚踏进展览室就忍不住发出阵阵惊叹："好漂亮"、"好别致"、"好有趣"。

在参观班团活动展览的最后，同学们可以给心仪的班级投票，还可以在留言板上留下对班级的祝福。（土木工程学院学工办）

4 月 26 日　诵读经典　韵味悠长——广州大学第三届中华经典诵读大赛之人文学院选拔赛

由人文学院团委、学生会承办的广州大学第八届校园文化艺术节之人文学院唐诗宋词大赛暨朗诵欣赏会在广州大学学生活动中心隆重举行。

本次欣赏会共有 15 名选手参加，由吴晟副院长、曾大兴教授和刘军军老师担任本次比赛的评委。除此之外，还特邀了人文学院党委副书记李芬老师、团委书记林焕清老师、学工办副主任陈永添老师作为本次活动的嘉宾。

本次欣赏会中 10 中文（6）班的江语晨和 09 应用（7）班的甘小园同学表现突出，获得了一等奖。除了评出一、二、三等奖外，比赛还评出了最佳人气奖和最佳风采奖，分别由 08 历史（2）班的陈昱和 09 应用（7）班的甘小园获得。（人文学院学工办）

4 月 26 日　广州大学第四届手工艺制作大赛火热进行

广州大学第四届手工艺制作大赛于4月26日在红棉路隆重举行，工作人员在烈日下认真完成自己负责的工作，有的在照相，有的在拉票，有的在准备材料，而同学们也积极地参与到投票环节和寿司制作环节中。寿司、蛋糕制作环节，体现了DIY的意义。

下午4点左右，投票结束，经过一番统计后，最后评出了五个奖项，策划部部长为获奖者颁发了奖状和奖品。同学们的付出有了回报，赢得了丰厚的奖品。（陈汝超）

4 月 26 日　教育学院第五届课堂教学技能大赛决赛落下帷幕

教育学院第五届专业技能大赛之课堂教学技能大赛决赛落下帷幕，初赛中脱颖而出的八名选手逐“鹿”讲台。决赛设置了讲课、说课、才艺表演环节。经过激烈的角逐，评出一、二、三等奖以及优胜奖共八名，并由观众投票选出最具教师风采奖一名。评委由教育学院专家组成。赛后，评委对选手的表现和比赛的意义作了精彩点评。

通过比赛，提高了同学们对专业技能学习的重视程度，也展示了学院的教育成果，为同学们提供了很好的交流学习的平台，涌现出一批具有较强专业技能的同学，并对其他同学产生了良好的示范带动作用。教育学院专业技能比赛还包括多媒体课件制作比赛等，全面锻炼了学生的综合素质，提升了学院的学风建设。（教育学院学工办）

4 月 26 日　携手共建文明安全示范村活动

易佐永书记一行在聆听宣讲

在校团委廖勇老师的带领下，由广州大学社联组织，广州大学党建理论研究会与法咨社和曲艺社等13个兄弟社团一起前往番禺区坑头村与村民们携手共建文明安全示范村。

在本次活动中，党研会主要负责党建知识的宣讲，目的是让村民们能够较深入地认识党、了解党，提高他们的党性和爱党意识。下午4时许，广州大学校党委易佐永书记与坑头村党委书记一起前往广场检查展示和宣讲情况，亲切地询问每一个社团的特色和活动的开展情况，并耐心地聆听同学们的回答。在了解了党研会的时事平台、实践平台和党务平台三个平台和创先争优学习月系列活动后，书记对各协会表示了肯定，并赞扬了“阳光党研会”的理念。（王晓雯）

4 月 26 日　学校走访雷州经济困难学生家庭

由学生处陈爱平副处长率领的调研小组一行四人前往雷州探访经济困难学生家庭。此次调研的对象是美术与设计学院部分来自雷州的经济困难学生家庭，分散在雷州市郊和市辖乡镇的小村庄。调研小组每到一名学生家中，首先向家长汇报学生在校期间的学习成绩和综合表现情况，并向学生家长详细了解学生的家庭情况，耐心解释上级教育部门和学校对学生注册的管理规定以及对家庭经济困难学生的有关帮扶政策，最后还向经济困难家庭送上慰问金。学生家长们对调研组的探访和慰问表示感谢，对学校的有关管理规定表示理解和接受，并表示在学校的关心和帮助下会尽力解决学费问题，使自己的孩子成长成才。

此次调研会完成了既定的任务，获得了经济困难学生家庭状况的第一手资料，为加强学生思想政治教育和管理，尤其是经济困难学生的教育和管理工作的开展积累了经验。（学生处）

4月27日　第十一届全国“挑战杯”作品竞赛省赛终审决赛

由团省委、省教育厅、省科技厅、省科协、省学联主办、广东工业大学承办的第五届广东大学生科技学术节开幕式暨第十一届“挑战杯”广东大学生课外学术科技作品竞赛终审决赛在广东工业大学大学城校区体育馆隆重举行。

广州大学参赛队伍共有32份作品，由校团委学术科技部挑战杯部门带领，前往广工参赛。4月27日，第十一届“挑战杯”广东大学生课外学术科技作品竞赛终审决赛成绩公布会暨闭幕式举行，广州大学32份作品均获奖。其中，获特等奖4份，一等奖7份，二等奖10份，三等奖11份，本届“挑战杯”省赛圆满落幕。（冯敏儒）

4月28日　公共管理学院学生获学校第一届就业政策大赛冠亚军

广州大学第一届就业政策大赛决赛现场

由广州大学招生就业处、学生职业生涯发展委员会组织策划的广州大学第一届就业政策大赛决赛在行政西楼报告厅举行。本次就业政策大赛以“就业你我关注，政策一起解读”为口号，旨在让同学们了解更多的就业政策，了解如何通过合法途径，维护自己在就业时的权利。

公共管理学院的“北极星”

队和“三人行”队在本次比赛中分别摘得冠亚军。

公共管理学院此次派出的两支参赛队伍能取得佳绩，归功于学院历来重视对学生的职业生涯规划指导，以“全员育人”、“全程育人”和“全方位育人”为工作理念，举全院之力，对学生在校四年都广泛宣传就业政策，随时跟进学生的职业规划，积极进行就业指导。学生在这个过程中获益良多，把学院的指导内化为自身素质和求职竞争力，为日后的就业奠定了扎实的基础。（肖斌）

4月28日　机械与电气工程学院“歌舞青春”歌唱大赛总决赛完满落幕

第四届“机电风”文化节系列活动——“歌舞青春”歌唱大赛总决赛在图书馆讲学厅隆重举行。本次决赛共有9名参赛选手和4个组合参加，阵容相当强大。出席本次比赛的嘉宾老师有机械与电气工程学院学工办主任裴九雄、团委书记唐蕾、10级辅导员李东炜、电子信息系老师刘长红、兼职辅导员魏协奔和喻娟。

受邀出席本次总决赛的评委分别是来自星海音乐学院的吴衍龙、许斯嘉，我校音乐与舞蹈学院的胡蓉蓉、吴岱桐、黎晓恩、夏晓婷。评委的麻辣点评给本次比赛增添了不少亮点。（机械与电气工程学院学生会）

4月28日　视听盛宴，广府华彩

由广东省教育厅、中共广州市委宣传部、广州市文化广电新闻出版局及广州市振兴粤剧基金会共同主办的2011年高雅艺术进校园——大学生走进剧场暨粤剧演出季启动后，广州粤剧院演出的经典粤剧晚会“广府华彩”在学校演艺中心上演。当晚表演十分精彩，舞台两旁带有字幕的小屏幕，穿插在剧目间的粤剧的小知识，华丽的服饰，飒爽的身姿都使当晚的表演与"高雅艺术进校园"的主题紧紧呼应。

据了解，2009 年粤剧被正式列入联合国教科文组织《人类非物质文化遗产代表作名录》，这是继昆曲之后"申遗"成功的第二个中国剧种。"中国粤剧视听盛宴——广府华彩"作为一张岭南文化的名片，汇集了粤剧三百多年历史精华大成之作，涵盖了粤剧各大流派的代表作片段。生旦净末丑尽显风采。单脚、筋斗、滑索、踩跻、运眼、甩发、髯口等绝技、绝招，南派武功刚劲有力的靶子、手桥、少林拳以及高难度的椅子功和高台功都在舞台上一一呈现。（校团委）

4 月 28 日　新闻与传播学院学生会荣获"红旗学生会"称号

由广州大学学生会举办的"红旗学生会"评选活动于 4 月 28 日公布结果。新闻与传播学院学生会荣获"2010 年度广州大学红旗学生会"光荣称号。本次"红旗学生会"评选活动历时三个多月，考核内容包括制度建设、干部素质、学风建设、文体活动开展、亚运亚残运志愿服务以及学院学生会在校内的综合影响六个方面。评选由自评、互评、校评及众评四个环节组成。

在整个评选过程中，新闻与传播学院始终本着"宣传为辅，质量先行"的原则。自评环节中，孙凌副书记、学生会指导员吴谦老师、吕志强老师以及各级学生干部对学院学生会的各项建设进行了客观的评价，并表示将始终以最好的姿态活跃在广州大学红旗学生会评选的舞台上。（新闻与传播学院学工办）

我们的大学

May 五月

5月1日 广州大学模型协会参加热炽10周年模型交流赛

5月1日，广州大学模型协会的一众会员们应邀来到在芳村1850创意园举行的热炽模型俱乐部的10周年模型交流会进行摆摊交流活动。在当天的活动中，模型协会的同学们与来自不同地方不同年龄段的模友们进行了友好的技术交流和切磋，展示的作品也得到了很多同界人士的好评和鼓励。通过这次模型交流会，模型协会的会员们第一次踏出校门，真正和外界进行了模型的交流，更展露了模型协会作为模型界生力军的潜力和可塑性。（易德辉）

会员丙烯的参赛作品

5月2日 数学解题大赛，培养师范技能第一关

5月2日，广州大学数学与信息科学学院主办的第三届解题大赛在理科教学南楼举行了决赛，8名决赛选手从近百名参赛者中脱颖而出。

本次大赛分初赛和决赛两个阶段。初赛阶段采用笔试形式，决赛阶段采用笔试和试讲结合的形式。最终决赛的个人成绩由笔试及试讲成绩组成。决赛当天，由数学与信息科学学院的常春艳博士、汤志娜博士担任评委。试讲结束后，专业老师进行了详细点评，在场观众也提出了真诚的建议。这次大赛不仅让师范生更加重视解题和授课技能的重要性，同时还为师生间、同学间提供了一个沟通交流的学习平台，为师范生师范技能培养奠定了坚实的基础。（杜亚辉）

5月3日　知行读书社“明日之师”师范技能决赛

参赛者激情地讲课

由广州大学知行读书社举办的2011“明日之师”师范技能大赛决赛于5月3日下午在文新楼隆重举行。10名准“明日之师”经过初赛的重重考验，今天终于站到讲台上向评委、同学们展示他们的讲课魅力，让大家感受他们独特的讲课风采。

此次“明日之师”师范技能大赛的举办，使参赛者能够进一步了解关于师范技能方面的知识，不仅提高了他们的教学技能，而且也锻炼了处理课堂上突发状况的能力。（陈静雅）

5月3日　飞扬青春，展现自我——公管学子才艺大舞台

5月3日下午，公共管理学院文化节活动之一的“才艺大舞台”在文清楼407室举行。以“飞扬青春，展现自我”为主题，四位嘉宾给同学们带来了一场视听盛宴。咏春大师——黄冬薇，除了有数不尽的获奖头衔，更有真材实料，现场给同学们小露几手，便赢得阵阵喝彩；学生干部强人——徐喜春，与同学分享了学习和部门工作两不误的技巧；摄影狂人——刘冲，不仅带来了技术含量十足的优美图片，还分享了一些实用的摄影小技巧；辩论高手——钟天艺，现场模拟辩论“芙蓉姐姐和凤姐谁更适合当女朋友”，幽默风趣中诠释了辩论的精髓。

此次活动的举办，不仅给公管学子提供了才艺展示的舞台，发挥了同学们的特长，培养了兴趣，还能够深化校园文化建设，营造活跃、浓郁的文化氛围。（公共管理学院学工办）

5月3日　广州大学校园辩论赛16进8赛事

5月3日，“广州大学第八届校园辩论赛”16进8的晋级赛打响。比赛分为立论陈词、盘问、自由辩论、总结陈词四个部分。经过激烈的比赛，新闻学院、计算机学院、公共管理学院、化学化工学院、体育学院、土木工程学院、生命科学学院、教育学院进入八强。（校学生会）

5月3日　旅游学院主办“中华经典诵读角”活动

5月3日下午，由旅游学院主办的“中华经典诵读角”活动在文新楼架空层诵读角隆重拉开序幕。瓢泼的大雨没能阻挡住旅院10级8个班160名学生参与活动的热情，各兄弟学院共40名学生代表也冒雨前来加入到了队伍当中。活动分为中华经典朗诵、诗词分享、问题抢答等环节。通过这次活动，使同学们感受到了诗词齐诵的魅力，同时也升华了同学们的爱国情操。（罗聪玲　刘绍东　摄影：林良杰）

5月4日　土木工程学院艺术团和公共管理学院艺术团联合汇演

5月4日，由土木工程学院艺术团和公共管理学院艺术团联合举办的以“竞溢文化　绽放姿彩”为主题的两院艺术团交流汇报演出在广州大学学生活动中心拉开帷幕。

这次交流汇报演出表演的节目可谓多姿多彩，炫丽的舞蹈表演、精彩的声乐及器乐表演、令人捧腹的话剧表演，还有一众帅哥美女洋溢着青春气息的台步表演等，让全场观众享受了一次艺术的盛宴。在大家的欢笑声与掌声中，本次两院艺术团交流汇演落下了帷幕。

此次交流汇报演出对两院艺术团一年来的工作和表演进行了总结和交流，并丰富了学生的文娱生活，加强了两院的友好关系。（土木工程学院学工办）

5月4日　我校举行学生励志文艺演出庆“五四”

5月4日晚，由校团委偕同湖北燕赵残疾人艺术团共同策划的主题为“克难共进存远志，同为青春添光彩”的专场文艺演出在我校拉开序幕，残疾人艺术团为我校师生送上了一场励志文艺表演。副校长屈哨兵和师生一起观看了演出。

湖北燕赵残疾人艺术团是一个全部由残疾艺人组成的表演团体，他们在整场晚会上为师生们带来了包括歌舞、器乐、杂技、书法等形式多样的文艺节目。文艺演出期间气氛活跃，台上的残疾艺人和台下的师生热情互动，共同挥洒青春激情。

屈哨兵对残疾人艺术团为师生带来一场视听盛宴表示感谢，他号召我校青年学子要向晚会的残疾艺人学习，自强不息，用青春回报社会。

据校团委相关负责人介绍，举办专场演出旨在弘扬“五四”精神，使师生感受艺术团表演者身残志坚、自强不息的精神，更加热爱生活，奋发图强。（曾毅娴）

5月4日　广大团员青年开展微文明行动共创文明广州

正值“五四”青年节之际，由校团委发起的“幸福广东，文明有我”广州大学学生微文明宣传活动在图书馆启动。副校长屈哨兵及数十名志愿者代表参加了启动仪式。屈哨兵代表学校向全校团员青年致以节日问候。

启动当天，我校学生志愿者以多种形式开展微文明活动。在我校教学楼路段、宿舍门口、饭堂门口、图书馆路段、校道等地方，多名学生志愿者手持微文明倡议内容的手举牌，向路过的学生派发微文明行动卡五百多张，向认同微文明理念师生派发微文明标识贴1 000多张。在教学楼门口贴上微文明标识的数学学院的刘亚同学说："我认为用这种方式宣传微文明意识挺有意义的，五四青年节不一定要通过举办大型晚会来纪念，只有提高青年学子的文明意识，才能让我们成为真正有文明有责任的青年。"除了在校内宣传微文明活动外，我校学生志愿者还在广大生活区、广大公寓、广大公交汽车站点、商业中心路口、演艺中心路口、场馆保安亭六个地点派发微文明活动宣传单张，活动共派发宣传单张两百多张。

与往年五四青年节举办大型庆祝活动不同，今年我校举办的微文明活动旨在培养青年学生的责任感，在细微之处显示自己的文明意识。据校团委副书记何瑞豪介绍，校团委动员各学院青年支持、承诺和实践微文明，要求每个班组织都要开通集体微博，大力号召团员青年加入微文明抓拍志愿者行列，使用个人手机拍摄城市微文明图片，配发评论上传至个人、团支部微博，拍摄图片及相关评论将在"广州文明地图"上实时显示，向全校师生乃至全市人民展示广州大学创建微文明活动情况。（何竹茵）

5月5日　关注民生：模拟听证会与你关注二胎政策

5月5日，公共管理学院公共管理协会在行政西楼多功能报告厅举行了关于广州市试行二胎政策的模拟听证会，公共管理学院党委副书记甘健强以及学工办老师谢玲、付艳和唐勇莅临现场指导。

听证会以协会介绍、演员介绍等视频开场。第一环节，由各方代表陈述观点。人大代表吴豪以其激昂、合情合理的发言给观众留下深刻印象，群众代表则以其草根阶层的幽默式讲话引得全场笑声阵阵。

第二环节为代表自由辩论环节，双方针对对方的观点进行质问、辩论，其中，反方从中国人口压力大、衣食住行的问题突出、社会福利尚未完善的现状为突破口，论证“二胎政策并不适合于现在的中国社会”这一观点。而正方则从国家长远发展的角度论述“二胎政策”的可行性。这一环节以其激烈辩论成为听证会的高潮，全场喝彩不断。

会后，甘书记对听证会进行了点评，表示对本次模拟听证会的演出效果很满意，希望以后的模拟听证会能有所改进，提高活动的可观性、趣味性、互动性和简明性，做得更好。（公共管理学院学工办）

5月5日　那些启迪你心灵的散文——中华散文经典导读讲座

5月5日下午，由广州大学图书馆常务副馆长纪德君老师带来的《中华颂·经典诵读专家讲坛之中华散文经典导读》讲座于行政西楼二楼会议厅举行。

老师与同学现场互动

本次讲座纪德君老师和同学们探讨的主要是他对于中华散文的认识与理解。纪老师认为好的散文之所以能够成为经典，其在思想方面不外乎四个原因：其一，它阐述了一些深刻、独到的思想和见解，这些思想和见解带有普遍的理论意义；其二，它对人生或自然等有比较深刻的参悟，耐人寻味，能启迪人的心智；其三，它表现了一种令人感奋的精神力量或展示了一种高远开阔的人生境界；其四，它抒发的感情能引起人们的强烈共鸣。在解释这四点的过程中，纪老师不仅对《庄子·逍遥游》、《史记》、《报任安书》等经典名篇加以阐述，还向同学们介绍了自己在写作过程中所受到的经典名篇的启发。（校团委）

5月6日　150多名学生将访学清华北大等15所名校

5月6日，广州大学2011年第二校园经历访学启动仪式在广州大学图书馆隆重举行。5月7日，广州大学建筑与城市规划学院、人文学院、音乐舞蹈学院等15个学院150多名学生将分别到清华大学、北京大学、中央音乐学院、香港浸会大学等15所名校访学。除访问香港浸会大学推迟外，其他14个学院的访学师生代表于5月陆续开展为期一到两周的访学活动。启动仪式上，副校长屈哨兵为访学队伍带队老师代表授旗，并对访学学生提出了殷切希望。

副校长屈哨兵表示，如此大规模的访学活动在我校尚属首创，是我校教育培养人才模式的又一次创新。但同时以“古时带着干粮访学”的例子说明，访学活动实际上回归到教育的本源中，这是实践“哪里有真理，就到哪里去”的求学理念。他要求每位外出访学的广大学子都要回答四个问题，一是“你看到了什么”，要求学子细心观察访学学校的建筑风格，发现该校建校以来的故事；二是“你学到了什么”，要求学子以不拘一格的形式获取访学学校的前沿知识；三是“你悟到了什么”，要求学子用心感受访学学校的学习氛围，感悟该校立校的价值理念；四是“你留下了什么”，既包括收集各访学团队访学时的资料，也包括这次访学活动带给个人深刻的思考。最后，他希望广大学子都能有所收获，实现与不同学校老师学生间的平等对话，碰撞出思想的火花，希望访学经历成为每位参与访学同学人生的一笔宝贵的精神财富。

为访学队伍授旗

启动仪式现场

学生“第二校园经历访学”形式不拘一格，旁听课程、举行座谈会、参加学校的各类学术讲座与校园文化活动、访问专家教授和学术科研机构、参观图书馆实验室、观看阅读校史资料均可，充分体验访学学校优良的校风学风，领略访学学校的学校精神与学术氛围，接触了解各种学科专业的前沿知识。本次访问的学校有清华大学、北京大学、复旦大学、香港浸会大学、上海交通大学、中国传媒大学、北京舞蹈学院、苏州大学、北京体育大学、南京航空航天大学、南昌大学、中南大学、南京师范大学、中南财经政法大学、西南大学等15所名校。（学生处）

5月6日　广州亚运会、亚残运会总结表彰大会之志愿协助活动

5月6日，广州大学校青协和化学化工学院、土木工程学院的50名志愿者代表来到中山纪念堂，参加了广州亚运会、亚残运会总结表彰大会的志愿协助活动。志愿者分为10组，每组4人，由对接人员带领，做好协助工作。而剩下的10名志愿者则被安排为机动组。志愿者是负责帮亚运会、亚残运会先进个人系好绶带、佩戴好大红花，并协助其做好签到工作。志愿者面带笑容，细心地为签到的先进个人系好绶带的同时，也系上了志愿者对他们的热心、祝贺以及敬意。

共青团广州市委书记、广州市青联主席王焕清和广州大学校团委副书记郑美玲到现场与志愿者亲切交谈，肯定并感谢志愿者今天的出色表现，给予志愿者很大的鼓励。最后，“绿羊羊”快乐地喊出志愿者口号“一起来，更精彩！”并合影留念，让这历史性一刻成为永恒。（校团委）

5月6日　旅游学院2011人生规划大赛

5月6日，旅游学院2011人生规划大赛参选作品收集工作完满结束。本次大赛以“给自己的未来寄一封信”为主题，面对旅游学院全体09级和10

级的学生展开，从自我认识、环境认识、发展目标与路径设计、规划与计划实施、评估与备选方案等方面对参选作品进行测评，最终筛选出10篇优秀作品予以推广学习。2011人生规划大赛旨在通过文书的形式，让大一、大二的同学们能够更好地认识到自身优劣，认清周围的环境，尽早确定自己的人生目标，最终实现自己的人生价值和理想。（郑钰千　刘绍东）

5月6日　数学与信息科学学院“利用辅导员学科专业知识拓展团学第二课堂”活动拉开帷幕

5月6日晚，由广州大学数学与信息科学学院组织的“利用辅导员学科专业知识拓展团学第二课堂”活动在文新楼113室拉开帷幕，参加同学为学院团委、学生会全体成员以及学院各班长、团支书。本次第二课堂学习的基本内容为国学常识与公文写作。第一讲由07级辅导员杜亚辉老师主讲。杜亚辉老师所学为中文专业，针对理科学院学生的知识结构特点以及广州大学当前正在推行的“中华经典诵读”给同学们讲解了一些关于国学方面的常识。接下来就新闻、通知等应用文的写作语言及格式要求进行了讲解。长期的单一理科学习造成了同学们对经典的隔阂和阅读上的障碍，长时间的电子化生活使同学们面对基本的公文写作无处着手。通过本次第二课堂，同学们受益匪浅，增加了对中国古典文化的认同与了解，掌握了常见公文的写作方法，这种文理结合的课堂学习得到了同学们的广泛认可。（杜亚辉）

5月7日　外国语学院选手在“第六届中华全国日语演讲大赛”华南地区预赛获优秀奖

5月7日，由中国教育国际交流协会、日本华人教授会议、日本经济新闻社共同主办的“第六届中华全国日语演讲大赛”华南地区预赛在中山大学举行，本次比赛由中国教育国际交流协会、日本华人教授会议、日本经济新闻社共同举办，来自广东省、海南省、福建省、广西壮族自治区的25所高校共25名选手参赛，比赛分命题演讲和即兴演讲两个环节进行。李春幸同学虽然学习日语只有两年时间，但其发音准确，口语流利，表现大方，给评委和观众留下了深刻印象，最终获得了优秀奖。（外国语学院日语系）

5月7日　用亚运星火，点燃大运激情——广深青年志愿者交流会

深圳世界大学生运动会临近，5月7号下午，广大、深大以及华工、华农、广工、广外、广药和星海音乐学院8所高校在广州大学学生活动中心举行广深青年志愿者交流会。

在广大和深大两位志愿者的主持下，交流会宣布开始。首先是负责广大击剑馆各项工作的志愿者上台交流经验，分享志愿服务的感触。从深圳赶来的深大义工联负责人也介绍了他们各个组织的活动内容、大运会的各项筹备工作情况，分享了他们帮助弱势群体的经验。随后，华工、华农、广工和广外等高校的青协志愿者代表也都上台介绍了他们的工作，交流志愿服务的感想。活动最后，广大青协和深大义工联互赠礼物，以表达双方良好的祝愿和衷心的感谢。（校团委）

广大青协与深大义工联互赠礼物

广大青协、深大义工联以及各高校青协代表合影

5月8日　“机电风”之零件创意设计大赛

随着机械与电气工程学院“机电风”系列活动的进行，各类有关科学发明创造的大赛，如学院的科技创新大赛、电路板设计大赛、全国性的挑战杯大赛等，吸引了大量具有创新思想和创作热情的理工科选手。与此同时，为响应世界环境保护主题，提高学生节约资源意识，机电学院举办了第一届零件创意设计比赛。比赛以丰富广大学生的课外文化生活、提高学生的动手能力以及对专业知识的应用能力为宗旨，顺应机电风“挑战与创新”的口号，为对发明创造感兴趣的同学提供了一个平台。（李昂）

5月9日　化学化工学院赴上海交通大学访学

为增加同学们第二校园经历，拓宽视野，5月9日，广州大学化学化工学院第二校园访学团在王静和宋著立两位老师的带领下，到上海交通大学进行访学活动。在访学活动的两个星期内同学们全方位地感受了交大学子的学习、生活、工作、课外活动等，感受了名牌大学的学校精神与学术氛围，了解了各学科专业的前沿知识。此次访学增加了同学们的学习阅历，拓宽了同学们的学习思路，为日后的学习生活平添了无数的精彩。（周童）

化学化工学院学生赴上海交通大学访学

5月9日　体育学院第七届党团知识竞赛活动

为了纪念中国共产党建党90周年，重温党的光辉历程，提高对党的认识，加深对党的热爱，坚定建设有中国特色社会主义的信念，使党的光荣传统、优良作风、高尚情操得到继承和发扬，同时也让同学们更好地了解党团的知识，丰富同学们的课余生活，体育学院在5月9日晚举行了“体育学院第七届党团知识竞赛”。研究生、08、09以及10级本科生齐聚在图书馆讲学厅，共同参与了此次活动。本次比赛分为限时题、抢答题、风险题三个环节。经过激烈的角逐，最终09体育教育代表队获得了本次活动的冠军。（体育学院学工办）

5月9日　广州大学第八届学生社团文化节开幕

亮灯那一刻

5月9号，广州大学第八届学生社团文化节正式开幕，当晚7点于学生活动中心举行了令人瞩目的亮灯仪式。

在这一届文化节中，广大学生看到的是全新的创意以及更加给力的舞台，同学们可以劳逸结合、学用结合，并促进学校的教育教学工作。

通过举办文化节，相信有利于进一步增强同学们的学习意识、竞争意识和拼搏意识，进一步提高同学们的技能水平和学习素质，进一步增强班集体的凝聚力和战斗力，形成良好的班风和学风。（叶茜）

5月9日　中华经典讲坛——诵读中华经典，把握美好人生

为了更好地让同学们了解中华经典诵读活动，激发同学们的学习热情，5月6日下午，人文学院在文新楼113室举行了以“诵读中华经典，把握美好人

生”为主题的中华经典讲坛活动。本次活动主要面向人文学院 10 级学生。

活动现场

本次讲坛特别邀请了苏兆富老师，76 岁高龄的苏老师，如今还在学习钢琴、小提琴，还参加了合唱团，让人不得不佩服他“活到老，学到老”的精神。为了充分激发同学们学习中华经典的热情以及兴趣，苏老师选择用谈心而不是说教的方法来主讲，主要和大家谈了“爱上中华经典的原因”、“学习中华经典的过程”以及“学习经典诵读中的体会”三方面内容。苏老师全程面带慈祥的微笑，整个会场的气氛愉快而轻松。（人文学院学工办）

5 月 10 日　“创先争优　争当先锋”演讲比赛圆满结束

为纪念建党 90 周年，5 月 10 日，“创先争优　争当先锋”主题演讲比赛的决赛在广州大学行政西楼二楼学术报告厅隆重举行。100 多名学生参加了比赛，经过三轮选拔赛，共有 15 名学生进入决赛。

参赛的选手来自学校各个学院，他们向观众展示了精彩的演讲，演讲内容丰富：有对身边志愿者、无名英雄、时代先锋的赞美，有对党的正确领导的歌颂，还有青年人对未来的憧憬与规划，等等。更有选手在演讲中加入了手语等表演，令比赛更加生动。

经过评委老师的打分，最后，新闻学院的刘雯雯、人文学院的张立同学获得一等奖，人文学院的张文文等 3 名同学获得二等奖，汤帅等 10 名同学获得三等奖。比赛结束后，评委进行了点评，他们高度赞扬了同学们“创先争优”的精神，同时勉励新一代大学生应有坚定的信念，在服务人民、服务社会中实现自己的人生价值。（学生处）

5月10日　古词新韵雅言颂，传承经典中国风

5月10日，由共青团广州大学委员会主办，人文学院团委、学生会承办的2011年广州大学第三届中华经典诵读大赛初赛在学生活动中心正式拉开帷幕。来自21个学院的选手在比赛中展现了风采。

背景音乐一响起，选手们就忘情地投入到音乐中，深情朗诵。比赛中，不少选手都在朗诵过程中加入丰富的肢体语言，如凝噎对望、双手不愿放开等动作，将离别时的依依不舍之情演绎得淋漓尽致。也有采用一唱一和的方式，把诗词演活，更显风趣幽默，赢得阵阵掌声。

最后，评委们点评时希望同学们能在比赛的过程中感受中华千年的优秀文化，从中得到心灵的洗礼。（人文学院学工办）

5月10日　物流知识竞赛初赛

5月10日，期待已久的物流知识竞赛拉开帷幕。此次物流知识竞赛，初赛采用户外定向越野的比赛形式。这可以说是物流知识竞赛史上的一大创新。这一比赛形式不但一改以往沉闷死板的比赛方式，增加了此次竞赛的趣味性，而且在考验参赛者知识的同时，考验了参赛者的毅力与团队精神。（商学院学工办）

5月11日　上古神话——经典前的中国智慧

5月11日，在行政西二楼报告厅，广州大学邀请了四川师范学院首席教授、中国文学批评史专业硕士、上海师范大学中国古典文献学专业学科带头人王小盾教授为广州大学学子作了一场题为“经典前的中国智慧”的讲座。

讲座开始，王教授率先抛出了两个问题——“中国太阳神话的另一半在哪里？在上古神话中，人们对于太阳的晚间运行有着怎样的认识?”引起了同学们的思考。王教授经过二十多年的资料搜集和研究，得出一个结论：在上古

神话里，晚间太阳化作“鸥”和“龟”，由西方运向东方。这个结论一说出来，就吸引了同学们的注意力，使得同学们更津津有味地听王教授讲述了“鸥龟”在上古神话中的地位。

讲座最后王教授鼓励同学们积极进行上古神话领域的研究，他认为，中国的神话才是真正的神话，因为它是记录、信仰、社会等方面的综合体，非常具有研究价值。（张宇婷　摄影：张宇婷）

5月11日　地理科学学院研究生论坛第十九期开讲

由地理科学学院研究生会主办的“研究生论坛十九期”于5月11日在文新楼217室顺利举办，此次论坛的三位主讲人分别是09级人文地理学专业的许行、10级土地资源管理专业的宋学飞和10级自然地理专业的连莲。三位主讲人的报告，从研究对象、研究方法两个方面对地理学的前沿问题进行了深入的剖析，并有自己的见地，让广大研究生耳目一新，非常值得大家学习。论坛结束后，同学们一致认为，研究生论坛不仅搭建了文化学术交流的舞台，更是同学们丰富知识、锻炼自我、开阔思维的领地。相信我院通过研究生论坛这种创新的学术交流方式，定能提高广大学生研究专业知识的热忱并营造良好的学术氛围。（刘晓亮）

5月12日　“中华诵·经典诵读”诗词专题讲座

5月12日下午，广州大学人文学院吴晟教授应邀到文俊东楼209室，进行“中华诵·经典诵读”专家讲坛系列之诗词专题讲座。参加此次讲座的嘉宾有郑美玲书记，还有来自各个学院的老师和同学。

演讲开始，吴晟教授就以幽默的话语吸引了全场听众的注意。吴晟教授从诗词中挖掘出古人的爱国主义、恋爱问题、独善其身、心理调适这四大主题，并灵活地将其与古代诗词结合在一起进行分析。在讲述爱国主义主题的时候，吴教授举了屈原和陆游的例子，讲述了他们的爱国事迹和诗词，典型地表达了什么是爱国主义。

吴教授对诗词中四大主题的分析入木三分，讲解幽默，在场的师生无不被其所吸引，听得津津有味。（黄恒　梁国栋　苏哲莹）

5月13日　传统里的美与爱——白燕升先生畅谈艺术与人生讲座

5月13日，中央电视台戏曲节目主持人白燕升先生莅临广州大学，于图书馆副楼五楼会议厅举行讲座，畅谈艺术与人生。出席讲座的还有徐俊忠副校长以及其他领导、老师，刘晓明院长主持了讲座。

演讲过程中，白先生以幽默风趣的话语感染了在场的每一位听众，掌声不断。当白先生因为时间关系而两次希望结束讲座的时候，同学们总会用雷鸣般的掌声挽留。在白先生眼中，“这个世界从来不缺少多元，而缺少纯粹。这个世界也从不缺少喧嚣，而缺少孤单”。“不要轻易拒绝你不知道的东西，我们的心灵需要安静和尊重。”随后，白先生表达了自己的意愿：希望与广州大学的学生们，在未来的学习与就业过程中，共同学会爱。掌声再次响起。

讲座结束后，同学们皆表示这次讲座让自己受益匪浅，不仅被白燕升先生的魅力所折服，还对中国传统戏曲有了更深入的了解，同时也引发了对人生的思考。（人文学院学工办）

5月13日　建筑与城市规划学院举办筑纸大赛

为响应建筑与城市规划学院的建筑文化节，5月13日学院团委学生会举办了“筑纸大赛”，旨在能更好地拓展同学们的专业视野，了解“纸”这种可再生资源的特性，培养同学的动手能力和团队精神，让同学们在建模中找到乐趣，在乐趣中建模，争取在以后的学习中更进一步。竞赛的对象是全院学生，要求参赛者利用废弃的报纸、包装纸箱、宣传单等在一定的底板上做出一个建筑模型或者是艺术品。大赛吸引了多组参赛队伍参加，出现了很多的优秀作品。同学们在实践中多获取了一份知识，收获了友谊。（建筑与城市规划学院学工办）

5月13日　美国杨百翰大学室内乐团来广州大学交流演出

5月13日，广州大学演艺中心剧院内，应邀来访的美国杨百翰大学室内乐团一行58人与广州大学音乐舞蹈学院的学生进行了中美跨文化音乐交流活动。中美音乐文化交流活动有三个方面的内容：①观看中国学生演出的音乐会；②中美学生互相教唱一首本国的民歌；③观看美国学生演出的音乐会。

首先，广州大学音乐舞蹈学院和学校艺术团的同学表演了具有中国民族特色的音乐节目。接着，中美学生自由搭配组成几个20人左右的小组，中国学生教美国学生中国民歌《茉莉花》，而美国学生教中国学生《铃儿响叮当》等美国民歌。最后各组的中美学生分别上台展示了交流合作演奏的作品，每一组别具特色的展示都赢得了热烈的掌声。最后一组的中美学生铜管乐演奏热烈欢快，使在场的老师学生都和着音乐即兴起舞。歌声、琴声、欢歌笑语，在演艺中心剧场内久久回荡。中美学生通过音乐文化交流，克服了语言障碍，架起了友谊的桥梁。（音乐舞蹈学院学工办）

5月13日　四大高校争锋土木工程学院第四届结构设计大赛决赛

冠军队伍

5月13日，土木工程学院第四届结构设计大赛决赛在行政西会议厅拉开了序幕。

今年，土木工程学院在创新中不断前进，增加了新的测量设备、加载装置。最大的创新莫过于，我们摒弃了“桥梁”的模型，第一次提出了塔吊的设计理念，让同学们结合理论知识与创新精神，展开一场思维与动手能力的较量。

此次进入决赛的作品可谓众里挑一，汇集了广州大学、华南理工大学、广东工业大学和华南农业大学的学生作品共20件。在经过三个小时评选后，冠军被广东工业大学夺得，广州大学第七届学术科技之第四届结构设计大赛也圆满落幕。参加此次大赛的同学们，不论成功与失败，都动手了，加深了对专业知识的理解，培养了动手能力与协作能力。这无疑是一次成功的学术交流活动，是一次有意义的良性公平竞争。（土木工程学院学工办）

5月14日　公共管理学院分党校党课培训之自主实践活动及其成果报告会

公共管理学院分党校在第七期入党积极分子学习班中锐意创新，除了开设传统的专题活动，如教育讲座、观看电教片等，还组织学员自主参与实践，并以“学习先进，激励自我”为主题开展实践活动成果报告会。

通过这一个交流平台，学员们不仅能相互分享实践感受，还能提升自身的综合素质。此外，本次实践活动成果报告会作为学院党建工作的一大突破，同时也是学院入党积极分子培训班形式的一大革新，不但大大丰富了学习班的教学内容，还让学员在参与学习班的同时，从课堂走到户外，变被动为主动，将理论运用到实践，获得更加充实的学习经历，充分体现了学院“行动第一”的理念。（肖斌）

5 月 15 日　大运会圣火大学城内传递，广州大学学生白鹤云飞荣任火炬手

5 月 15 日上午，深圳世界大学生运动会广州站火炬传递活动在广州大学城如期举行。100 名火炬手手手相传，完成了约 8 千米的大运会圣火传递。广州大学白鹤云飞同学在此次火炬传递活动中担任第 36 号火炬手，传递了不一样的青春精彩。（程静雯）

5 月 15 日　地理科学学院学生在广东省首届地理师范专业大学生教学技能大赛中获佳绩

5 月 15 日，是一个让地理专业师范生充分展示自己的日子。这天，一场激烈的教学创新实践赛事在华南师范大学石牌校区举行。地理科学学院选送 07 级钟晓纬同学参加课堂教学比赛，选送 08 级黄隽逸和陈浩龙参加课件制作比赛。最终，黄隽逸和陈浩龙赢得课件制作比赛一等奖，钟晓纬的授课项目获三等奖。

本次比赛包括模拟课堂教学和多媒体课件制作两大项目，分别在上、下午举行。在课堂教学比赛中，选手们争相使出浑身解数，为现场观众展现一堂又一堂生动活泼的地理教学。

当天下午进行多媒体课件制作比赛，由评委赛前预评、选手展示课件和回答评委提问三个环节组成，选手们在限定时间内为大家展示精致简练的 PPT

课件，以图文并茂的方式传授地理知识。

本次大赛共有10所设有地理师范专业的省内高校参加。此次比赛增进了省内高校间的交流与学习，通过以赛促练，大大提高了地理专业师范生的教学技能和创新实践能力，为师范生提供了不可多得的学习机会和切磋技能的平台，同时也有助于其明晰自身的不足和今后的努力方向。（朱建驰　刘向晖）

5月15日　以手唱我歌，以手表我心——社会工作协会第五届手语歌大赛

5月15日，广州大学社会工作协会在广州大学学生活动中心举办了第五届手语歌大赛。本次大赛社协邀请了华师、华农、广外、广商等兄弟高校的社会工作协会作为我们的活动嘉宾，同时邀请广州大学土木工程学院青协和地理学院青协作为大赛评委。

本次比赛一共有8支队伍参加。比赛中，每支队伍都用手语来演绎一首歌曲。整齐的动作、统一的着装、积极的精神无不让评委和观众愉悦，评委们对每支队伍都予以较高评价。最后，心语队获得大赛的冠军以及最佳人气奖，亚军和季军分别由陋室队和怪兽队夺得。（钟文婷）

5月16日　2011联想小Y营销创意大赛广大站

经过一个月的培训与选拔，2011年度联想校园营销创意大赛广大站的10支精英队伍于5月16日下午在文新楼206室展开决赛争夺。此次赛事，以团队为单位，由2～5名同学组成团队参赛，针对联想ideapad Y470进行创意营销，营销方案需以大学生喜爱并为之疯狂的形式，以能使大学生产生强烈的情感共鸣为基调。参赛团队各显神通，通过独具匠心的创意、精彩纷呈的视频、华丽精致的PPT与对手拼创意，与评委辩真章。场下，各亲友团一边呐喊一边挥拍着手中的打气棒，为所支持的队伍壮威助勇，场面极为震撼。

一场血拼下来，商学院09工商班4名青年才俊勇夺本次广大站决赛的冠军与最佳人气奖双料桂冠。（商学院学工办）

5月16日　地理学子在校园文化艺术节歌咏比赛中展身手

5月16日，第八届校园文化艺术节“唱党歌，举党旗，铸党魂，跟党走”学生红歌歌咏比赛决赛在学校演艺中心落下帷幕，地理科学学院学生勇夺业余组冠军。

此次比赛由学校团委和音乐舞蹈学院共同主办，是学校为庆祝建党90周年举办的系列活动之一。各学院选送参赛选手，经过激烈的预赛比拼环节，仅有16名选手进入总决赛。决赛当晚大家纷纷使出看家本领，以精湛的技艺为观众呈现了一场高水平演出。地理科学学院08资环专业的李伟华、吴宏杰、许为峰3名同学组成的喀斯特组合，以一曲优美的《大地飞歌》赢得了在场观众的热烈掌声，也征服了现场所有评委，以绝对优势获得业余组一等奖。（刘向晖　陈蕊）

5 月 16 日　新闻与传播学院前往深圳大学访学交流

深圳大学传播学院党委副书记范方彬（左）接受我校新闻与传播学院党委副书记孙凌（右）赠与的锦旗

5 月 16 日，新闻与传播学院团委学生会、新传网、新闻窗及亚运志愿者 16 名学生代表在孙凌书记、兼职辅导员郑莹的带领下，出发前往深圳大学进行为期两天的交流活动。共青团深圳大学传播学院委员会副书记高婧同学全程友好接待。本次活动主要就学生工作进行交流，以加强两院学生在专业学习等方面的互动往来，特别是在学生报刊的采编实务交流、亚运会志愿者组织工作交流等方面进行沟通。

在访学过程中，新闻学院师生先后参观了深大演播室、创业园，参加传播学院第二届广告节之王粤飞专题讲座、国际短片节深大专场，还与深大传播学院的学生干部、骨干志愿者及学生媒体记者深入开展了交流座谈会。通过此次交流活动，同学们开阔了视野，领略到了不一样的校园文化和氛围。（新闻与传播学院学工办　摄影：李茂琼）

5月16日　科学毕竟不是魔术——论中国朝代更替与气候的关联性

5月16日，中国台湾大学地质科学系李红春教授在广州大学图书馆讲学厅发表了题为“中国朝代更替与气候的关联性”的演讲。

李红春教授在讲座过程中将自己比作大厨，将所讲内容划分成宴席的五个流程。第一部分是头菜，讲了季风的概念。第二部分是调味酒，讲如何利用黄土沉积和石笋中水的氧放射性同位素来记录季风强弱变化。第三部分是正餐，李红春教授讲述了自己对“季风变化与中国朝代更替关联性”的看法，反驳了美国科普杂志*Science*发表的“季风的变化对中国的朝代更替起着重要作用”这一观点。第四部分是甜点，他认为，是功利心和对东亚季风认识的偏差等因素，致使一些错漏百出的论文发表在一些具有代表性的杂志上。第五部分是茗茶，李教授说，一些论点的提出者往往只是对一个地方进行了研究，以偏概全，而发表在著名杂志上就会误导人。他告诫同学们科学毕竟不是魔术，一定要实事求是。（黄恒　王林敏）

5月17日　唇枪舌剑论创业——旅游学院VS公共管理学院

5月17日，在文新楼406室，来自旅游学院和公共管理学院两支出色的辩论队就在校大学生创业能不能有效地解决大学生就业问题进行了一番激烈的舌战，最终由事实依据充分、辩才更出众的反方公共管理学院获胜，正方三辩赵一玮则获得最佳辩手称号。（校团委）

5月17日　人文学院“党员先锋号”宿舍创优活动暨“党员先锋号”挂牌仪式

5月17日，由人文学院党委、学工办主办的“党员先锋号”宿舍创优活动暨“党员先锋号”挂牌启动仪式于学生公寓B2举行，党委副书记李芬、学工办主任刘军军、广州大学学生公寓管理服务中心王世兰主任及10级秘书系辅导员蔡炜老师出席了本次活动。

李芬书记发表讲话指出，这次活动的目的主要是让学生党员学会如何展示党员先锋，同时李书记也号召更多同学参与进来，往后将由学生评选先锋号并将其作为优秀党员的重要考核条件。（人文学院学工办）

5月18日　广州大学广播台第九届主持人形象大赛落幕

5月18日晚，FM107.7广州大学广播台第九届主持人形象大赛决赛在广州大学演艺中心举行。进入本次决赛的12名选手分别来自新闻与传播学院、公共管理学院、人文学院、外国语学院和商学院五个学院。广州大学学生处副处长林雪松、新闻与传播学院副院长李辉、广州电视台新闻部副主任徐志勋以及多个文体台主持人担任本次主持人形象大赛决赛的嘉宾。来自新闻与传播学院10粤播班的选手郭嘉峰经过自我介绍、小组表演等四个环节的激烈角逐，凭着超强的应变能力赢得观众的阵阵掌声，摘得本次比赛的桂冠。（新闻与传播学院学工办）

5 月 18 日　旅游学院之“成功考研及学生科研申报应该注意的问题”讲座

5 月 18 日，旅游学院副院长方忠权教授以“成功考研及学生科研申报应该注意的问题”为主题，在文俊东楼406室与同学们座谈交流，标志着旅游学院“专家及博士讲坛”系列活动正式拉开帷幕。讲座的内容主要分为两大部分：一是毕业论文的格式、规范写法及写论文时应注意的一些问题；二是提升科研水平及考研过程中应注意的问题。方教授以旅院学生挑战杯、创业大赛的参赛作品及毕业论文为案例，就论文写作中的一些细节展开讲解。

此次讲座旨在帮助同学们对自己所学专业有一次更深入更全面的了解，同时也让同学们懂得更多有关学术科技方面的知识，进而拓展知识面；另一方面，开展讲座可以培养教师科学严谨的教学态度，提升教师的教学质量。（罗聪玲　刘绍东　摄影：梁慧君）

5 月 18 日　美国南佛罗里达大学 C. Victor Fung 教授来音乐舞蹈学院讲学

5 月 18 日，美国南佛罗里达大学音乐教育研究中心主任、博士生导师 C. Victor Fung（冯志强）教授应邀来访音乐舞蹈学院，并为音乐舞蹈学院的师生作了主题为“音乐教育研究”的讲座，参加讲座的有音乐舞蹈学院的老师、研究生、本科生以及星海音乐学院的老师与研究生。本场讲座，冯教授以三个问题的方式引出了讲学内容，分别是：①What is research?（什么是研究?）②Why should we do research?（我们为什么要做这个研究?）③What are the ways of doing research?（用什么方式来做研究?）

在讲座过程中，冯教授还与我们分享了做好音乐教育研究的两个关键：一是要有问题意识，提出好的问题，才会使研究变得有意义；二是要有真实性，好的研究成果必须建立在大量的理论积累和实证调查中。冯志强教授在讲座中不断提到研究的真实性，体现了其对待学术的严谨与尊重，使在场师生受到了强烈而深刻的学术熏陶，为以后的音乐教育研究提供了学习借鉴范式。（音乐舞蹈学院学工办）

5月18日　自强不息，扶残助残，热心公益——全省自强模范与助残先进个人事迹巡回报告会

5月18日，五位全省自强模范与助残先进个人在我校图书馆副楼五楼报告厅，为广大同学作了他们的第七场巡回报告会。广州大学纪委书记陈少梅、省残联残联部部长吴小芳及广州大学团委副书记郑美玲出席了本次报告会。

五位全省自强模范与助残先进个人分别是：中山大学工学院的教授、博士生导师富明慧，广东省惠东县禾乐制鞋厂厂长林小敏，广州润横软件连锁有限公司董事长孙辉民，德庆县体育培训中心少儿乒乓球教练覃小俊，英德市联合理事会副会长叶翠莲。他们分别进行了精彩的先进事迹报告。

在场的老师和同学无不被他们不屈不挠的精神所折服和感动，进而报以热烈的掌声。（钟健）

5月19日　第三届"最受学生欢迎的老师"评选活动火热进行时

5月19日，广州大学第三届"最受学生欢迎的老师"评选摆摊宣传活动于红棉路正式开始。本次的摆摊宣传活动由校学生会联络部和各个学院的联络部联合主办，校学生会负责最受欢迎的老师（公共课）部分评选的宣传。各学院开展特色活动，在各自的摊位上宣传学院专业课提名的候选老师。（校学生会）

5月19日 广州大学第三届中华经典诵读大赛总决赛举行

5月19日晚，广州大学第三届中华经典诵读大赛总决赛在图书馆报告厅举行。在浓郁的古典气息之中，15名参与决赛的选手奉献了一场美妙的视听盛宴。来自地理科学学院的杨子和旅游学院的卢思炜一举夺冠。比赛分为自选篇目配乐朗诵和中华诗词知识问答两大环节。在优美的背景音乐衬托下，15名参赛学生，有独自一人在舞台上朗诵的，也有许多选手别出心裁，两个人或是三个人同台献技，他们或舞或演，有的还在原词的基础上增加了优美的独白，让观众皆有意犹未尽之感。当晚，尽管15名决赛选手风格各异，但他们通过声情并茂的朗诵、古典绚丽的着装，带领我们穿越了一次时空。

传统经典诗词，如果让外国人来读，又会带给我们怎样的惊喜呢？几名参与其中的外国留学生给了我们答案。日本留学生康正穿上中国服饰，在古筝的伴奏下，先后为观众朗诵了苏轼的《定风波》和刘禹锡的《陋室铭》。古老汉语的韵味，从外国友人的声线里流淌出来，给人耳目一新的感受。与此同时，蒙古女孩格利亚则和另一名学生在旁边表演“太极”，为他伴舞。博大精深的中华文化，影响深远，几位可爱的外国友人，用不同的风格诠释了他们对于中国文化的喜爱。他们的表演获得了台下许多观众的青睐，观众纷纷举起相机，记录下这些外国朋友的精彩表现，在热烈的掌声中，现场气氛再一次被推向了高潮。

在选手的个人展示全部结束后，评委刘树谦老师针对今晚的决赛以及选手的表现，谈了自己的感受。他说：“从小学到大学，我们的学生什么‘育’都有了，就是没有‘美育’。而今晚的诗词朗诵比赛，就给人以美的享受，通过美人、美文，使人美心，这是一场美的教育课。”刘老师还谈了这场大赛给人的启示，他既赞赏选手们的语言能力，也指出了一些需要提升的地方，如选手们的创意还有待加强，在舞台形象的塑造、舞台处理上也有需要改进的地方。

学校相关部门负责人出席了比赛并为获奖学生颁奖。比赛接近尾声，人们仍然沉浸在美的享受中，意犹未尽，心灵在美文的熏陶下得到了净化。中华经典诵读大赛在观众热烈的掌声中完美谢幕，给现场观众带来了视觉和听觉上的震撼与享受。（顾晓慧　余洁晶　李真真）

5月19日　美丽蜕变　展翅飞翔——生命科学学院2011毕业晚会

5月19日，生命科学学院“蜕变——人生新征程”07级送旧毕业生晚会在演艺中心隆重举行。出席这次晚会的有生命科学学院院长田长恩、党委书记王永云、副院长郭培国、党委副书记肖杏烟等。王永云书记为晚会致辞，表达了对11届毕业生的殷切期望，他说这是完美的终点，也是待发的起点。希望他们以优秀的人格为支点，为了梦想展翅飞翔，开创一片属于自己的天地。“蜕变”是痛苦的，但更是美好的，是向着成长与成熟前进，是向着光明与希望前进，是向着梦想与荣耀前进。（林奕勇）

5月20日　“机电情·相约520”——“机电风”文化节闭幕式暨毕业晚会

5月20日，以“机电情·相约520”为主题的机械与电气工程学院“机电风”文化节闭幕式暨毕业晚会伴着机电学子的热切期盼在演艺中心隆重拉开帷幕。学院院长张春良、党委书记满连杰、副书记吴德伟、综合办冯小兰老师、电子信息工程系张承云老师、学工办全体老师以及其他学院的老师代表出席了本次晚会。

这次的“机电风”文化节活动给同学们提供了一个很好的锻炼和展示自我的舞台，大大丰富了同学们的课余文化生活，培养了同学们对学术科技的兴趣，既体现了机电学院的特色，又展现了机电人多才多艺的一面。（陈月朗）

5 月 20 日　数学与信息科学学院学子从中南大学访学归来

5 月 20 日，数学与信息科学学院 10 名参加广州大学新人才激励工程——“第二校园经历访学”的同学从中南大学访学归来。

在 10 天的访学过程中，同学们参观了中南大学的图书馆、实验室，聆听了数学分析、高等代数、复变函数、数学模型等专业课程，参加了湖南女子学院副院长黄立宏教授的数学漫谈讲座以及中南大学数学学院党委颜兴中书记的职业生涯规划讲座，并且与中南大学的学子一道，开展了学生干部交流会、数学建模经验交流会、宿舍交流会等活动。访学活动在一场精彩的晚会中圆满落下帷幕。

对于此次访学，同学们均表示受益匪浅。他们不但学到了丰富的专业知识，更感受到了中南大学良好的学习氛围和积极向上的学习风貌，并且与中南大学的学子结下了深厚的友谊，为以后进一步的学习交流打下了基础。访学结束后，同学们表示，感谢学校给予他们访学交流的机会，他们一定以更加积极、认真的姿态投入到学习中去，并且将访学的所学、所感与更多的同学交流，将访学成果传播开去。（高菲）

5月21日　第五届广东大学生科技学术节广州大学学子再创辉煌

5月21日，第五届广东大学生科技学术节“用友杯”ERP沙盘模拟大赛在暨南大学举行。由广州大学商学院老师郭成、夏明会指导，陈家亮、黄晓彬、刘慧珊、林宏洪、邱翔燕组成的“柠檬茶”队获得特等奖，黄晓彬获得最佳“CFO”，刘慧珊获得最佳营销总监，并将代表广东省高校参加7月举行的全国总决赛。（商学院学工办）

5月21日　土木工程学院第五次团员学生代表大会

5月21日，广州大学土木工程学院第五次团员学生代表大会在行政西楼二楼会议厅隆重召开。出席本次大会的领导嘉宾有广州大学团委副书记何瑞豪老师、广州大学土木工程学院党委副书记邓思清老师、广州大学土木工程学院团委书记刘军老师、广州大学土木工程学院辅导员侯丽萍老师以及校学生会主席陈尚龙。参加会议的还有来自各年级的学生代表（共计185人），以及学生会、团委候选人（共计29人）。

通过此次“双代会”，土木工程学院学生的法律意识、行使权力意识都有了很大提高，使他们充分享受到自己作为主人翁的宝贵权力，代表全院学生监督学生干部的一言一行，代表全院学生选举产生新一届的委员会成员。同时，此次会议也为日后土木工程学院开展学生工作指明了方向。（土木工程学院学工办）

5月22日　旅游学院举行第四届棋类竞赛

5月22日，旅游学院第四届棋王竞赛开赛。本次大赛主要是由08、09和10级的同学们进行竞赛。其中有童心无限的飞行棋、趣致活泼的跳棋、充满智慧的五子棋和精彩紧张的斗兽棋，每种棋都大受欢迎。每位参赛者都抱着必胜的决心来到“战场”。经过持续三个星期的紧张赛程，获胜的班级赢得了丰富的奖品，参赛者们也赢得了团队的友谊。

棋王争霸赛不仅丰富了同学们的课余文化活动，有益于同学们的身心发

展，陶冶情操，更是同学们发挥自我特长、展示个人棋艺的平台，促进了同学们的交流与互相学习。（陈志明　丁子筠）

5月22日　新闻与传播学院2011毕业晚会暨阳光五四颁奖典礼

5月22日，新闻与传播学院2011毕业晚会暨阳光五四颁奖典礼在我校演艺中心举行。新闻与传播学院院长王首程、党委书记伍建芬、副院长李辉、党委副书记孙凌、新闻系主任田秋生、传播系主任王泸生以及教师代表魏永秀、席红、邝丹妮等出席了本次晚会。

晚会在主持人的开场白中拉开帷幕。随后，新闻与传播学院党委书记伍建芬登台发表讲话。伍书记在讲话中表达了对07级毕业生的美好祝福，祝愿他们在新的人生旅途上展翅高飞，同时也对晚会工作人员致以衷心的感谢。晚会节目精彩纷呈，呼声高涨。晚会的一大亮点是对本届阳光五四专业竞赛的摄影、新闻、广播、广告、视频类作品进行颁奖。本次阳光五四由团委学生会主办，无论是作品数量还是积极性均比上年有所提高。（新闻与传播学院学工办）

5月23日　广州日报摄影记者乔军伟来我校举行摄影讲座

5月23日，广州日报摄影部记者乔军伟在文新楼508室作了一场关于“新形势下如何做一名好摄记”的讲座。

作为主要负责突发新闻的摄影记者，乔军伟老师在讲座中强调了新闻图片的价值。他表示，在突发新闻图片的拍摄过程中，记者总会遭到阻拦，面对冲突。所以，每一张新闻图片都来之不易。

乔军伟老师还提出，面对网络对传统媒体的巨大冲击，在新形势下，新闻行业对图片的编辑和视频的拍摄与制作有了更高的要求。因此，注重这方面能力的培养，将有利于在激烈的新闻业竞争中崭露头角。

参与讲座的同学表示：要从当下开始培养自己的专业技能，积累更多的专业作品，为以后找工作做好准备。（新闻与传播学院学工办）

5月23日　旅游学院博士讲坛之“田野”调查讲座

5月23日，旅游与休闲管理系副系主任何向副教授在文俊东楼406室开设了自己的博士论文讲座：“田野”——以端砚调查为例。本次讲座主要面向本科生和研究生，旨在提高学生的科学思维能力，拓宽学生的视野。

通过此次讲座，不少同学明白了田野工作乃至整个人类学的研究工作，关键不在于搜集总结资料，仅仅留下一份关于人类活动的记录，更重要的是通过记载史实和现实，对传统文化或濒临绝境的文化起到保护作用，并由此进入思想层面，探究物质文化所承载的价值观念对当今社会的意义，或探究如何将其转化为当代社会所能接受的精神财富。（郑乐韵　刘绍东　摄影：杨雯霞）

5月23日　数学与信息科学学院2011届毕业生文明离校拉开序幕

为响应广州大学“爱心留母校，文明踏征程”的号召，为毕业生营造文明、有序、安全、和谐的离校氛围，5月23日早上参加完大学生涯中最后一次升国旗仪式后，数学与信息科学学院2011届毕业生又在图书馆一楼讲学厅接受了学院的毕业生教育，讲学厅墙壁上悬挂着“四载春秋，韶华度若飞；壮怀逸兴，敢当弄潮儿”的横幅，学院领导勉励广大毕业生准确定位，合理作出就业选择，善始善终，文明离校，将大学期间的文明习惯作为一生的准则去持守，还鼓励毕业生到祖国建设最需要的地方去，到西部去，用自己的所学报效祖国，并鼓励党员在文明离校中发挥先锋模范作用。（杜亚辉）

5 月 23 日　悟西大师魂，仰红岩正气

5 月 23 日，教育学院第二校园访学团对西南大学进行了为期五天的访学活动。访学团按照专业分为三个小分队，分别结合自身专业特点，与西南大学的同学开展了多种形式的交流活动，取得了非常好的效果。

访学期间，访学团的同学选取西南大学多门专业课程进行旁听，并参与到课堂的讨论、活动等环节，充分感受了西南大学课堂活跃的气氛和老师博学、严谨的治学态度。访学团的同学还旁听了西南大学本科、硕士生论文答辩会和多场学术讲座，体验了一所研究型大学浓厚的学术氛围。

在访学期间，访学团同学特地来到红岩魂爱国主义教育基地，参观了红岩魂陈列馆、歌乐山革命烈士陵园、白公馆、渣滓洞等红色历史遗迹，在此重温了革命先辈的动人事迹，受到了深刻的爱国主义教育和心灵洗礼。（教育学院学工办）

5 月 24 日　建筑与城市规划学院举行第三届建筑文化节景观速写大赛

5 月 24 日，广州大学建筑与城市规划学院在理北一楼大厅举行了主题为“亚运余韵”的第三届建筑景观速写大赛。这次活动得到了学院同学的欢迎和支持，前期报名和临时报名的人数都比往届多，提交的作品的质量也比往年要高。最终，学院收到 94 份作品，并于 5 月 25 日交给美术老师评出本次活动的奖项。（建筑与城市规划学院学工办）

速写大赛现场

5 月 24 日　物流知识竞赛决赛

获奖队伍合影留念

5 月 24 日，商学院物流学会在文新楼 305 室举行了 2011 年物流知识竞赛决赛。本次物流知识竞赛经由初赛的筛选后，共有五支队伍顺利晋级决赛。决赛阶段分为两个环节——人人是赌王（必答题）和 Show hand（抢答题）。最后，曾晓迪任队长的第四组技高一筹，夺得了本次竞赛的桂冠。

这次活动让大家继续学习了物流知识并深化了科学生活的认识，营造了浓郁的校园学习氛围，加强了学校的学风建设、知识文化建设和精神文明建设，让大家深入认识物流学会，把物流知识竞赛发展成为我校物流学会的传统项目，打造了一场全新的物流知识盛宴。（梁杰源）

5 月 25 日　陈可君同学喜摘广东大中学生英语口语大赛桂冠

5 月 25 日，第十届广东大中学生英语口语大赛总决赛在岭南大舞台隆重举行。广州大学外国语学院 08 级学生陈可君荣获大学组冠军，广州大学荣获大赛组织奖。这是广州大学自 2000 年参赛以来取得的最好成绩。

在比赛的“精彩亮相”、“爱在广州”、“活动广州”、“食在广州”和“魅力广州”五个环节中，陈可君用流利的口语声情并茂地向现场观众即兴推介了广州丰富的旅游资源和可口的羊城美食，一路过关斩将，发挥出色，充分展示了其纯正流利的英语口语和敏锐的才思，用创意和口才征服了评委和观众。（李黎　鄢智青）

5 月 25 日　化学化工学院举行“图书漂流”捐书活动

5 月 25 日，为发挥书籍的最大作用，让所有热爱知识、热爱生活的学生能借此机会得到更多的阅读资源，化学化工学院举办了“图书漂流”捐书活动并发起倡议。同学们积极响应，把读过的好书或用过的教材、参考书等捐赠给有需要的同学。（周童）

5 月 25 日　美术与设计学院蔡冬元同学获选世界大运会火炬手

5 月 25 日，大运会火炬手和学生记者选拔决赛在正佳广场精彩开战，通过激烈的角逐，广州大学美术与设计学院大三学生蔡冬元同学脱颖而出，成为决出的两名大运会火炬手之一。

选拔决赛分体育知识抢答、才艺展示、场景应急问答等环节，而在才艺展示环节上，蔡冬元同学通过精彩的魔术表演和唱歌，展示了他的魅力，赢得了阵阵喝彩和掌声。（美术与设计学院学工办）

5 月 26 日　中华经典诵读专家讲坛之“赋的起源及体式演变”

5 月 26 日下午，杨树增教授在文俊东楼给来自全校各个学院的同学们讲授关于“赋的起源及体式演变”的知识。讲座中，杨教授结合他多年的教学和研究，给同学们介绍了赋的特点、起源和体式演变。

杨教授的讲座条理分明，重点突出，在他精彩的演说下，在场的同学无不对赋的特点和体式演变心领神会。讲座最后，杨教授指出要去掉惯性思维，要有“以天下为己任”的意识，这样才能追求到真正的知识。（黄恒　王林敏）

5月26日　90年，党与我们同呼吸、共命运——数学与信息科学学院2010级党支部纪念中国共产党建党90周年主题表演

为纪念中国共产党建党90周年，数学与信息科学学院2010级学生党支部于5月26日下午在图书馆讲学厅举行了以“演先进事迹，现辉煌党史”为主题的表演活动。

活动形式丰富多样，有以《凝聚在党员突击队旗下》为代表的话剧表演，有以《走进新时代》为代表的红歌独唱，还有以《党在我心中》为代表的诗歌朗诵。活动中，同学们以独特的方式，表现了中国共产党90年的光辉历史与优秀革命传统，展现了建党90年来各行各业先进人物的先进事迹，以不同的方式纪念中国共产党建党90周年。通过本次主题演出活动，使同学们对党章、党史有了更深刻的了解与认识，提高了入党积极分子的党性修养，同时，以史为鉴，以人为鉴，增强了建设社会主义和谐社会的坚定决心与信心。（高菲）

5月27日　金中天集团有限公司资助建筑与城市规划学院学生

5月27日，在金中天集团有限公司总部，金中天集团有限公司同我校建筑与城市规划学院签订了资助贫困学生协议。金中天集团有限公司林楚雄董事长、陈言行政总监、学院潘文彬副书记、广州大学建筑设计研究院王河副院长等出席了签约仪式。

根据协议，金中天集团有限公司资助6名建筑与城市规划学院家庭经济困难学生，按每学年10个月计，至受资助学生毕业为止。资助金额为每人每月500元。本着“以劳换酬”的原则，为增强获助学生自强、自立、自信、自助的意识，获助学生须承诺：在不影响学习的前提下，每月到公司参加至少一次的勤工俭学活动，年度暑、寒假也会抽时间到公司实习。（建筑与城市规范学院学工办）

5月29日　建筑与城市规划学院学生赴清华大学的“第二校园经历访学”圆满结束

5月29日，建筑与城市规划学院访学团满载着知识和信心，顺利返回广州大学，为“第二校园经历访学”画上了圆满的句号。此次赴清华大学交流形式多样，同学们通过旁听课程、参加两校学生座谈会、参加清华大学的学术讲座、参阅清华建院校史资料、参观校园著名建筑和建院系馆等环节，充分体验清华大学优良的校风学风，全方面感受名校教育教学管理，了解学科前沿知识，领略清华大学的大学精神与校园气息。（建筑与城市规范学院学工办）

与清华大学建筑设计院庄惟敏院长互赠礼物

在清华大学“二校门”合影留念

与清华大学建筑学院学生座谈

5 月 29 日　新闻与传播学院师生赴中国传媒大学开展“第二校园经历访学”活动

5 月 29 日，新闻与传播学院来自不同年级专业的 12 名学生在院党委副书记孙凌等老师的带领下抵达中国传媒大学，为期一周的“第二校园经历访学”正式拉开序幕。

参加此次访学的学生代表是从 100 多名报名的学生中挑选出来的，在一周的交流时间里，他们积极行动，在虚心学习、实实在在获得收获的同时，把广州大学校园好的文化和精神传播到了外校，增强了学校的影响力。孙书记表示，此次访学的同学是先行者，以后学生还有更多的机会参与到与外校的交流和学习中。（新闻与传播学院学工办）

5 月 30 日　国家级教学名师汤国安教授应邀为地理科学学院学生讲学

5 月 30 日，地理科学学院特邀国家级教学名师、著名地理信息系统专家汤国安教授在广州大学天文馆为广大学子作专题报告。

汤国安教授在报告中结合我国地理信息系统专业建设背景和当前所面临的问题，详细介绍了南京师范大学地理科学学院在探索和实施教学改革方面的经验、教训以及所取得的成效，提出“必须对教学改革这项系统工程进行一体化设计、一体化实施，选准突破点，以点带面不断推进”、“具有团队精神的教师队伍建设是教学改革的基础”等专业建设探索与实践的观点，对学科建设和人才培养工作提供了宝贵经验和建议。同时，汤教授通过科研与教学的完美结合，形象生动地为 GIS 专业学生讲授了一节富有艺术感的《地图学》课程，旨在强调专业课程学习中的创新思维培养与研究型学习（教学）方法，让在场师生充分体会到教学大师的学识、口才、激情与人格魅力。（杨文华　刘向晖）

5 月 30 日　教育学院第五届心理文化节圆满闭幕

5 月 30 日，教育学院“525 心理文化节”闭幕式暨心理情景剧展演在图书馆报告厅举行。本届心理文化节以“和谐心理，幸福人生”为主题，通过心理游园会、心理运动会、心理知识竞赛、心理格言展评、心理情景剧展演等系列活动，引导大学生关爱生命，热爱生活，构筑和谐心理，追求幸福人生。

本届心理文化节心理剧展演围绕“和谐心理，幸福人生”的主题，通过日常校园生活场景的细节再现，巧妙地展现了心理学基本理论在大学生人际交往、学习、恋爱等日常生活中的应用，这种“寓教于乐”的方式贴近学生、贴近生活，使大学生既学到了心理学理论知识，又真切体验了理论知识源于生活、高于生活的教育引导作用。（教育学院学工办）

5月30日　粤北采风之行

5月30日，在眭美琳老师的带领下，音乐舞蹈学院舞蹈系08舞蹈编导班赴粤北韶关、乳源、南雄等地进行艺术采风活动。在这次艺术采风活动中，先后对禅宗祖庭南华寺（曹溪禅学）、珠玑古巷广府文化、乳源必背瑶寨、乳源大布镇进行了田野调查。（音乐舞蹈学院学工办）

5月31日　Josta教你How to avoid plagiarism

5月31日晚，来自奥克兰大学的引智项目专家Josta教授在文新楼123室为外国语学院10级和09级的同学作了题为“How to avoid plagiarism”（如何避免抄袭）的讲座。外国语学院蒋晓萍副院长、团委书记廖争荣老师出席了此次讲座。

Josta教授指出，在不同的文化当中，“抄袭”的定义各不相同，她引用在奥克兰大学见到的不少国际学生无意抄袭的例子，详细地说明了抄袭与参考借鉴的不同。Josta教授提出应当尊重作者和学术知识。最后，她根据学生中出现的问题，有针对性地提出了避免抄袭的办法。（何朗瑶）

我们的大学

June 六月

6月1日　我校师生在省、市职业技能大赛和第五届“省长杯”工业设计大赛总结表彰大会上接受颁奖

6月1日，2010年全省职业技能大赛和第五届“省长杯”工业设计大赛总结表彰大会在广东省政府礼堂隆重举行。

广州大学美术与设计学院08级室内与环境设计专业的王彬同学、08工业设计专业的张昱聪同学参加了本次大会，他们分别取得会展设计师（学生组）总决赛第二名、动画设计师（学生组）总决赛第三名的优异成绩。会展设计指导老师为吴宗敏、黎志伟、雷莹，动画设计指导老师为雷莹、李小敏、陈广英。

广州大学工业设计研究所两项设计（面向农村的旋压式洗衣机、家用蒸馏制酒机）在“省长杯”设计大赛中进入前十名，荣获三等奖。（美术与设计学院学工办）

广州大学工业设计研究所获奖人员在省政府表彰大会上（左起第一人与第三人）

广州大学工业设计研究所所长汤重熹教授与四名广州大学的获奖人员在省政府表彰大会上

6月1日　广州讲坛再次走进我校　王登峰论“健全人格与幸福人生”

6月1日上午，由中共广州市委宣传部主办的“广州讲坛”再次在我校开讲。著名心理学家、教育部语言文字应用管理司司长王登峰作了以“健全人格与人生幸福”为主题的讲座。

人的全面发展是我们获得幸福的基础

“幸福是一种感觉，如何让我们更多感受到一种积极的情绪，而较少感受消极的情绪，这可能是我们每个人都应该认真对待的问题。”王登峰教授在讲坛中提出，人的全面发展是我们获得幸福的基础。从心理学角度来说，人的全面发展，应该至少包括三个方面的内容：一是专业能力，二是基础修养，三是思想道德素质，即精神追求。心理学上专业能力也称为晶体智力，就好像砖头角部有非常坚硬的钻石，这个钻石无坚不摧，它在解决固定问题时有无可替代的作用。而道德修养则为流体智力，这要求我们要有认识表达和接受自己的能力、拥有良好的人际关系与合作能力以及在复杂的情况下提出问题并解决问题的能力。专业素质和基础修养是我们成功必不可少的翅膀。当具备这两只翅膀时，我们可以飞得很高很远，但是往哪飞呢？因此我们还需要具备思想道德素质。要获得幸福的人生，我们不但要具备一技之长，还要加强各方面的修养，特别是道德文明修养，同时要让自己有非常明确的人生追求。王教授认为这三者是人实现全面发展的必要条件。

幸福感是保持心理健康最核心的问题

“幸福感是保持心理健康最核心的问题，那么如何保持幸福感呢？”王教授提出，幸福感首先要拥有良好的生理状态，身体健康是心理健康的基础，其次是外部和谐，即与人和谐交往。而很关键的是内心和谐。实现幸福是有差别的，只要我们能接受现实就能很幸福。接受现实的人，是内心和谐的人，也是幸福的人，同时也是能最快改变自己提升自己的人。内在动机与和谐，是人生必修课，是幸福的必然基础。佛教经文中提到，上求菩提，也即儒家的修身齐家，下化众生就是治国平天下。这就意味着我们每一天都要做对社会有益的事情，那我们就是幸福的，而拥有健全的人格是实现人生幸福的重要前提。

广州讲坛是由广州市委宣传部创办的名家讲座。王登峰教授是我国著名心理学家，兼任北京大学心理学研究中心主任、中国心理学会副理事长。受中共中央组织部委托，王登峰教授设计开发了中国省部级领导干部职业能力测评系统，研制了中国人的心理健康测试标准。（袁舒琳　潘逦　摄影：沈洁林）

6月2日　中华经典诵读之赋作欣赏

6月2日下午2点，国家社会科学基金学科评审组专家、广州大学特聘教授杨树增博士在文俊东楼209室给来自全校各个学院的同学们讲授了关于“中华经典诵读赋作欣赏”的知识。

演讲中，杨博士主要对王勃的《滕王阁序》、陶渊明的《归去来兮辞并序》、刘禹锡的《陋室铭》、杜牧的《阿房宫赋》以及苏轼的《前赤壁赋》这五首赋作了讲解。杨博士的见解独到深刻，言简意赅，说理精辟深入。演讲结束后，杨树增博士与现场师生进行了问答交流。在回答如何有效地背诵诗词的问题时，杨博士极力提倡背诵诗词要手、脑、口并用。首先用脑思考，弄清楚诗句的含义，然后口读、手抄，如此我们可将诗词熟记于心。（文奕曼　黄恒　梁国栋）

6月3日　外国语学院2011年毕业晚会

盛夏6月，是毕业的季节。3日晚，外国语学院毕业晚会在学校演艺中心隆重举行。晚会以一系列温馨的视频拉开帷幕，视频所记下的有刚入学报到时的稚嫩、军训时的青涩、部门面试时的紧张、宿舍里的温暖、出游时的欢欣、部门活动中的相互扶持、社会活动中的甘苦与共……随着视频的播放，观众一同重温感受那些美好的回忆。最后由广州大学管乐团演奏起悠扬动听的音乐，带着观众继续回忆那美好时光。视频里有师弟师妹们欢快的笑脸和真诚的祝福，有毕业生温馨的回忆和对未来的展望，更有老师们语重心长的叮咛，这一刻观众或欢笑或落泪，无不被那份浓浓的情谊所感动。

晚会在08～10级学生的合唱《祝福》中落下了帷幕。毕业生纷纷表示：祝福广大，祝福外国语学院，不会忘记四年美好的回忆。同时，也要努力地工作，创造出人生的新篇章。（郑嘉纯　梁乐茵）

6月5日　地理科学学院第二校园访学师生正式启程

6月5日是端午节放假的第一天，备受师生关注的广州大学第二校园访学团地理科学学院分团整装待发，即将踏上赶赴南京师范大学访学之旅。此行领队为李江涛和李红宾两位老师，一大早，学院党委副书记刘向晖就带着党政领导的嘱托到广州火车站为大家送行，对活动再做叮咛。此行还得到了许多老师和家长的大力支持，他们在专业指导和行程等方面出了不少好主意。（李红宾）

6月7日　外国语学院外语短剧大赛

6月7日晚上7点整，广州大学第四届外语短剧大赛决赛在校演艺中心A1广场隆重上演。此次外语短剧大赛的主题是“Yesterday Once More”。经过一番激烈的初赛角逐，共有10个班级脱颖而出进入决赛。经过评委们认真观赏和评审，最后，英语专业08级（4）班以一场精彩流畅的Little Mermaid夺得了此次大赛的桂冠。本次大赛不仅将昔日经典生动地呈现在同学们面前，激发了同学们学习西方经典文化的热

情，更为外国语学院营造了良好的文化学习氛围。（邹丽雪）

6月7日　我校与河北科技大学签署本科生交换培养协议

6月7日，我校与河北科技大学共同签署了两校本科生交换培养协议书。我校党委书记易佐永和河北科技大学党委书记计卫舸代表双方在协议书上签字。

根据协议，双方同意选派一定数量的普通全日制本科学生（简称交换生）到对方学校相应专业进行插班学习，双方互认学分和学业成绩。交换生以三年级学生为主，学习期限为一学期或一学年。

今年我校与河北科技大学合作交换培养本科生，是合生珠江高校教育发展项目的一部分，要求在选拔出来的优秀交换生中家庭经济困难的学生不能低于50%，经费由学校合生珠江高校教育发展项目专项支持。

河北科技大学是1996年由河北轻化工学院、河北机电学院和河北省纺织职工大学合并组建而成的，是河北省重点建设的多科性骨干大学。

近年来，国内高校间合作交换培养学生，已得到越来越多高校的认同与重视。合作高校之间本着“优势互补、资源共享、共同发展”的原则，选派学生到其他高校交换学习，不仅可以使学生感受到不同的地域文化和校园文化，分享优质教学资源，更有利于学生开放意识、培养与提高竞争能力。（赵建华）

6月8日　参加2011年首届中国大学生角斗士锦标赛荣获佳绩

6月8日，在福建武夷学院举行的2011年首届中国大学生角斗士锦标赛圆满结束，来自全国14个省市的19所院校的角斗士运动员参加了此次比赛。

广州大学的角斗士队运动员是来自体育学院四个年级的七名学生（程星、关国相、李青、吴秋萍、陈如意、何雯倩、吴洁莹）。在体育学院于英文书记的亲自带领下，经过四天的激烈比赛，我校的角斗士队最后取得了团体总分第四名的成绩。广州大学获得体育道德风尚团体奖，其中两名学生获个人第三名，一名学生获第四名，一名学生获第五名，三名学生获第六名。曾庆国老师

获得优秀教练员称号，程星同学获得体育道德风尚奖。（体育学院学工办）

6月8日　广州大学首届时事新闻评论大赛落幕

由广州大学团委信息中心主办的首届时事新闻评论大赛，于6月8日晚落下帷幕。10名来自不同学院的参赛选手同台较量，最后，外国语学院余颖茵同学荣获一等奖。

10名选手依次上台，从15道题目中随机抽取一题，进行5分钟的评论。这次比赛选取的时事新闻，均是近期的热点话题，既有国内新闻，如“如何看待高晓松酒驾获刑事件”、“如何看待药家鑫自首获死刑事件”等，又有国际新闻，如“胡锦涛访美，中美关系能否进入新阶段”等。比赛中，有的选手设计了精彩的开场白，有的选手伶牙俐齿地表述了自己的观点，有的选手冷静地回答了评委的提问。选手们出色的发挥、精彩的评论，赢得了在场观众的阵阵掌声。（马天保）

6月9日　广州大学举行青年学子纪念建党90周年暨五四表彰晚会

6月9日晚，广州大学举行了“永远跟党走”青年学子纪念建党90周年暨五四表彰晚会。大会表彰了8个红旗团委、8个红旗学生会、93个先进团支部以及640名优秀学生会干部、700名优秀团员、791名优秀团干。副校长屈哨兵参加会议并为获奖代表颁奖。

副校长屈哨兵在总结中指出，过去的一年，我校共青团工作完成得非常出色，受到了共青团广州市委乃至团省委的一致好评，先后被评为“创先争优服务亚运亚残运”五四红旗团委、2008—2010年广州市红旗团委，商学院和化学化工学院分团委被评为广州市先进基层团委，校团委书记何晓晴、副书记郑美玲被评为广东省优秀共青团干部。他希望校团委在保持骄人成绩的同时，能够向广东省乃至全国红旗团委努力奋斗，并

勉励各位共青团员做到“学先进、创先进、赶先进”，坚定共产主义信念，激发工作热情，发挥排头兵的作用，服务学校，服务社会，在成长中成才。（马天保 摄影：沈洁林）

6月9日 美国亚利桑那大学杨和雄教授来环境科学与工程学院进行学术交流

6月9日，美国亚利桑那大学杨和雄教授在中科院广州地球化学研究所博士生导师、广东省科协名誉主席谢先德研究员的陪同下，来到环境科学与工程学院进行学术交流，杨和雄教授作了题为“生物矿物从地球到火星”的学术报告。学术交流会由广州大学副校长陈永亨教授主持，环境科学与工程学院副院长夏建荣教授等师生参加了学术交流会。杨教授的报告既高屋建瓴，又深入浅出，以地球上生物矿物的形成来诠释火星是否存在生命。最后，杨教授还对师生们提出的问题作了详细的解答。（环境科学与工程学院学工办）

6月9日 我校首批900多人完成中华经典诵读学分考试

我校中华经典诵读学分考试近日正式开始，来自全校各学院2010级的首批980多名学生参加了考试，考试全部在计算机上进行。

作为国家教育部、国家语委的全国中华经典诵读示范学校，我校在中华经典诵读活动的宣传和推广上已有一定基础并取得了较好的社会影响。早在20世纪90年代中期，中文系就开展了唐诗宋词背诵大赛，每年一次并持续至今。在各级各类的语言类比赛中，学校都多次获奖。这次的中华经典诵读学分考试更是南方高校的一个创举。为全面推动此项考试，广州大学汇集了一批专家学者，组织了学校多个行政管理部门，多次研讨，不断实践，逐步形成了切实可行的考试方案，开设了“五个一工程”：编制了一本《选本》、开发了一个考试软件、建立了一个网站、汇集了一批语音资料、加强了一批精品课程。汇集了学校古典文学方面的专家教授，遴选了中华优秀作品中的经典篇目100篇，覆盖了诗词曲赋文各个方面，汇集出版了《中华经典诵读选本》。结合南方地方高校实际，为提高学生诵读音准的准确率，为每一篇章都注上了拼音，方便学生朗读。同时，学校开通了中华经典诵读网站（http：//

zhs. gzhu. edu. cn/），设立了诵读角、专家讲坛、诵读考试、经典100篇、经典拓展、诗书音画、交流园地等栏目，为同学们提供了丰富的中华经典音视频学习材料，对100篇目进行了详尽的分析、导读和提供示范朗读音频文件，开放交流平台，为学生提供学习和交流的广阔平台。

从2010年开始，学校规定，自2010级学生起，本科生在校学习期间，除必须课内完成人才培养方案所规定的必修课、专业选修课和通识类选修课之规定学分外，还必须至少累计获得4个第二课堂学分方能毕业（其中中华经典诵读的1学分为必修学分）。这也就意味着如果学生在校期间未通过中华经典诵读学分考试，取得相应的学分，就不能毕业。这是广州大学开展中华经典诵读活动、积极促进学生人文综合素质全面发展的重要制度性举措。

诵读考试贯穿学生在校4年的学习期间，每年的4月和10月，学生都可以登录诵读网站进入中华经典诵读考试模块，进行春考或秋考的考试报名。在学校开放的时间内，学生可以自由选择考试时间。每名学生在校期间有3次考试机会。为推广普通话，推行规范字，考试采用单人单机默写进行，学校网络中心自行开发了考试软件，每天能同时满足2 000人考试。为更好地推动此项考试，学校还推动了3月中华经典诵读宣传月、4月中华经典诵读模拟赛、5月中华经典诵读考试的系列活动，对此次系列活动中的先进个人和单位将进行表彰和奖励。今后，学校还将根据学生的学习需要，逐步推进中华经典诵读课程化建设，适时开设相关课程供同学们选修。（卢婕）

6月9日　数学与信息科学学院到广州市第三劳教所继续开展帮教活动

数学与信息科学学院师生一行五十余人来到广州市第三劳教所，继续开展帮教活动。学生党员干部和劳教学员们展开面对面的交流，大家恳谈人生，气氛十分融洽。随后，文艺汇演正式拉开帷幕，既有学生表演的独唱、合唱、小品和萨克斯、小提琴等乐器演奏，也有劳教人员的band队合唱及太极表演，还有劳教所警察同志的快板表演，表演高潮迭起，掌声、欢呼声不断。

通过帮教活动，实现了帮教与育人的双赢。一方面，丰富了学员们的生活，指引他们改过自身，发挥青春的魅力，领悟做人的真谛；另一方面，也增强了学生的爱心与责任心，引导他们树立积极向上的人生观。（高菲）

6 月 9 日　化学化工学院学生科技辅导团参加番禺区“科学与我”主题活动现场展示交流会

2011 年番禺区“科学与我”主题活动现场展示交流会在前锋小学举行。化学化工学院科技辅导团的同学参加了此次交流会，并表演了富有科技特色的小品——《假魔法》。化学化工学院与前锋小学是共建单位，几年以来，科技辅导团在学做科研、科技创新等方面给予了前锋小学的同学一系列指导和帮助，受到前锋小学师生的一致好评。（周童）

6 月 10 日　广州大学启动“青年马克思主义者培养工程”

广州大学“青年马克思主义者培养工程”启动仪式暨辅导报告会在行政西二楼会议厅举行。副校长屈哨兵、徐俊忠和相关部门负责人及学员代表出席了启动仪式。

屈哨兵在致辞中表示，我校启动“青马工程”，是为了进一步响应共青团中央关于实施“青马工程”的工作精神，提高我校学生党员团员青年的思想政治素质、政治理论水平、创新能力、实践能力和组织协调能力。希望每位学员自觉深入学习研究马克思主义，尤其是马克思主义中国化的最新成果，自觉践行科学发展观，励志成才，真正成为中国特色社会主义事业的合格建设者和可靠接班人。

启动仪式结束后，副校长徐俊忠教授作了“马克思与我们同行”专题辅导报告。（党委组织部、校团委）

6月10日　院士赵其国亲切接见地理科学学院南京访学团

6月10日，广州大学地理科学学院第二校园访学团参观访问了中国科学院南京土壤研究所土壤与农业可持续发展国家重点实验室，受到中科院赵其国院士等专家学者的亲切接见，并以科研为主题与我校师生进行了长达两小时的座谈。赵院士首先介绍了中国科学院南京土壤研究所及国家重点实验室的建设情况，随后与大家分享了自己的科研人生和科研感悟。座谈结束后，访学团成员在专家们的指导下参观了土壤标本陈列馆、土壤与农业可持续发展国家重点实验室及科学试验场等。（李小嘉　李红宾　刘向晖）

6月11日　关爱特殊儿童，点亮幸福之光

6月11日，教育学院红会组织会员赴海珠区特殊儿童康复中心开展活动。本次活动旨在弘扬红会精神，呼吁大学生关注特殊儿童的成长，营造一种关爱他人、服务社会的氛围。

社区部的工作人员向红会会员介绍了小朋友们的身体状况和要注意的事项，为开展活动做好准备。活动过程中，会员们耐心、热忱地和特殊儿童聊天、唱歌、玩游戏等，并将准备好的礼物送给小朋友们，为他们带来了欢乐。看到小朋友们全身心地投入到活动中，脸上展露出幸福的笑容，同学们深深地体会到生命的意义，深刻感悟到奉献的幸福。（教育学院学工办）

6月11日　旅游学院自行车环城游环保宣传活动

6月11日，旅游学院团委联合小谷围街道创文办、团工委、广州市第一人民医院团委、广州卡通公司在大学城举办了一次自行车出行、宣传环保文明

的公益活动，旨在传播“绿色环保、文明出行”的健康理念，积极响应政府创建全国文明城市的倡议，宣传文明有礼，自觉爱护环境，自觉做到不闯红灯、不乱穿马路、不乱停车辆。同时号召更多人体验享受广州大学城公共自行车服务站点的便捷服务，实现后亚运时代资源的有效运行。（赵骏杰）

6月12日　音乐舞蹈学院百名志愿者参加“广东狮子会珠江服务队第七届拍卖慈善晚会”

6月12日，音乐舞蹈学院百名志愿者来到广州圣丰索菲特大酒店为广东狮子会珠江服务队进行志愿服务。广东狮子会珠江服务队是一个以“赈灾扶贫，扶志助飞，助残助困”为宗旨的大型慈善机构。本次志愿者主要是为“广东狮子会珠江服务队”第七届的换届大会及晚上以慈善拍卖为主题的晚会服务。

一年一度的慈善晚会是广东狮子会珠江服务队联谊和爱心展示的平台，而音乐舞蹈学院从去年开始每年组织百名志愿者参与其中，服务社会，为慈善事业尽自己的一份力。与此同时，广东狮子会珠江服务队去年资助了音乐舞蹈学院18名经济困难生，将爱心撒播到我们的身边。（音乐舞蹈学院学工办）

6月12日　人文学院志愿讲解队为留学生义务讲解广州历史文化

为了迎接建党90周年，积极响应广州市团委“我为广州做件事”的号召，人文学院志愿讲解队义务为国际教育学院的留学生讲解广州历史文化，增强留学生对广州历史文化的了解。6月12日，讲解队成员和留学生代表一行30多人相聚广州博物馆和广州陈氏书院（陈家祠），共享历史文化大餐。

人文讲解队发扬其无私奉献的精神，用中英双语为留学生们作介绍。从广州古城到羊城新八景，从广州古建筑到广州刺绣，讲解员们有声有色的讲解获得了留学生们的一致好评。留学生们操着一口不流利的中文饶有兴趣地询问各个时期的历史文物，或驻足“广州古城变迁”地图前，或站在镇海楼上瞭望，或细看陈家祠的木雕、石雕。留学生们纷纷表示，十分喜欢广州悠久的历史文化，并感谢讲解队员们的热情介绍。（人文学院学工办）

6月13日　万庆良市长看望我校义务献血学生

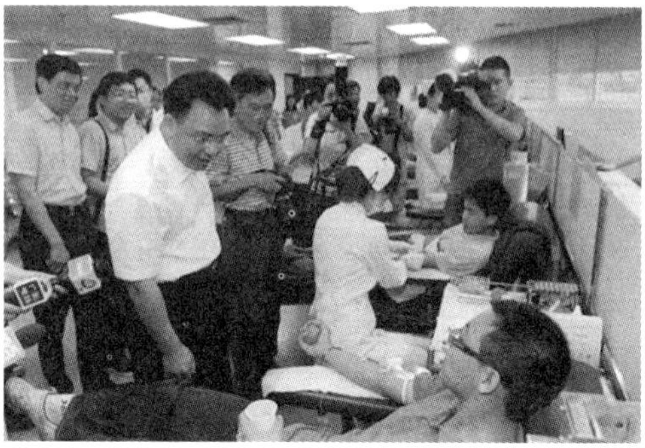

6月14日是世界献血者日，广州市市长万庆良6月13日下午走进市血液中心义务献血，并与我校义务献血学生亲切交谈。

当万庆良走进血液中心时，我校学生林庭锐正在献血。在短暂的献血时间里，市长与林庭锐亲切交谈，并鼓励他："年轻人的血液是青春的，无偿献血有利于年轻人的健康，男生献了血会更健康，女生献了血会更健美。"万市长还向林庭锐同学递了一张名片："这是我的名片，向你学习。"

据了解，我校一直大力致力于无偿献血的宣传，学生以献血为荣，我校连续十年被评为广州市无偿献血先进单位，"人道、博爱、奉献"的红十字精神已经内化为我校师生的自觉行为。（校团委）

6月14日　广州亚运志愿服务先进事迹进校园宣讲

6月14日，在广州大学图书馆副楼五楼会议厅举行了广州亚运志愿服务先进事迹进校园宣讲活动，出席活动的有广州大学副校长屈哨兵等领导及嘉宾，此次活动的宗旨是让亚运志愿者精神走进校园，并传承给每一个人。

活动现场，共有来自我校、中山大学、华南师范大学的五名优秀志愿者代表上台讲述他们的志愿者故事。五名成员中有克服身体伤痛、坚持志愿服务的开闭幕式志愿者；有一丝不苟、确保亚运平安的安检志愿者；有坚持不懈、迎难而上的少数民族志愿者；有以微笑点亮梦想、美丽成就价值的颁奖礼仪志愿者；有起早贪黑、不怕苦不怕累后勤志愿者。他们把"敢想会干为人民，和谐包容共分享"的亚运精神传给了现场的每一位志愿者。（校团委）

广州大学维吾尔族的古丽巴哈尔在演讲

出席领导、嘉宾与志愿者代表合影

6月14日　入选“调研中国”中国大学生社会调查活动项目

6月14日，刚刚公布的2011年“调研中国”中国大学生社会调查活动项目评选结果中，广州大学数学与信息科学学院高菲老师指导、梁颖志等7名同学组队申报的《农民工积分入户政策实施情况调研——以珠三角为例》的调研项目入选，成为全国13支入选队伍之一。这是我校学生调研团队第一次入选该项目。据悉，该调研团队将于暑假赴深圳、东莞、中山等珠三角地区，调查农民工积分入户政策的实施情况，与全国其他高校的大学生一起，深入社会肌理，为理想不断前行。（高菲）

6月15日　旅游学院“专家及博士讲坛讲座”第三场

旅游学院“专家及博士讲坛讲座”第三场，由学院副教授吴水田博士主讲的主题为“一种研究方法——来自疍民研究的体会”的讲座在文俊东楼501室展开。吴老师为同学们讲解了开展研究需要明确的几个方面，包括研究的对象、开展研究的原因和方法以及研究得出的结论。

本场讲座延续了旅游学院“专家及博士讲坛讲座”的精彩，收到了良好的效果。吴老师通过讲座给同学们传授了丰富的知识，师生交流也得以加强。（梁慧君　刘绍东）

6月16日　广州大学第八届校园辩论赛总决赛

6月16日晚，“心怀天下，共筑和谐”广州大学第八届校园辩论赛总决赛吹响最后的集结号，错失上届冠军的公共管理学院此次会师总决赛新秀土木工程学院，志在夺冠的双方围绕着“幸福指数应以客观指标为主还是以主观感受为主”展开了一番舌战。最终，土木工程学院以微弱优势压倒上届亚军公共管理学院，捧走本届校园辩论赛的总冠军奖杯。而反方公共管理学院二辩胡冬好则一举揽下本场“最佳辩手”。副校长屈哨兵及宣传部、团委、学生处等相关部门负责人应邀观看了比赛。

本场比赛，双方围绕“幸福指数应以客观指标为主还是以主观感受为主”展开辩论。一开场，正方一辩便义正词严地抛出“幸福指数以客观指标为主更具科学性、实操性和准确性”的观点，强调客观指标价值指导意义更大，倡导性更强。而反方一辩也很坚定地提出他们的观点，“幸福指数以主观感受为主更真实、更具有人情味”。接下来几个环节，双方从两个因素的重要性、影响和价值导向等方面进行论证辩驳。双方唇枪舌剑，你来我往，妙语连珠，上演了一场精彩无比的视听觉盛宴。

正方三辩在自由辩论环节提到“人是存在于客观社会的，不能脱离客观实际”，并认为像阿Q式的自我陶醉是不符合实际的，进一步强调如果幸福指数以客观指标为主则更理性、更科学。而反方二辩也毫不示弱，对正方刚才的这一观点，反方以“幸福指数有其独特性，这是其区别于其他指数而被提出的根本原因”的观点进行了反驳。并且反问，“为什么我国很多可以量化的客观指标在不断提高，而调查结果却显示人民的幸福指数在不断下降呢?”正方二辩则立马反驳，“人民幸福指数的降低正是因为贫富悬殊、福利机制等客观指标造成的，不正是恰恰论证了我方观点吗?”回答巧妙机智，赢得一片热烈的掌声。

最终，土木工程学院辩论队以微弱的分数优势摘得本次辩论赛的桂冠，反方二辩胡冬好同学则凭借过人的辩才荣获“最佳辩手”称号。比赛结束后，社科部刘树谦老师和陈咸瑜老师对比赛作了精彩的点评。他们认为这是一场具有现实意义的辩论赛，很符合社会现实情况。我校的校园辩论赛是一个相当不错且值得推崇的品牌活动。（陈文标）

第八届校园辩论赛获奖名单

奖项	得奖单位或个人
冠军	土木工程学院
亚军	公共管理学院
季军	计算机科学与教育软件学院
第八届校园辩论赛“最佳辩手”	胡冬好（公共管理学院）
最佳新人奖	谢嘉琪（机械与电气工程学院）
最佳口才奖	姚剑雄（商学院）
最佳风度奖	郑扬晋（土木工程学院）
最佳才华奖	杨曦（生命科学学院）
优秀主席	李云龙（体育学院）、陈序（公共管理学院） 车雅静（新闻与传播学院）、汤帅（商学院）
团体风尚奖	公共管理学院、新闻与传播学院、商学院
优秀组织奖	土木工程学院、计算机科学与教育软件学院、人文学院、旅游学院、桂花岗纺织服装学院

6月16日　美国华人教授科学家学社驻北京办事处主任胡中波在化学化工学院作学术报告

美国华人教授科学家学社驻北京办事处主任、中国科学院研究生院材料科学与光电技术学院执行院长、广州大学客座教授胡中波教授莅临化学化工学院，并为师生作了“结构晶体学与新型无机材料”的学术报告。胡教授从“What, Why and How”入手向师生介绍结构晶体学的主要研究内容及研究方法，并就自己的研究领域在“粉晶结构解析”、“负热膨胀材料”等方面作了精彩介绍。师生就结构解析方法、中子散射实验、负热膨胀材料制备等方面踊跃向胡教授请教并讨论，会议气氛热烈，师生深感该类学术报告令人受益良多。（化学化工学院学工办）

6 月 19 日　高考咨询会在广州大学举行

“走进大学城，成就理想人生。”6 月 19 日，由广州市招生办主办的 2011“阳光高考校园行”咨询会在我校图书馆广场举行。除了作为东道主的广州大学之外，南方医科大学、广东商学院、汕头大学等 21 所院校云集我校，现场摆摊设点接受咨询。我校副校长屈哨兵、市教育局领导吴强及市招生办负责人林恰生、我校招生就业处处长陆财深等视察了现场。视察中，吴强表示非常感谢我校对市招生办工作的支持，并对我校摊位设置、咨询组织等准备工作表示肯定。（何竹茵　赖逸秀　袁舒琳）

吴强（左二）和屈哨兵等巡视现场

6 月 22 日　广州市垃圾分类公益广告创意征集活动在广州大学启动

6 月 22 日下午，由广东省环境卫生协会、南粤环保世纪行组委会办公室和共青团广州委员会联合主办，广州大学承办的广州市垃圾分类公益广告创意征集活动启动仪式在图书馆副楼报告厅举行。广东省人大常委会环境和资源委员会副主任潘大林，共青团广州市委副书记安建国，我校副校长屈哨兵，广东省环境卫生协会、南粤环保世纪行组委会办公室和广州市城市管理委员会的领导，以及广州地区高校团委负责人及学生代表出席了仪式。（何欣恩）

6月22日　种下26棵国庆树　毕业生离校前留下绿色纪念

“把坑再挖深一点吧”，“移过来，放下去吧”。6月22日下午，广州大学毕业生代表在体育馆前参加了植树活动。当天参加植树活动的毕业生来自全校各个学院，他们在学校体育馆前面的空地上种下了26棵国庆树。这些树长成后，每年将在国庆期间开花。在即将离别之际，毕业生为学校献上新绿，在校园留下了值得回忆的一角。（袁舒琳　摄影：岑英杰）

6月23日　隆重举行2011届学生毕业典礼

6月23日，广州大学隆重举行2011届学生毕业典礼暨学位授予仪式。4 691名本科生、706名硕士研究生、9名博士研究生圆满完成学业。师生们欢聚在一起，分享桃李的芬芳，共话别离的眷恋。

毕业典礼上，学校党委书记易佐永宣读了《关于表彰2011届优秀毕业研究生的通报》和《关于表彰2011届毕业生先进个人的通报》，校长庾建设对毕业生提出了三点殷切的希望。校领导赖卫华、龙少锋、董皞、禹奇才、陈永亨、陈少梅、陈爽以及有关部门负责人、各学院院长出席典礼，为毕业生拨穗并授予学位证书。出席典礼的校领导还向毕业生优秀学生代表颁发了荣誉证书，并为“西部计划”、“山区计划”、“三支一扶”志愿者颁发了证书与奖金。（肖湘　何竹茵　刘红弟）

6月24日　忆往昔峥嵘岁月　驾长帆成就未来——欢送毕业生

美丽的校园，留下了他们青春的足迹和风采；精彩的人生，即将为他们开启新的篇章。在这个即将离别的时刻，广州大学机电学院09级学生，纷纷走进B24和B16宿舍楼，为大四的师兄师姐收拾宿舍、整理书籍，为师兄师姐顺利离校出一份绵力，用暖暖的温情回报曾经照顾过他们、帮助过他们的师兄师姐，让师兄师姐带着机电人的温情踏上新的征程。（凌智翔）

6月26日　11名毕业生参加西部计划和山区计划

今年我校有11名毕业生志愿参加西部计划和山区计划，他们将分赴广西和粤北地区贫困县开展志愿服务工作。

我校毕业生积极响应国家“到西部去，到基层去，到祖国和人民最需要的地方去”的号召，志愿报名参加服务西部计划和山区计划。自2003年西部计划和山区计划实施以来，我校共有99名毕业生志愿参加西部计划和山区计划，分赴广西、贵州、新疆、四川地震灾区等西部地区以及粤北、粤西和粤东等山区贫困县从事为期1～2年的教育、农技、扶贫、抗震救灾以及青年中心建设和管理等志愿服务工作，自觉选择到基层、到艰苦环境中锻炼成才，同人民紧密结合，为祖国奉献青春，为西部和山区的社会经济发展作出了积极贡献，深受当地干部群众的欢迎和好评。（校团委）

6月28日　黄凡校友与师生交流座谈会

6月28日，阔别二十载的黄凡校友重回母校与我校师生进行交流座谈，分享其多年的金融投资经。团委副书记郑美玲、团委黄斌老师、校友会林娟老师等莅临交流会现场，来自商学院、数学学院以及各校级组织的代表也出席了座谈会，与黄凡校友共享其成功之果、经验之谈。（利莉）

与会代表合影留念

6月30日　2010—2011学年广州大学“院团结合”艺术实践成果展演

6月30日晚，由广州大学音乐舞蹈学院主办的“2010—2011学年广州大学院团结合艺术实践成果展演”活动，在广州大学演艺中心剧场举行。本次艺术实践成果展演，体现了音乐舞蹈学院在探索和构建院团之间高效务实合作的新模式方面取得了一定的成效，相信随着教育改革和文化体制改革的不断深入以及学院师生的共同努力，音乐与舞蹈专业教育和两团艺术发展将朝着科学化、系统化、现代化的方向进一步发展。（音乐舞蹈学院学工办）

我们的大学

July 七月

7月1日　欢庆党的九十华诞，师生员工以各种形式表达祝福

7月1日是中国共产党的生日，广州大学师生及党员干部开展各种活动庆祝党的九十华诞，表达了对党的祝福及永远跟党走的坚定信念。

早上8时，近日受到学校党委表彰的优秀学生党支部——音乐舞蹈学院学生党支部，组织全体党员、学生干部、入党积极分子等六十余人，在图书馆广场举行升旗仪式，以特别的形式为党的生日送上祝福。中国网络电视台对升旗仪式进行微博现场直播。迎着校园夏日的晨曦，在雄壮的国歌声中，鲜艳的五星红旗冉冉升起，学生们行注目礼表达了对祖国的热爱。

上午，学校机关党委组织教职工及党员干部在行政西楼报告厅收看了党中央庆祝中国共产党成立九十周年的直播。校领导易佐永、赖卫华、陈少梅和教职工一起观看直播。10时整，庆祝大会正式开始，当屏幕上出现胡锦涛、温家宝等领导人的镜头时，报告厅中响起了热烈的掌声。胡锦涛总书记作庆祝大会讲话过程中，精彩、振奋人心之处，会场现场和观看现场的掌声同时响起，气氛热烈。每位与会人员都通过直播感受到了大会热烈的气氛与昂扬的精神。（林雪漫　高良铨　何竹茵　潘逦　肖湘）

7月5日　首次“第二校园经历访学”活动校内交流

“你看到了什么？你学到了什么？你悟到了什么？你留下了什么？”带着

老师和同学们的殷切期望，我校首批“第二校园经历访学”同学圆满完成了访学任务回到学校。7 月 5 日，我校首批“第二校园经历访学”校内交流会在图书馆副楼举行。

副校长屈哨兵在会上对 14 个学院访学团载誉而归表示祝贺。他表示，我校有必要也有责任为每个学生提供优质的教育。大学就是要通过各种方式，把学生培养成对社会有责任感、有创造力、对未来有好奇心、对人类有贡献的社会成员。真正的大学生应该具备三种素质：公民素质和人文关怀、国际视野和社会责任、批判精神和社会能力。第二校园经历访学，就是让学生在与外校交流中确认自己的存在、修正自己的发展目标，不断地进步。交流会上，14 个访学团代表分别上台对各自的访学情况作了介绍。他们利用 PPT、视频等图文并茂地与其他访学团进行交流。

此次访学，访学团师生们充分体验了访学学校优良的校风学风，领略了访学学校的学校精神与学术氛围，了解了各种学科专业的前沿知识。（刘红弟）

7 月 5 日　“百名法学家百场报告会广州大学城专场”在我校举行

7 月 5 日上午，由中组部、中宣部、中政委、教育部、司法部和中国法学会联合主办的“百名法学家百场报告会”之大学城专场报告会在我校举行，报告团成员、华南理工大学法学院院长葛洪义教授作了题为“中国特色社会主义法律体系形成及其意义”的报告。

葛洪义从建设中国特色社会主义法律体系形成的原因、过程、形成标志和意义等方面进行了系统阐述。他认为，中国特色社会主义法律体系已经形成，其特点表现在：我国的法律体系是与国家改革开放、社会发展进步过程同步的，是在不断回应社会需求的过程中得到健全的，分为法律、行政法规、地方性法规等多个层次，也是建构起来的法律体系。他还提出，中国特色社会主义法律体系不仅是依法治国的坚实基础，也是保障人民权利的现实条件，是中国民主法治建设史上的重要里程碑。（高良铨）

7月6日 庆祝建党九十周年宣传海报评比活动结果揭晓

由校党委宣传部主办的宣传海报评比大赛结果揭晓，大赛以“创先争优党旗红”为主题，旨在庆祝中国共产党建党九十周年，展示各基层党组织和党员的良好形象。大赛作品由纪委、宣传部、学生处、团委以及机关党委等部门领导组成评委团进行评审，共评出一等奖3名、二等奖5名、三等奖8名。

此次活动吸引了很多学院参加，各学院根据庆祝建党九十周年开展活动的实际情况，充分利用海报的形式将基层党组织庆祝建党九十周年的喜悦之情淋漓尽致地展现出来，海报吸引了众多学生驻足观看。（王国栋）

土木工程学院海报

公共管理学院海报

7月6日　41人获评第三届“最受学生欢迎的老师”

备受广大师生关注的我校第三届“最受学生欢迎的老师”评选结果出炉。经过全校学生提名、候选老师风采展示以及学生网上投票三个阶段的激烈角逐，最终有41名老师获此殊荣，社科部当选为“最受学生欢迎的老师团队”。

从2009年起，校学生会每年都会举行“最受学生欢迎的老师”评选活动，旨在通过全校学生的民主推选，评选出学生心目中最受欢迎的教师，表达广大学生对老师辛勤工作的肯定和敬意，继承和弘扬我校尊师重教的优良传统，促进教师和学生交流，营造更加积极向上的教学氛围与融洽的师生关系。让全校教职工工认真领悟“老师”这个崇高职业，倍加珍惜“老师”这个光荣称谓，充分展示、宣传那些全身心投入教学工作、用心血和汗水关心学生成长的一线教师的风采。每次评选活动师生都积极参与，同学们很乐于通过参与评选活动向老师表达自己对老师的敬重喜爱之情以及鼓励和期待，同学们都以自己的真实感受评选出最受欢迎的老师。

为了进一步促进教师与学生间交流与沟通，营造更加积极向上的教学氛围与融洽的师生关系，学生处和团委将于今年暑期举办师生研修会，组织部分最受学生欢迎的老师与100多名来自各学院的学生代表到校外基地研修，师生同吃同住一起交流和实践，开展开放式演讲会、主题报告会、拓展实践训练、联欢交流活动等各种形式的研修活动，并将形成研修成果。（廖勇）

附：广州大学第三届“最受学生欢迎的老师团队”：社科部

广州大学第三届“最受学生欢迎的老师”名单（共41名）

商学院：陶水莲　孙丽君

法学院：邱雪梅

公共管理学院：栾俪云　黄滨

教育学院：刘百里

人文学院：哈迎飞　黄小娅

新闻与传播学院：陈浩

外国语学院：Keith Mellican　Robert Roseburg　金荣

音乐舞蹈学院：祝晨光

美术与设计学院：蔡忆龙　雷莹

数学与信息科学学院：冯永平　王晓峰
物理与电子信息学院：谢洪鲸
地理科学学院：谢鸿宇
计算机科学与教育软件学院：邹艳碧
机械与电气工程学院：胡晓
生命科学学院：钱黎明
化学化工学院：耿新华　徐敏
环境科学与工程学院：付善明　姚泊
土木工程学院：朱小文　吴庆华
建筑与城市规划学院：蔡凌　汤国华
旅游学院（中法旅游学院）：费省
体育学院：李湘远
社科部：刘树谦　刘雪松　龚耀南　陈咸瑜　廖新聪　张竹云　王敏
　　　　石若坤　李明

7月8日　“感受建党九十辉煌　领会江高幸福小康”暑期实践活动

为了进一步加深广大青年学生对“十二五”规划和中国共产党建党九十周年的理解，激励广大团员全面成长成才，我院团委带领师生们前往白云区江高镇开展“感受建党九十辉煌　领会江高幸福小康”暑期社会实践活动。

实践大队大合照

首站的目的地是江高镇神山的卢氏大宗祠。在那里，师生们与当地的老人热情交谈，了解当地的文化历史。随后，同学们在神山街上随机进行当地居民幸福感的调查，并宣传建党九十周年的意义。本次活动得到了当地居民的积极响应。

之后同学们前往王老吉公司调研，同学们在与企业的交流过程中，了解

了企业的运作情况及经营模式，也使理论和实践更好地结合起来。（校团委）

7月8日　本学期“领导干部联系班级与专任教师值班”工作成效良好

7月8日，我校召开本学期“领导干部联系班级与专任教师值班”两项制度的执行情况总结会。会上，屈哨兵副校长对本学期各学院两项制度的执行情况给予了肯定，要求有关部门和学院继续抓好下一步工作，强化信息共享，为值班工作提供人性化服务，要进一步健全激励和保障机制，进一步丰富联系与交流的形式，突出“两项制度”的实效性和灵活性。

在中层干部换届和岗位设置工作不断推进的同时，本学期领导干部联系班级仍然有序展开。据了解，专任教师值班制度在执行落实过程中，各学院充分利用专业优势，开设各种论坛和讲座，呈现出新的亮点：一是值班讲座纷纷登场；二是结合“最受学生欢迎教师评选活动”的开展，大大拉近了老师与学生之间的距离，加强了师生的直接交流；三是与学生学术课外活动结合，增加学生科研热情，是专任教师值班的又一新亮点；四是结合实际需要，为学生解决实际问题。（学生处）

7月11日　华裔青少年“中华文化寻根之旅”夏令营在我校启动

7月11日，2011年海外华裔青少年“中华文化寻根之旅”夏令营开营仪式在我校举行。参加仪式的有广东省人民政府侨务办公室文化教育处处长林克风、副处长侯瑜，我校副校长陈爽和国际教育学院的相关领导、老师，以及来自英、德两国的华裔青少年。

仪式上，陈爽副校长对华裔青少年说，尽管我们身处不同的国度，但我们都是龙的传人，都是炎黄子孙，我们的根相同，情相连，希望你们在中国能感受到亲情的温暖。林克风处长介绍了我校国际教育学院的发展情况。

这些来自德国和英国的华裔青少年从即日起将在我校进行为期一周的夏令营活动，内容包括书法、茶艺、华文、武术等。（陈文标）

7月13日　支教安全教育及动员大会召开，师范生即将奔赴农村

7月13日，广州大学召开2011年师范生实习支教安全教育及动员大会。副校长禹奇才、有关部门负责人、相关学院的领导及参加支教的学生参加大会。

副校长禹奇才在会上讲话。他说，这个活动从2009年启动以来已经实行了三年，实习支教的成果获得了市教育局的高度评价。教务处处长罗三桂对支教的学生们说，去农村基层支教是一个艰苦的过程，同学们一定要做好吃苦的心理准备。学生处处长饶东方则希望支教的学生要加强自我修养，尽快转换到教师的角色当中。保卫处处长伍卫文则告诫学生要时刻注意人身安全，提高安全防范意识，随后他还给学生们教了几招十分实用的防身之术。

参加这次支教的学院有人文学院、数学与信息科学学院、物理与电子工程学院和公共管理学院。此次支教实习为期一个学期，支教的学生将分配到广州白云区、番禺区、南沙区和从化市的农村中小学。（陈文标）

7月14日　广州大学学生经典诵读文化宣传服务活动走进坑头村

7月14日，由校团委、新闻与传播学院团委共同组织策划，以“经典浸润人生，文明共建和谐”为主题的中华经典诵读文化宣传服务进社区展示活动，在番禺区坑头村隆重举行。这标志着我校今年暑期学生社会实践活动全面启动。

此次在坑头村的经典诵读展示活动主要分为三个部分：为坑头村的小学生讲解中华经典文化、进行有关中华经典学习情况调研以及经典诵读文艺演出。我校新闻与传播学院席红博士为坑头村小学生作了中华经典文化解读的讲座，席博士用深入浅出的语言向小学师生们解读经典文化。晚上，屈哨兵副校长、校团委和新闻与传播学院的领导，与坑头村村民一起观看了经典诵读文艺演出。文艺演出将经典诵读的高雅本质与社区群众文化的活跃性有机结合，用舞蹈、朗诵、歌唱等形式将中华经典文化融入到节目的表演当中，引来近千名村民冒雨观看，不时对我校学生的精彩表演报以热烈的掌声。（王国栋）

7 月 14 日　外国语学院结合专业特色开展暑期社会实践活动

外国语学院紧扣学校“青春辉映党旗，实践创造幸福”的主题，7 月 14 日，暑期“三下乡”英语综合实践活动在东莞石龙三中启动，志愿队员将开展英语教学实践活动。他们在课堂教学和课外活动中将专业知识与社会实践紧密结合，发挥专业特长；向石龙三中学生开展“永远跟党走——红军故事会”的教育活动，展现广东的“红色足迹”；结合“幸福广东，青年先锋”的主线，做好环保宣传，不断扩大社会各界对生态环保的重视和支持。

外国语学院自 2007 年便与石龙三中携手建立“广州大学外国语学院石龙三中学生实践基地”，至今合作多年。围绕今年的主题，学院各项志愿服务活动将陆续开展，包括“弹古韵、奏新篇”陈家祠中英文讲解员活动，“服务社会、提升自我”广州妇联挂职活动，“走进社区，共创和谐”——金花街、天河街、沙河街、石牌社区共创活动以及主题调研等。共 140 多名同学参加了学院的实践队，此次活动扩大了外国语学院学生社会实践的参与面，调动了学生的积极性，结合专业特色，在实践中了解社会，奉献社会，服务社会。（李黎　何朗瑶）

7 月 15 日　生命科学学院与广州动物园开启合作之门

7 月 15 日，广州大学生命科学学院师生一行 20 人，在吴毅教授的带领下到广州市动物园举行了“生科院动物园暑期实践活动启动仪式”。本次启动仪式不仅拉开了生科院大学生暑期社会实践的序幕，而且开启了广州大学与广州动物园合作之门。

暑假期间，生科院的动物园志愿者小分队在专业教师的指导下，在熊猫馆、长颈鹿馆、鸟类区等协助工作人员饲养与管理动物，同时做好游客的指引与向导等工作。部分志愿者将在吴毅教授的带领下，对参观蝙蝠馆的广州市科普夏令营的小学生进行蝙蝠知识的普及教育，以培养他们热爱动物、保护自然的意识。（李燕冰）

动物园志愿者启动仪式合影

7月16日　数学与信息科学学院从化下乡关注留守儿童

为响应党中央“科技、卫生、文化三下乡”号召，更好地服务于创建广州文明城市，给大学生提供社会实践的机会，广州大学数学与信息科学学院安排了两项暑期社会实践活动。参加暑期社会实践的学生是面向全院学生公开招募的，从报名学生中进行考核确定人选。

学院从2006年起每年在从化鳌头镇珊瑚村开展暑期社会实践，主要实践内容为支教，包括组织当地小学生学习功课、进行体育锻炼及互动游戏，到村民家中进行走访，对从化珊瑚村留守儿童的心理、生理、学习、生活等方面进行全方位的调查，给他们介绍一些大学生的学习生活经验和感悟，让孩子们对未来充满希望。通过交流还可以及时发现孩子们心中的矛盾、疑惑，及时反馈到教师那里，疏解孩子们的心理问题，以帮助孩子们健康成长。（杜亚辉）

7月18日　新闻与传播学院服务队走进越秀逢源街社区

7月18日，新闻与传播学院宣传服务队在越秀区逢源街推广文化下乡活动。校团委副书记何瑞豪、新闻与传播学院党委副书记孙凌出席了此次活动。

群颂《香草美人》

本次“三下乡”系列活动主要有“三进”，即进农村、进学校、进社区。在完成了前“两进”后，这次我院宣传服务队把中华经典诵读活动带进了社区——越秀区逢源街。由于下雨的关系，原定于下午14：30开始的文艺表演被迫推迟了近一个小时才开始。然而下雨丝毫未影响观众观看表演的热情，随着悠扬的音乐响起，街坊们陆陆续续来到表演现场。除了文艺表演及社会调查外，本次社区活动还特别加入了关于中华经典知识的有奖互动问答环节，在场的街坊无论是80多岁的老人家，还是10多岁的小朋友都竞相回答问题，现场气氛被推向高潮。表演在群体朗诵《香草美人》中完满落下帷幕。（新闻与传播学院学工办）

7月20日　机械与电气工程学院从化长流村暑期“三下乡”社会实践

2011年暑假来临之际，在机电学院党委和校团委的科学指导和大力支持下，学院团委集中组织开展了内容丰富、形式多样的从化长流村“三下乡”社会实践活动，让学生在深入基层、服务群众的同时，增长见识、锻炼才干，有效地促进了学院良好风貌的形成。

在“三下乡”社会实践活动期间，学院团委以便民服务为宗旨，积极结合自身专业知识开展实践活动。义务维修家电是最受当地村民欢迎的一项服务，很多村民带着自己的家电纷纷前来。另外，为了深入了解现今农村医保情况，学院还开展了有针对性的社会调查活动，活动得到了当地村民的积极配合。实践期间，同学们还虚心向村民请教农业知识、社会主义新农村发展情况，村民热切地向同学们表达自己对现今政策的态度及建议。通过这样深入的交流，同学们对农村农民都有了更深的了解。

本次从化长流村“三下乡”社会实践活动取得了良好的效果，充分锻炼了大学生的社会实践能力。同时，这次活动也深受当地村民的欢迎，取得了良好的社会效益。（黎晓亮）

7 月 22 日　我校普高招生再传喜讯

校长庾建设巡视录取现场

广州大学省内广州市外考生投档线中，文科类投档线 568 分，理科类投档线 549 分，分别高出省线 32 分和 45 分。广东省今年普高招生第二批 A 线普通类录取工作 22 日上午正式开始。广州大学生源形势再传喜讯，文、理科投档线连续 4 年居本批省内高校投档线前三甲，超过省最低控制线的分值再创新高。当天，校党委书记易佐永、校长庾建设在驻场的校领导屈哨兵、陈少梅及招生办等有关部门负责人的陪同下，巡视了录取现场。（朱玉尊）

我们的大学

August 八月

8月5日　校武术协会在省赛中获得多个奖项

8月5日，2011年广东省传统武术锦标赛（广州赛区）在广州体育学院落幕。广州大学武术协会组织了一支实力强劲的武术队参加了本次武术比赛，收获颇丰。

为了这次省武术比赛，运动员留校专心训练武术。炎炎夏日，同学们在训练场上尽情地挥洒着汗水，最终他们也用汗水换来了金灿灿的奖牌和奖杯。这是武术协会一次极大的飞跃，也是继上一年来取得的更为可喜可贺的骄人成绩。武术协会将继续秉承和弘扬中华武术的宗旨，精益求精，培养更多的武术精英，谱写更加璀璨的新篇章。（体育学院）

8月9日　第一届东亚脊椎动物物种多样性学术研讨会在生命科学学院举行

8月9日，生命科学学院在行政西楼二楼会议厅举行了第一届东亚脊椎动物物种多样性学术研讨会，此次会议吸引了来自中国、日本、越南、韩国等国的相关专家与学者出席，副校长屈哨兵、生命科学学院田长恩院长及吴毅教授出席了会议。本次会议的主题是东亚脊椎动物物种多样性分类、保护及相关论题。

屈哨兵副校长首先在开幕式上致辞，他简要介绍了广州大学及生命科学学院的发展情况，并热情欢迎海内外专家、学者多到广州大学交流访问，同时表示：广州大学非常愿意与海内外同行为推动生物科学的创新和研究作出更多努力。

开幕式结束后，与会的东亚各国知名专家、学者与我国相关专家、学者就东亚脊椎动物的多样性分类，两栖动物、爬行动物的分类与保护，动物标本的管理与利用，动物分类与系统演化，珍稀濒危动物的保护等课题分别作了专题报告与讨论。（李燕冰）

8 月 15 日　数学与信息科学学院学生大塘社区实践活动中迎国检

8 月 15 日，数学与信息科学学院学生在广州市越秀区大塘社区进行实践活动。2011 年是数学与信息科学学院与大塘社区开展共建活动的第 14 个年头，数学与信息科学学院学生积极投入到大塘社区的创文工作之中，以“走读大塘文化”为主题，组织和参加了大塘街环境清洁千家万户巡防、人大代表咨询会议、东濠涌志愿者服务、探访孤寡老人、创文迎国检专项志愿服务行动等多项活动。同学们在实践过程中学习知识、增强能力，把知识发挥于生活工作中，也更早地接触社会，吸收社会经验，体验社会生活，并且在实践中调研城市社会文明和谐现状及城市社区党建工作。（杜亚辉）

8 月 19 日　旅游学院师生梅州客家文化旅游资源调研行

8 月 19 日，为期 4 天的旅游学院暑期实践计划正式启动。随着火车车轮的“轰隆隆”声，由学院师生 12 人组成的梅州客家文化旅游资源实践队开始向梅州市大埔县溪口村进发。调研队伍参观了我校援建溪口村的设施和校舍，并听取了溪口村党支部李书记关于村的具体情况的介绍，结合旅游专业情况对客家文化旅游资源进行了调研。（谭镜华）

8 月 20 日　学生记者参加广州日报“大学生看大运”活动

8 月 20 日，广州大学校新闻中心 9 名学生记者在新闻中心负责老师的带

领下，受邀到深圳参加广州日报报业集团组织的“大学生看大运”活动。参加活动的近百名学生记者是来自参加广州日报 UNEWS 办报大赛的 11 所高校的团队代表。活动安排了参观深圳大运城市美景、拍摄大运、观看跆拳道赛事等行程，学生记者们一起见证了 4 枚金牌的诞生。（余洁晶）

8 月 21 日　广州大学两女生世界大运会跆拳道赛场上展英姿

身穿红色防护衣的选手，猛地凌空腾起，一记前踢正中对手胸部，显得锐不可当。她，就是我校法学院的高水平运动队跆拳道健儿赵洋，代表中国队参加深圳第 26 届世界大学生运动会的跆拳道女子 49 公斤级比赛。8 月 21 日上午，参加广州日报“大学生看大运”的本校记者，有幸在比赛现场见证了这精彩的一幕。

赵洋为我校 06 级法学院学生，曾获得跆拳道全国锦标赛女子 49 公斤级项目的冠军。在当天下午跆拳道女子 49 公斤级八进四比赛中，赵洋迎战俄罗斯选手莱查金娜。经过一番激烈的较量，最终，赵洋取得了第五名的成绩。

代表国家队参加大运会跆拳道比赛的还有我校法学院学生吴静云。在 8 月 20 日举行的大运会跆拳道女子 46 公斤级的比赛中，吴静云在八进四的比赛中以 0.5 分之差输给对手，获得第五名的成绩。（张令　余洁晶）

8月22日　化学化工学院研究生获“中国青少年科技创新奖”

8月22日，第七届“中国青少年科技创新奖”颁奖大会在北京举行，广州大学化学化工学院09级硕士研究生林焦敏同学荣获“中国青少年科技创新奖”。

本届“中国青少年科技创新奖”评选活动于2011年4月启动，采取组织推荐方式，经省级评选、公示后，推荐至全国评审委员会进行最终评审，确定100名学生获得此项殊荣。其中，广东省共有5人获得该奖项，全国共有28名研究生获奖。

林焦敏为中共党员，是化学化工学院09级有机化学专业硕士研究生，导师为董文教授。在校期间，他多次参加学术会议，以第一作者身份在英国皇家化学学会旗下的 *Chem Commun*, *Dalton Trans*, *Cryst Eng Comm* 等权威期刊上发表论文，其论文多次被国外权威期刊引用。今年5月，经由校团委推荐、团省委评选，林焦敏同学凭借自己雄厚的实力、丰硕的成果，最终获此殊荣。（周童）

8月25日　广州大学44名运动员将参加省第八届大运会

在深圳世界大运会结束之后，第八届广东省大学生运动会也拉开战幕，并将延续至9月。广州大学组建了60人的代表团参赛，其中运动员44人。8月25日，我校举行运动员动员大会暨授旗仪式。学校党委书记易佐永，副校长、我校代表团团长董皞出席大会。易佐永代表学校向代表团授旗。

易佐永书记向代表团授旗

易佐永在授旗仪式上讲话。他希望代表团抓紧时间，积极备战；克服困难，顽强拼搏；注意安全，平安参赛；在比赛中发挥最佳状态，赛出好成绩；保持良好的体育道德风尚，全团齐心协力，争取精神文明和运动竞技成绩双丰

八月

收。他祝愿运动员们旗开得胜，再创佳绩。董皞也在致辞中向代表团全体成员提出三点要求：一是团结一心，奋力拼搏，树立广州大学的良好形象；二是克服困难，振奋精神，认真对待比赛；三是服从指挥，协调一致，力争取得运动成绩和精神文明双丰收。（刘红弟）

8月26日　首届暑期师生研修班结束

8月26日，广州大学2011年暑期师生研修班活动圆满结束。这是我校举行的第一届师生研修班。部分2011年最受学生欢迎的老师、学院团委书记、优秀学生代表、校级学生组织及各学院团学组织学生干部骨干、部分青年马克思主义者建设工程的培养对象，总共有32名教师、117名学生参加了本次研修活动。

这次研修班的主要目的是遴选一批表现特别优秀的大学生，有计划、有投入地扶植其按照各自的专业领域有创意设想地实现其人生发展规划目标，并将其推向社会促进成才。组织师生代表到校外基地研修，师生同吃同住一起交流，开展拓展实践训练，师生围绕“人生导航”的主题，从不同角度进行研讨、深度交流。

此次研修班活动得到了师生的一致认可。副校长屈哨兵说：“这次拓展活动有几个特点，一是培养社会领袖的团队合作基础，合作是生存和社会发展的要素；二是培养社会领袖的竞争意识，当然这种竞争是合作竞争，是通过互相共享资源去达到目的；三是增强师生的沟通交流，打造一个理想的沟通平台，创造良好的交流环境。”（吴静玲）

8月26日　举行赴河北科技大学交换学习出发仪式

8月26日，广州大学举行赴河北科技大学交换学习出发仪式，副校长屈哨兵和教务处、学生处等相关部门负责人出席了出发仪式。来自化学化工、美术与设计、环境科学与工程、物理与电子工程及机械与电子工程等学院的7名同学将远赴河北科技大学，进行为期一个学期的交换学习生活。同时，河北科技大学将派出9名相近专业的学生到我校进行为期一年的交换学习生活。（教务处）

8月29日　校领导深入教室检查开学第一课

今天（29日）是新学期的第一天。当日上午，校领导易佐永、庾建设、赖卫华、龙少锋、禹奇才、陈永亨、屈哨兵、陈少梅、陈爽分别深入教室检查教学工作。检查结果表明，各学院学生出勤率高，老师全部到岗，课堂上师生精神饱满，教学秩序良好。

上午8时许，校领导分为5个检查小组，分别来到大学城校区及桂花岗校区各教学楼，仔细检查了开学第一天各学院教师到岗、学生出勤、课堂纪律、教学设施运行等情况。记者跟随校领导检查时看到，所有教室教学秩序比较好，教师全部提前到岗，精神状态良好，有的教师讲课时神采飞扬地走到学生中间，师生互动气氛活跃；学生出勤率比较高，大多能聚精会神地听课，课堂纪律良好。校领导还仔细检查了教学设施，特别检查了教师休息室和教室的空调情况。当天气温较高，绝大多数教室开了空调，但不少教室在开空调的同时打开了窗户和门，造成能源浪费，校领导一一将窗户和门关好。有教师反映一间教室的空调坏了一直未修好，党委书记易佐永马上叫教务处人员通知后勤部门修理；校长庾建设在理工北楼检查时要求管理人员要在上课前半小时打开空调并关好窗户，以保证师生正常上课；在教师休息室，党委副书记赖卫华还拿起了水壶，看有没有为教师准备好开水……检查工作一直持续到第一节课下课时才结束。（高良铨　肖湘）

我们的大学

September 九月

9月1日 “幸福创文，青春给力”系列团日活动

为响应上级团委号召，使广大青年团员对创建文明城市活动有更加深刻的了解，更好地配合广州市“创文”冲刺工作，同时也为响应此后到来的辛亥革命百年纪念，弘扬伟大的辛亥革命民族精神和时代精神，并结合“十二五”规划的方针政策，商学院团委举办了以“幸福创文，青春给力”和“传承百年辛亥精神，关注五年规划新景”为主题的一系列团日活动。学院各支部在切实结合本班实际，突出本班特色的同时，充分发挥集体优势，人尽其才，物尽其用，力使系列团日活动取得可喜的效果。

此次活动使得广大团员完成了“回首往昔的革命精神，并付诸行动，践行广州创文活动和十二五规划”的几大目标，全方位提高了团员的思想觉悟和责任意识，坚定了团员为伟大祖国的建设添砖加瓦的决心。（商学院团委）

9月1日 美国耶鲁大学医学院Chawarski教授做客教育学院

应教育学院的邀请，美国耶鲁大学医学院精神卫生学教授Marek C. Chawarski博士于9月1日莅临教育学院，为师生作了题为“药物成瘾的心理治疗”的专题学术报告。报告会由教育学院院长叶浩生教授主持。

Chawarski教授首先介绍了药物成瘾的种类、药物成瘾在各地区的分布状况、药物成瘾的危害及药物成瘾形成的大脑机制。紧接着，Chawarski教授分析了他根据多年对药物成瘾的研究与实践提出的治疗模式——药物行为及HIV风险减少咨询系统（简称“BDRC治疗模式”）。会后，Chawarski教授认真回答了师生们提出的疑问。

Chawarski教授的学术讲座吸引了大批师生前来聆听并引起了强烈反响。教授渊博的学识、深入浅出的讲解以及亲切和蔼的态度赢得了全场师生的热烈

掌声。（教育学院学工办）

9月2日　美国院士谢干权教授为研究生作演讲

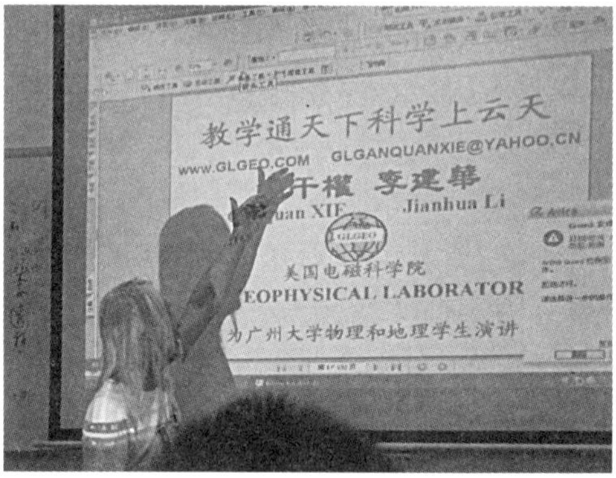

9月2日，著名数学家、美国电磁科学院院士谢干权教授在广州大学理学实验楼717室，与地理学院和物理学院的研究生座谈，并免费作了两小时别开生面的演讲。

讲座伊始，谢教授即兴作诗作为开场白，然后深入浅出地拉开普及科普教育的序幕。他通过讲述一系列人们熟悉的科学家的典故，如牛顿、麦克斯韦、爱因斯坦等，让大家了解物理学的发展脉络与传承。从自然灾害的研究到新型材料的发明，不仅让大家了解了如何用科学方式解决问题，更彰显了一个有使命感和民族魂的科学家的良心。

原定一个半小时的讲座，谢老讲了两个小时。从其演讲和交谈中，我们着着实实领略到了大师的风采，他是一个把科学作为信仰的科学家。他对学生的热爱和关切让大家感动，对于科学的严谨态度更让听众佩服，对于生活的智慧尤其令我们敬仰。（潘建海　刘晓亮）

9月3日　青年志愿者创建文明校园活动

9月3日至9月25日是广州市创建文明城市“国检”的时间。为配合此次“创文”，在校团委的带领下，广州大学青年志愿者协会连同校级组织和各学院的青协携手参加了此次活动。青年志愿者协会在校内人流量较密集的地段设置了站点，还安排了志愿者们在大学城的服务站点进行文明指导。此次活动，主要是引导师生们遵守交通规则，保护环境，爱护公物，同时派发文明传单，宣传文明出行知识。（贺思洋）

志愿者正在维持秩序　　志愿者正以微笑来组织同学们有序地过马路

经过志愿者的指引，同学们都自觉遵守交通规则，耐心地等候过马路

9月3日　庾建设校长等领导视察教育学院新生报到情况

9月3日上午，广州大学校长庾建设、副校长陈爽以及各部门相关负责人来到教育学院的新生注册点，了解教育学院迎新情况。

在教育学院党委陈宇红副书记的介绍下，庾校长了解了教育学院今年的迎新情况。教院新生注册以班为单位，流程规范完整，进展顺利。陈书记还向庾校长等领导介绍了教育学院今年的新举措，针对新生普遍出现的入学适应问题以及学生入校之后家长面临的困惑，充分利用朋辈教育的实效性，注重内涵，为新生和新生家长们准备了两封信——旧生代表给新生的一封信、学工队伍给新生家长的一封信。校长对这两封信予以好评，并鼓励下一年要继续。（教育学院学工办）

9月4日　生命科学学院召开2011级开学典礼暨入学教育会议

9月4日，生命科学学院在图书馆讲学厅举行了2011级学生开学典礼暨入学教育会议，田长恩院长、吴毅书记、胡位荣副院长、肖杏烟副书记、林勇老师、李燕冰老师等参加了会议。

会议由肖杏烟副书记主持。首先，田长恩院长详细地介绍了生命科学学院的基本情况；而后，胡位荣副院长重点阐述了学院考试、转专业等相关规定和要求，告诫同学们要珍惜时间，学会利用时间，积极利用学校的公共资源不断充实和丰富自己，努力做一名优秀的大学生；接着，李燕冰老师和同学们一起学习《学生手册》，让同学们更加详细地了解学校的规章制度。

对此次会议，有新生表示：我们深深体会到，院领导和老师对我们给予了很高的期望，他们的谆谆教导使我们很受激励和鼓舞，也使我们在感动之余充满了积极向上的力量，我们一定要把大学校园当成自己人生的加油站，好好学习，天天向上，无愧师长、无愧时光、无愧人生！（李燕冰）

9月5日　2011级新生开学典礼暨军训动员大会

9月5日，是广州大学2011级新生开学及军训的第一天。当天早上，全体新生穿着军服精神抖擞地集中在学校体育馆准备参加新生开学典礼暨军训动员大会。

大会开始前，各个学院的旗手都昂首阔步高举院旗带队进入体育馆。上午10点，学校领导和部队官兵领导登上主席台。大会在雄壮的国歌声中正式开始。会上，冯建安大校、庚建设校长、陈爽副校长、易佐永书记等领导还有教师代表、学生代表分别作了讲话。随后进行了授军训团旗仪式，军训正式开始。根据军训工作安排，新生将进行为期14天的军事训练。训练内容包括队列、反恐、防火、防爆、防空等。（保卫处）

9月6日　校领导与学生代表座谈交流展望新学年

9月6日，广州大学召开新学期学生代表座谈会。校党委书记易佐永、副校长陈爽和各学院学生代表亲切交谈，围绕学生关注的热点问题进行交流，学校教学、管理与后勤服务的相关部门负责人出席了座谈会并对学生提出的问题和建议一一作答。

座谈会内容紧扣“提升办学质量，打造一流大学”的主题，主要围绕学生怎样在实现学校新的办学目标的过程中，发挥“自我教育、自我管理和自我服务”的作用，以及新生进校后如何适应大学的学习、生活等问题展开。学生代表就如何提高学校目前内部管理、校园文化建设、后勤服务能力与水平提出了许多具体的问题、意见和建议。易佐永书记非常认真地听取了学生代表的发言，并在座谈会上指出：与学生交流，可以了解学生的精神面貌，发现工作中的不足；座谈会上同学们反映的情况，有关职能部门、单位要跟进，及时解决问题；学生骨干、社团等要充分发挥作用，为同学们提供服务，及时收集学生意见。（李真真）

9月6日　新闻与传播学院举办08创新班赴台湾学习交流汇报会

9月6日，新闻与传播学院组织了创新班赴台湾学习交流汇报会，由08级创新班的学生代表向与会的学院全体教师及10级的同学详细汇报了在台半年的学习、实习和生活情况。学校教务处罗三桂处长和谷岩副处长参加了汇报会。

汇报会首先由学院副院长田秋生博士讲话，他简单介绍了创新班的情况。接着该班的陈晓萍同学以PPT的形式详细阐述了台湾教学的师资、课程设置以及创新班在台学习情况；许晗同学、王鹏锡同学讲述了在台实习一个月的学习、生活感受。创新班的同学还现场接受学院老师和同学的提问，就台湾实习生选拔、器材的使用以及台湾之行对同学们的深远影响展开讨论。会议最后，由创新班的负责人王首程教授进行总结，他表述了自己对同学们众多汇报成果的颇多感触。（新闻与传播学院学工办）

创新班全体成员与刘玉萍老师、林渊渊老师合照

9月7日　大学生数学建模竞赛获得丰硕成果

由教育部，各省、市、自治区教育厅牵头的第二十届“高教社杯”全国大学生数学建模竞赛于9月开始，此次比赛有来自全国33个省、市、自治区（包括香港和澳门特区）及新加坡、美国、伊朗的1 251所院校参加，其中有19 490队合计58 000多名大学生参加本项竞赛，是迄今规模最大的数学建模竞赛。

广州大学组织了15支队伍参加此届数学建模大赛的省赛，获得五个一等奖、四个二等奖、三个三等奖的好成绩；在随后的全国赛中，广州大学一支队伍获一等奖，三支队伍获二等奖，创下了历年参赛的最好成绩。

随后，在教务处和数学与信息科学学院等有关负责人的关怀和指导下，钟育彬、蔡云鹭和曾志廉等老师利用课余时间带领庄礼江、杨磊、林耿鸿、冼铨良、王旭彬、陈斯聪、邓应强、曾礼祥、雷一鸣等九名同学组成的三支队伍参加了2011年美国国际大学生数学建模竞赛，均获得美国国际大学生数学建模竞赛二等奖。（数学与信息科学学院学工办）

9月8日　广州大学2012年硕士研究生招生工作启动

近日，随着广州大学2012年硕士研究生招生简章和招生专业目录的编制完成并发布，2012年硕士研究生招生工作正式启动。

今年是广州大学学位点申报取得丰收后的第一年招生，涉及的学科门类从8个扩大到10个（增加了经济学和艺术学学科门类）。全校共有27个一级学科面向全国拟招收硕士研究生1 200人。今年招生继续实行优惠政策：凡第一志愿报考广州大学全日制硕士研究生（含专业学位）被录取者（全脱产），学校提供一等奖学金（包括免学费和提供生活补贴）；凡广州大学接收的校外全日制硕士推免生（全脱产，含专业学位），学校提供一等奖学金（包括免学费和提供生活补贴）及2 000元科研经费。（研究生处）

9月9日　广州大学开展主题团日活动响应“创文”倡议

近日，广州大学团委、学生会和青年志愿者协会联合发出《广州大学共同创建全国文明城市倡议书》，向全校师生发出“做文明讲礼市民、做文明出行市民、做奉献爱心市民、做监督‘创建’市民”的倡议，号召大家作为新时代的教育工作者和大学生，有义务以自己的文明行为影响带动身边的人，以自己的文明行为推动社会文明风尚的形成，为把广州建设成和谐、幸福的可爱家园贡献力量。

为进一步响应这一倡议，深入推进“创文”宣传，提倡文明行为，校团委组织全校各团支部开展以“幸福创文，青春给力”为主题的团日活动。各团支部通过社会实践、志愿服务、演讲比赛、知识问答、辩论比赛等丰富多彩的形式和载体来体现广大团员青年积极参与、支持全国文明城市创建，自觉践行公共道德、传播文明礼仪的决心，以实际行动真正响应校团委、学生会和青年志愿者协会发出的倡议。（校团委）

9月12日　“公管缘牵月圆夜”中秋晚会：幕幕温情掀高潮

9月12日晚，广州大学“文清圆圆小舞台”热闹非凡，公共管理学院在此举办了以“公管缘牵月圆夜”为主题的中秋晚会，为正在军训的11级新生和全体教官以及不能回家过节的学子送上欢乐与祝福。学院党委副书记甘健强和学工办肖斌、谢玲、唐勇、付艳、蒋红军等老师莅临现场观看表演，与同学们共同度过这个难忘的中秋佳节。

11级新生以主人翁的姿态热情参与到本次晚会的策划、组织和表演当中，晚会的主持人、工作人员和主要演出人员都是以新生为主力。此次晚会也增强了新生们对学院的认同感，他们以自己的实际行动融入到学院学生工作“行动第一”的核心理念中。

晚会现场

晚会过程中，陈爽副校长带领武装部、学生处、团委等军训领导小组的成员亲临现场视察指导，对学院的活动安排表示肯定，尤其是对学院许多处于学生工作一线的老师带领家属一起与学生度过一个意义非凡的中秋佳节的做法赞赏有加。（肖斌）

9月13日　广州大学举行2011级研究生开学典礼

9月13日，广州大学举行了2011级研究生开学典礼。党委书记易佐永主持典礼，校长庾建设致辞。校领导龙少锋、禹奇才、屈哨兵、陈少梅、陈爽，各学院和相关部门负责人以及800多名研究生新生出席了典礼。

庾建设在典礼上向新生们提出几点要求：第一，坚定自己的理念和理想追求；第二，培养创新能力和创新精神；第三，积极投身研究，遵守学术道德，积极参加导师研究的课题，提高自己的研究能力；第四，放眼世界，学好英语。易佐永在典礼上指出，研究生们要志存高远，砥砺品格，勇于实践，在各自的研究领域努力创新，作出成绩，为自身的发展、学校和社会的发展而努力奋斗。

典礼结束后，教育学院王卫东教授为研究生新生作了题为“大学精神与研究生学习”的讲座，与新生们进行了第一次交流。（李真真）

9月14日　澳门大学免试入读（读研）推荐会

9月14日，澳门大学免试入读（读研）推荐会在文俊东楼602室召开，来自澳门大学历史系的魏楚雄教授、澳门大学招生办的邹老师和我校人文学院的哈迎飞教授出席了会议。人文学院的优秀学子作为推荐对象参加了会议。

魏教授说，澳门历史源远流长，中西文化交融合璧，澳门大学有着得天独厚的文化沉淀，而且澳门大学师资力量雄厚，双语教学，学习时间自由，非常适合想要出国留学的学生。邹老师讲解了澳门大学招生的要求及奖学金、助学金的设置，还跟介绍了澳门风情和澳门的生活。最后，哈迎飞教授表示，希望同学们珍惜机会，挑战自己，鼓励同学们到学术力量雄厚的澳门大学深造。（人文学院学工办）

9月14日　机械与电气工程学院2011年迎新大会顺利召开

9月14日，机械与电气工程学院在图书馆讲学厅召开2011年迎新大会。本次会议由吴德伟副书记主持，张春良院长、喻萍副院长和众多老师均出席了大会。张春良院长在讲话中指出："经历了12年寒窗苦读，凭着自己的智慧和拼搏，今天，你们终于成了令人羡慕的'天之骄子'。大学生活的开始，意味着你们肩上已经担负起沉甸甸的责任与使命，那里有父母亲人的叮咛嘱托，那里有你们的未来和理想。"张院长向新生们表达了自己对大家的祝贺，并亲切地向大家表示关怀，祝贺大家来到机械与电气工程学院这个大家庭，也慈祥地叮嘱大家要好好地度过精彩的、有意义的大学生活。（许云鹤）

9月15日　10级中文班"幸福创文·青春给力"主题团日活动

9月15日，人文学院10中文（3）班在理科南楼317室举行了"幸福创文·青春给力"的主题团日活动。在活动中，同学们认识到了广州创建全国文明城市工作的积极意义。作为新时代的大学生，有义务以自己的文明行为带

动影响身边的人，以自己的文明行为推动社会文明风尚的形成，为把广州建设成和谐、幸福的可爱家园贡献力量。（人文学院学工办）

9月16日　公共管理学院开展卫生大检查　为“创文”出力

9月16日下午，公共管理学院组织工作人员对学生宿舍进行卫生大检查，用实际行动响应广州“创建全国文明城市”的号召，为广州“创文”出一分力。

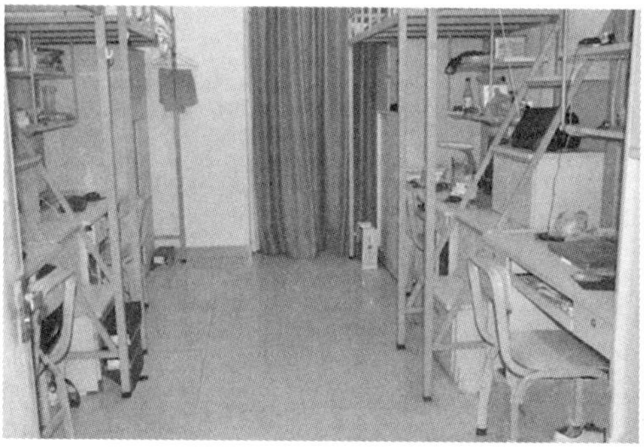

干净整洁的宿舍

在广州掀起“创文”热之际，公共管理学院积极响应，以宿舍卫生检查为起点，通过一系列的措施，从学校的各个方面，如交通秩序、卫生健康、言行举止等来倡导学生做个文明人，共创文明校园，为广州“创文”贡献自己的力量。（公管学院学工办　摄影：刘冲）

9月17日　广州大学“创文迎国检”志愿服务动员培训大会顺利举行

9月17日，广州大学“创文迎国检”志愿服务动员培训大会在讲学厅举行。来自各学院、团学组织的学生志愿者共200余人热情参与了本次志愿者培训与交流大会。广州市番禺区小谷围街团工委陈志彬书记、小谷围交警中队队长高云扬警官和队员杨勇警官以及小谷围流动人员管理服务中心的宋似昊主任出席了会议，与广大志愿者进行了广泛交流，为我校志愿者更好地服务广州市创建文明城市的志愿工作提出了宝贵意见。（校团委）

9月17日　新闻与传播学院学生荣获第四届全国大学生广告艺术大赛广东赛区三等奖

9月17日，第四届全国大学生广告艺术大赛广东赛区作品评审结果出炉，新闻与传播学院08广告班沈瀚菁、刘志刚、黄琬清的平面广告类作品《鲜活好滋味》以及张如芸、卢智玲、何晓熹的公益平面广告类作品《乐泡生活》喜获三等奖。此外，新闻与传播学院第二专业广告班的张驰、彭镇山、金俊棋的影视广告类作品《随地学习控》获得了优秀奖。（新闻与传播学院学工办）

9月19日　大学城校区举行新生军训汇演暨总结表彰大会

9月19日，广州大学举行2011级新生军训汇报表演暨总结表彰大会。4 400多名新生凭着坚强的意志结束了为期14天的军训，他们精神抖擞、士气高昂地接受各级领导的检阅。

省教育厅巡视员李小鲁，公安边防部队广州指挥学校副校长冯建安大校，校领导易佐永、龙少锋、陈永亨、屈哨兵，以及公安边防部队广州指挥学校的教官出席了大会。副校长陈爽主持大会。

大会在庄严的国歌声中拉开序幕。嘹亮的阅兵曲响起时，校党委书记易佐永对军训方队进行检阅。亲切的问候，带来了校领导的亲切关怀和殷切期望；

响亮的回答，展示了新生豪迈的情怀和坚定的信念。副校长龙少锋在会上对军训进行了总结。大会上还表彰了一批在军训中表现突出的先进个人和集体，并授予锦旗和证书。（肖湘　陈文标　摄影：岑英杰　沈洁林）

9 月 20 日　广州大学开展学生公寓环境整治活动

为了更好地配合学校近期的“创文”国检工作，9 月 20 日下午，广州大学开展了学生公寓环境整治活动，学生处组织 1 000 多名大三的学生参与了这项活动。同学们带上抹布、小水桶等清洁工具，到 24 栋学生宿舍楼下，整理各宿舍楼下的自行车、清洁相关公共设施及清除各宿舍楼周边的杂草等，用自己的实际行动支持“创文”活动，共同营造整洁文明的公寓环境。

据悉，此项活动作为公益服务活动，将被记录到《广州大学学生公益积分手册》中，参与的经济困难生将得到相应的积分。（学生处）

9 月 21 日　人文学院导生党员给新生上党课领航

随着新生大学第一堂课——军训的结束，新生们即将开始大学里新的学习生活，为了让新生更加了解党组织、认识党组织，积极向党组织靠拢，9 月 21 日，人文学院第三党支部给新生上了新的一课——党课。

第三党支部委员向新生讲解入党细节

第三党支部组织委员兼 11 级对外班导生黄晓潢从如何撰写入党

申请书、入党程序以及入党条件等方面，深入浅出地向新生们作了介绍。通过学习，新生们纷纷表示，将认真学习党的知识，向优秀的党员学长们学习，坚定自己入党的信念，积极向党组织靠拢。（人文学院学工办）

9月21日　学礼仪，增见识，强素质

9月21日，新闻与传播学院11级新生教育会在文新楼113室举行。广州大学社科部党总支书记兼副主任、副教授刘树谦、新闻与传播学院党委副书记孙凌以及新闻与传播学院11级全体新生出席了本次会议。会议主要内容为刘树谦老师讲述礼仪的学问。

会上，刘树谦老师结合国际大事和生活小事阐述了礼仪的重要性。他指出：教育就是培养良好的学习习惯、思维习惯、行为习惯。他建议：大学生应该适当运用书面语，从称呼、语气、用词等方面让对方感到被尊重、关心等。刘书记的精彩演讲赢得了同学们的阵阵掌声。（新闻与传播学院学工办）

9月22日　新生“大学生心理适应性教育”讲座如期举行

9月22日，广州大学大学生心理健康教育与辅导中心章明明主任应邀到新闻与传播学院举行关于“大学生心理适应性教育”的专题讲座。新闻与传播学院11级全体新生参加了讲座。

讲座主要围绕新生的心理健康状况、新生的环境适应问题以及环境适应的主要途径三个部分进行。章明明主任指出，判断一个人心理是否健康，有两点标准，即是否充满快乐、幸福；是否能发挥自己的潜能。而能够客观、正确地认识自我最为重要。

针对如何适应环境，章明明主任告诉新生们，要热爱自己生活的城市、所在的学校、就读的专业，与其抱怨，还不如改变视角，发现生活中更多美好的东西。同时，保持良好的人际关系、合理地调节情绪以及确定全新的人生目标，也是适应环境的有效方法。最后，章明明主任告诉新生们：“无论遇到什么困难，都不要放弃。”（新闻与传播学院学工办）

9 月 23 日　我校对少数民族学生优惠政策受中央人民广播电台关注

9 月 23 日下午，正在广东进行“走基层、改作风、转文风”专题采访的中央人民广播电台民族之声一行记者，来我校对少数民族学生学习生活及我校的关爱工作进行采访。他们了解了我校对少数民族学生所实行的一系列关怀措施和优惠政策，并采访了我校学生处负责人及来自数学、公共管理、旅游等学院的 5 名优秀少数民族学生。

我校于 2005 年开始招收少数民族学生，迄今为止，我校的内高班和预科班共招收了 160 多名少数民族学生，以维吾尔族为主，还有蒙古族、哈萨克族等少数民族学生。学校专门成立了少数民族学生工作办公室，开辟了新疆餐厅，请维吾尔族厨师负责。在教学安排方面，要求学生所在专业的学院负责，对其进行适应大学生活的辅导。对于学习基础较差的学生，则安排老师课余补习。学校每年的助学金和奖学金评选中，都有不少少数民族学生获奖，同时对于家庭经济困难的学生，在勤工助学方面也进行优先考虑。在业余生活方面，学校每年都会组织符合少数民族特点的活动，举行足球赛、联欢会、演讲比赛，与汉族学生互动联谊等，在新疆的传统节日也有相应的晚会，丰富了他们的精神生活。

2010 年 7 月，我校第一批少数民族预科班学生毕业，大部分少数民族学生毕业后选择返回家乡工作，为家乡奉献。自我校招收少数民族学生以来，绝大多数学生受到了表扬或获得了奖项，有被评为学校“十佳学生”的，有在学校文化艺术活动上大展风采的，有积极参加亚运志愿者活动获得“志愿者标兵”称号的……他们活跃在学校的各大舞台上。在接受中央人民广播电台记者采访时，曾获广州亚运优秀志愿者的旅游学院学生古丽巴哈尔说道：“谢谢我的父母、学校老师、同学们，谢谢支持我的每一个人，我会一直努力，让自己成为新疆地区最优秀的人！”

据悉，本次采访组织工作由学校党委宣传部负责。中央人民广播电台民族之声就我校对新疆学生实施优惠政策一事的采访，将于9月24日在中国民族广播网上播出。(余洁晶　摄影：岑英杰)

9月24日　初进“大戏节”　粤剧显风华

9月24日，“第七届中国(广州)大学生戏剧节暨纪念建党90周年校园戏剧系列活动”之“穗港澳禅戏剧交流专场”(首届参演)于广州话剧艺术中心十三号剧院举行。粤剧社及佛科院的粤曲爱好者们担纲演出，其精彩的表演展现了大学生多姿多彩的生活以及朝气蓬勃、奋发向上的精神面貌。表演结束后，著名粤剧家倪惠英老师耐心地对演出作了点评和指导。本次活动给大学生提供了一个走进剧场的机会，同时，也显现出众多话剧粤剧爱好者为传承传统文化作出的努力。(何亚俏)

9月24日　新闻与传播学院和央视纪录频道签署合作备忘录

从左至右：CCTV-9副总监周艳，新闻与传播学院戴剑平副院长，中国高校影视学会会长、长江学者胡智峰教授

9月24日，新闻与传播学院副院长戴剑平、李辉赴京参加“影像的力量——让纪录片走进大学校园主题活动”会议，期间，戴剑平教授代表新闻与传播学院和CCTV-9及中国高校影视学会签署了合作备忘录。

本次活动由CCTV-9和中国高校影视学会联合发起，意在全国高校推行“百校千人计划”。此计划

九月

将在全国遴选100所符合条件的高校并进行合作，期望在不久的将来培养和选拔出1 000名优秀高校学生，从事纪录片的创作和理论研究工作，为中国的纪录片事业增添后续力量。（新闻与传播学院学工办）

9月26日　外国语学院师生赴香港浸会大学进行“第二校园访学”

根据学校合生珠江高校发展项目建设实施工作方案的要求，9月26日，外国语学院组织10名品学兼优的学生和两名指导老师前往香港浸会大学进行为期五天的“第二校园访学”活动，体验香港中西文化汇聚的校园生活，参加启发创新的英语专业课堂学习。本次访学受到香港浸会大学翻译学研究中心的盛情接待。通过访学，师生们了解了浸大多元广博、启发创新的学术氛围，体验了浸大灵活开放、互动研习的学习环境。（叶霭云　鄢智青）

9月27日　ACM协会义务维修活动

为了服务广大学生，创造广大温暖家园，ACM计算机技术协会与广州大学学生相约在红棉路上，开展了一次义务维修活动。中午12点，ACM协会的干事们就已经在红棉路上七手八脚地搭起帐篷，布置好场地，义务维修活动工作热火朝天地开展了起来。在维修电脑之余，协会干事们也不忘交流计算机各方面的知识，你一言，我一语，他一句，讨论很是精彩，让人受益匪浅。

在这样一个平凡的下午，协会干事们做了不平凡的事，既帮助了广大学子，也在实践中提升了自己的动手能力，扩展了自己的知识。义务维修，收获的不仅是技术，更是人与人之间的奉献精神。（黄秋燕）

9月27日　博学讲坛走进桂花岗校区

9月27日，广州大学“博学讲坛”在新生军训结束后第一时间走进桂花岗校区。社科部党总支书记刘树谦为桂花岗校区的新生作了主题为“大学——丰盈人生的起点”的精彩讲座，受到同学们的热烈欢迎。

围绕“我们为什么要上大学?”“在大学四年我们应该学什么做什么?”这两个困惑新生的普遍而深刻的问题，刘树谦深入浅出地阐述了大学学习生活对人生发展的重要意义，并对新生如何把握大学时光充实和提高自我，提出了几点宝贵建议。

在提问环节，同学们踊跃提问：“怎样才能成为有思想有深度的人?”“如何把宏观的大学生活落实到每一天?”刘树谦耐心地一一解答。最后刘树谦用精练的语句概括了如何使大学成为我们丰盈人生的起点：“人生就是在选择，通过自己思考后选择，最后成为最好的自己。”(校团委)

9 月 27 日　当微博走进党课

9 月 27 日下午，人文学院第三党支部开展了本学年第一次党课活动，学院团委书记林焕清老师出席了此次活动，更有 11 级的新生前来观摩学习，他们与大三的师兄师姐们一起参与讨论，开展辩论。

活动现场

此次党课活动以现在参与度和活跃度日益高涨的“微博”为切入点，畅谈大学生党员对待微博的态度，讨论我们应在其中扮演怎样的角色。每个人都对微博有着自己的理解，这让这次党课的主题能很快地走进大家的内心，使每个人参与其中。现场，每个同学都提出了自己对“微博”所持论点的理由和事例，在此过程中我们听到了许多不同的声音。通过这次活动，参与的每个人对于微博有了更多角度的认识，也引发了更多的思考。(人文学院学工办)

9 月 27 日　公共管理学院开展军服回收活动

军服回收一直都是公共管理学院传统的学生活动之一。9 月 27 日，公共管理学院在新生宿舍楼下，开展军服回收活动。回收工作从中午12点半持续到晚上5点半，军服回收工作顺利完成，为下一届新生军训做了充分的准备。

军服回收活动现场

军服回收是大一新生军训结束后开展的一项公益活动。军服是新生军训的必需品，然而军服的价格每年都有所上升，而且军服只在军训期间穿着，军训过后军服就基本被搁置，所以回收军服是一项响应环保、资源循环利用的活动。军服回收能为下一届新生提供免费军服，让新生感受到公管的温暖，更快地融入公管这个大家庭。（公共管理学院学工办）

9月27日　广州大学举行“华彩新章·扬梦起航”国庆迎新晚会

9月27日晚，以“华彩新章·扬梦起航”为主题的迎新晚会在我校体育馆隆重举行，新生在丰富多彩的节目中度过了一个欢欣难忘的夜晚。校领导易佐永、赖卫华、陈永亨、屈哨兵、陈爽等与师生们一同观看了晚会。

晚会分“激情一畅”、“扬梦一航”、“超越一翔”三部曲进行，旨在激励新生快速融入新生活，在广大畅游翱翔，放飞梦想。晚会的三个部分各具特色，有高雅清新的民乐合奏，有动感十足的舞蹈表演，有震撼人心的诗歌朗诵，有令人陶醉的歌曲演唱。

晚会在歌舞《红旗颂》中圆满地落下帷幕，新生观众对晚会节目给予了较高评价，认为节目精彩，度过了一个开心的夜晚，是多彩大学生活的美好开端。(陈文标　摄影：张令)

9月27日　外国语学院继续开展早读活动

为促进学院良好学风的养成、更好地提高同学们的口语水平，学院团委继续开展英语早读活动，学习部根据各班课程安排要求第一节有专业课的班级到课室或架空层早读，早读时间为7：50—8：20，不允许携带早餐进入课室。由学习部专门负责考勤，各班的早读情况（包括出勤率、早读质量等）与期末“文明班集体”评比挂钩。(廖旺星)

9月27日　李步云教授为研究生新生讲述治学人生心得

9月27日，著名法学专家、广州大学人权研究中心主任李步云教授在图书馆副楼作了一场题为“我的治学人生”的讲座，为我校400多名研究生新生作了一场精彩的演讲，并对在座的研究生寄予了厚望。

李步云教授在演讲中告诫同学们，要成为一名优秀的研究生，必须具备三项基本技能，即基础知识、理论知识以及外语写作。李步云说，作为研究生要学会研究，善于治学，治学理念尤为重要。他说，依据他50多年的治学理念，将治学总结为“求实、创新、严谨、宽容”。随后，李教授以个人50多年来的治学经历为例，诠释治学理念的内涵。最后，李教授希望研究生们在治学中要有宽容的心态，不仅要善于兼收并取，而且要善于听取他人的不同意见。他告诉大家，作为研究生，要树立远大的理想，要胸怀祖国和人民，在研究中要沉得住气，抵制外界诱惑，做个有益于国家和人民的人。(校研究生会　摄影：刘畅)

9月28日　职业生涯规划大赛角色模拟扮演广受学生欢迎

9月28日，以“规划理想职业，成就精彩人生”为主题的第六届广东省学生职业生涯规划大赛广州大学赛区比赛在我校圆满落下帷幕。南方人才网市场总监张年等嘉宾任大赛评委。

本次大赛历时4个月，有近1 200名选手参加了比赛，以大二、大三学生为主，也有不少大一新生，是我校近年来规模最大、参赛人数最多、参与层面最广的一次职业生涯规划大赛。大赛共设三个环节：书面作品评比、现场PPT展示、职业角色模拟扮演。评委根据书面作品的科学性、合理性、可操作性，以及PPT现场展示和角色模拟的效果进行全方位的评比。经过层层选拔和评比，来自商学院的赵倩贤摘得第六届广东省学生职业生涯规划大赛广州大学赛区“十佳规划之星”一等奖的桂冠，同时获“最佳职业探索奖”。黄忠获“最佳实践计划奖”，刘艳灿获“最佳PPT展示奖”，张泽霞获“最佳回答提问奖”，黄志波获“最佳个人演绎奖”。此外，旅游学院、公管学院、人文学院获“最佳组织奖”，陈旖勃获“优秀指导老师奖”。（利盛炜）

9月29日　旅游学院在全国会展专项竞赛中获二、三等奖

9月29日，在刚结束的第十二届“挑战杯”全国大学生课外学术科技作品竞赛“西安世园会”专项比赛中，旅游学院刘松萍教授指导的黄智龙、周俊琳、欧祥吉、何晓君、何奕菲同学的作品《广州展览业绿色发展探讨报告》获二等奖；薛莹副教授指导的曾月嫦、吕诗韵、张蕾、王洋同学的作品《广州大学城垃圾分类回收现状调查与对策研究》获三等奖。（谭镜华）

9月29日　新生训练营：团结互助　欢乐你我

9月29日，公共管理学院社会工作协会在文俊西楼架空层成功举办了第二次新生训练营活动。本次活动通过共同合作、突破难关的训练方式，让新生们在娱乐中体验团队协作的力量和班级凝聚力的作用。（公共管理学院学工办）

9月30日　第十二届“挑战杯”国赛模拟答辩会

9月30日，由校团委学术科技部“挑战杯”部门主办的第十二届“挑战杯”全国大学生课外学术科技作品竞赛模拟答辩会，于图书馆副楼108室举行。

在本届“挑战杯”进入国赛的参赛作品中广州大学共有六份，实力强大。国赛模拟答辩会上，参赛者分别对自己的作品作了PPT的陈述介绍，专家老师也分别对作品作出了专业评价和建议。国赛模拟答辩会为参赛者和老师提供了一个互动的机会，让参赛者认识到自身的不足之处，有利于提高参赛作品的质量及答辩的技巧。（冯敏儒）

9月30日　旅游学院精英讲解队成立

9月30日，旅游学院精英讲解队成立大会在文俊东楼413室召开。旅游学院领导和指导老师分别发表讲话，他们都对讲解队的成立表示祝贺，并提出对队员的要求，鼓励队员创造佳绩，对讲解队的发展前景寄予一定的期望。随后讲解队负责成员介绍了讲解队带团工作细则，队员们也进行了自我介绍。会议期间，队员们依次从学院领导和指导老师手中接过精英讲解队队员聘书，代表他们正式加入这个充满无限活力的讲解团队。（罗聪玲　刘绍东）

9月30日　校领导与学生宿舍管理人员座谈交流并为学生宿舍文明行为建设支招

9月30日，广州大学在学生公寓梅苑B1二楼公寓会议室召开“学生宿舍管理座谈会”，共同探讨新形势下如何促进学生宿舍文明行为的建设。学生处、后勤产业集团、学生公寓管理服务中心的相关负责人及部分学院副书记、辅导员参加了座谈会，陈爽副校长到场并作重要讲话。

会上，参与人员从不同的角度讨论了学生宿舍管理的重要意义、存在的问题及解决问题的思路和方法。会后，陈副校长带领大家查看了学生宿舍以及地理科学学院、新闻学院、土木工程学院的宿舍、图书室、阅览室等，实地考察了公寓的设施情况。（学生处）

我们的大学

October 十月

10月1日　“认知传统，回归经典”——中华经典诵读系列活动

为了提高同学们对中华经典文化的兴趣，进一步加强同学们尤其是11级新生对中华经典诵读重要意义和实质内涵的了解，同时轻松巧妙地准备诵读考试，教育学院10级、11级以班为单位开展了“认知传统，回归经典”中华经典诵读系列活动，包括“书海漂流”、“勇者闯书关”现场知识型游戏、班级交流会等。通过此次活动，教育学院形成了浓厚的经典名著诵读学习氛围，培养了学生的文学情操。（教育学院学工办）

“书海漂流”——“换换书”活动

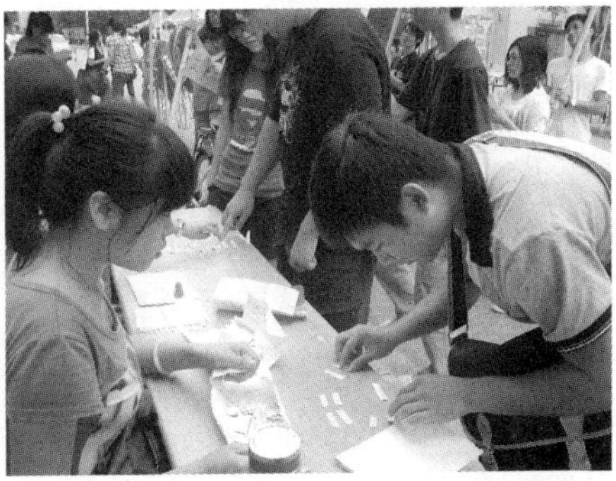

“勇者闯书关”现场知识型游戏

10月3日　宣讲会　让我们一齐走近

10月3日，在土木工程学院团委就业部的协助下，利比造价公司、天誉集团、海印股份、省重工建设监理有限公司，来到广州大学开展宣讲会。会上，各单位负责人详细介绍了公司概况、人才培养机制、薪酬制度。宣讲环节结束后，同学们积极投递简历，接受公司企业的考核。

通过宣讲会，用人单位直接方便高效地招收新人，为自己注入新鲜血液，促使企业蓬勃发展。进一步说，宣讲会将用人单位与毕业生联系在一起，巩固和完善了社会的用人制度与人才培养制度。（土木工程学院学工办）

10月8日　旅游学院举行意大利交换生交流沙龙

10月8日晚，旅游学院2011年意大利交换生交流沙龙在文俊东楼413室举行。旅游学院09级意大利交换生与10级意大利交换生进行了座谈交流。交流沙龙的目的在于让09级与10级意大利交换生加强认识和联系，并由09级交换生介绍赴意大利学习的准备工作和经验，以便让10级交换生更顺利地在意大利学习和生活。交流沙龙上，09级同学介绍了在意大利的学习经验与见闻，并对即将赴意大利学习的10级同学提出了宝贵建议。（谭镜华　刘绍东）

10月8日　省教育纪工委书记赵康来校为学生廉洁社团揭牌

赵康书记与陈少梅书记一同为“广州大学清廉知行学社”揭牌

10月8日，广东省教育纪工委赵康书记在广州市教育纪工委黄学松副书记等同志的陪同下考察了广州大学党风廉政建设情况，特别是廉政建设研究情况，并为广东省首家学生廉洁社团“广州大学清廉知行学社”的成立揭牌。在首先举行的座谈会上，校党委书记易佐永和纪委书记陈少梅先后介绍了广州大学党风廉政建设的基本情况和主要做法，特别是高校“三重一大”决定的贯彻落实情况。随后，校廉政研究中心负责人卢汉桥教授简要汇报了广州大学开展廉政研究和教育的基本历程、取得的主要成果和已形成的特色品牌。赵康同志在听取介绍和汇报以后，发表了热情洋溢的讲话。

会后，赵康书记一行在陈少梅书记的陪同下，在学校图书馆前的升旗广场参加了广州市也是广东省首家学生廉洁社团——“广州大学清廉知行学社”成立揭牌仪式，并与陈少梅书记一同为“广州大学清廉知行学社”揭牌。（马汶青）

10月9日　奇妙的黑洞

10月9日晚，北师大物理系梁灿彬教授在理科南楼522室，给物理与电子工程学院的同学们讲授了关于“奇妙的黑洞”的知识。梁灿彬教授的讲座内容分为“恒星演化”、“奇点定理”、“史瓦西黑洞”、“真有黑洞吗”和“黑洞不黑”五大部分。黑洞对于我们普通人是如此陌生且遥不可及，梁教授首先引出黑洞的概念，随即讲解黑洞世界、恒星的生和恒星的亡以及氢核聚变和能量转换的知识。梁教授的讲解让我们感到妙不可言。讲座最后，梁教授为同学们表演了三个魔术，博得全场喝彩。梁教授在博学讲坛给同学们带来的不仅是知识，还有欢乐。（詹燕子）

10月10日　旅游学院举办“辛亥革命与中国国旗”讲座

10月10日晚，旅游学院专家与博士讲坛专题讲座第四场开讲，学院副教授费省博士作了题为“辛亥革命与中国国旗”的演讲。主要内容包括革命与旗帜、近代国家旗帜与中国国旗、大清国黄天青龙旗、铁血十八星辰旗、共和民族五色旗等。费省博士利用各式各样的图片展示他心中的理念与见解。通过各国国旗的对比，费省博士向同学们详细讲述西方文化对我国旗帜文化的深刻影响，阐述古今中外国旗的内涵和深刻的历史意义，解释各国国旗的图案象征、形状设计、制作历史等。尤其在讲到极具代表性的中国图案龙和虎时，更是运用了大量的古代中国画作向同学们作详细介绍，使同学们不仅能了解历史，还能感受中华文化的博大精深。（谭镜华　刘绍东）

10月11日　机械与电气工程学院学术科技节启动仪式

10月11日，机械与电气工程学院学术科技节启动仪式暨“单片机应用与学习”学术讲座于理工南楼522室正式举行，学院院长张春良，副院长喻萍、唐冬，党委副书记吴德伟，学工办主任裴九雄，学院团委书记唐蕾，教师代表庞志和大一各班的新生代表参加了本次讲座。

首先，张春良院长为学术科技节致辞，讲话中张春良院长希望同学们除认真学好本专业的知识以外，还要提高综合能力，多利用课余时间培养科研能力。庞老师简单地讲解了学习单片机的方法和模式。会后，同学们均表示受益匪浅。（张子君）

10月11日　饮食服务中心负责人与学生面对面商议饭菜价格

最近，物价上涨，菜价上升。为提高食堂饭菜价格的透明度，取得广大学生对饭菜价格的理解，10月11日，广州大学饮食服务中心在兰苑餐厅举行食堂饭菜价格听证会。会上，饮食服务中心副主任和兰苑、梅苑、竹苑等食堂经理对广州大学饭菜价格的调整作出说明，数十名学生代表出席并踊跃提出建议和意见。（何竹茵）

10月11日　领略“十佳”风姿，感悟学子风采

“广州大学商学院十佳学生评选”是商学院的一项重要活动，不仅展示了商学院杰出学子的优良学风，更旨在弘扬广州大学积极进取的学风，树立

品学兼优的学子形象。本次十佳学生评选大会历经多日筹备，于10月11日在桂花岗校区顺利举行。参加此次十佳学生评选大会的12名优秀候选人，围绕学习成绩、社会实践、学术研讨等各方面充分展现自我，在演讲台上一展风采，举手投足、一言一行间都展示出广大学子勤学好思、自信自强的优良学风。

此次商学院十佳学生评选大会的开展，不仅对品学兼优的学子给予了肯定与嘉奖，鼓励了广大莘莘学子的学习热情，同时也使勤学慎思、修德立言、奉献社会、实践社会的观念深入每一位学子的心中。（商学院学工办）

10月11日　计算机科学与教育软件学院举行2011级新生演讲比赛

10月11日晚，在理工南楼510室以“发现广大之美”为主题的计算机科学与教育软件学院11级新生演讲比赛拉开了帷幕，为广大学子奉献了一场精彩的视听盛宴。

出席本次演讲比赛的嘉宾主要有：学院党委副书记李洪波，辅导员熊美娟、胡颖、郭梅芳，11级全体新生，老生和团委学生会代表，辩论队代表。这次演讲比赛共有13名选手参赛，他们分别从景色、人文角度描述了他们发现的广大之美，真情实感，字字铿锵，句句透露着自己对广大之美的喜悦之感。另外，此次演讲还安排了有奖问答环节，通过同学们的互动，使同学们更加了解广大。（黄婉冰）

10月11日　学子诵典　品古看今——中华经典诵读之诵读角活动

由校团委、校语委、学生处主办，校学生会、社联、各院学生会、沧浪诵读社协办的中华经典诵读系列活动之“诵读角”活动于文新楼南面架空层举

行，人文学院莘莘学子在师兄师姐的带领下，于文新楼架空层诵读角享受了一场文化的饕餮盛宴。通过中华经典诵读系列活动，中华传统文化精神得到更好的发扬与传承。而“诵读角”活动更是令同学们在享受朗诵经典的过程中陶冶情操、提高素质，值得同学们积极参与。（校学生会）

10月12日　纪念陶行知诞辰120周年暨学陶师陶表彰大会

纪念陶行知诞辰120周年暨学陶师陶表彰大会在广东第二师范学院田家炳大楼三楼会议厅隆重举行。广州大学知行读书社在我校学生处林雪松副处长、刘子佳老师和公共管理学院学工办谢玲老师的带领下，代表广州大学参加此次大会。

获奖者上台领奖

本次表彰大会对学陶师陶“终身奖”、“先进集体”、“先进个人”获得者进行了表彰。广州大学知行读书社得到广东陶行知研究会和各地陶研会的充分肯定，荣获广东省“学陶师陶先进集体”称号。另外，我校刘子佳老师和徐喜春、杨晓莹同学被评为“学陶师陶先进个人”。在“纪念陶行知诞辰120周年”征文比赛中，我校杨育武、陈铮伟两名同学的作品荣获二等奖，吴柳书、汤爱玲、张世芳三名同学的作品荣获三等奖。（公共管理学院学工办　摄影：陆晓丽）

10月12日　我校学子身患恶疾　学校师生深情援助

10月12日下午，生命科学学院院长田长恩等领导和老师来到解放军第四五八医院，亲切探望了因患有恶性淋巴肿瘤而正在住院治疗的生科院大四学生郭焕珍。院领导仔细询问了焕珍目前的情况，并悉心叮嘱和安慰。随后，郭焕珍所在班级的班长苏碧达同学作为学生代表，把全院师生募捐到的善款亲手交给了焕珍的母亲。

不幸染恶疾，贫困家庭雪上加霜

郭焕珍是我校生命科学学院08级生物科学（2）班的学生，她天性乐观开朗，学习成绩优异，曾获得奖学金，积极主动参与各种活动，去年参加“挑战杯”全国大学生课外学术科技作品竞赛，取得了广东省赛区三等奖的好成绩。她还是一个乐于助人、深受同学和老师喜爱的女生，每学期都会主动为学习成绩差、需要补考的同学补课，为班上同学整理复习资料，班上都流传着这样一句话：“信郭郭，不挂科。”但就是这样一个好学生，却在今年暑假被中山大学附属肿瘤医院确诊身患恶性淋巴肿瘤，这是世界十大恶性肿瘤之一，化疗过程漫长而痛苦，许多病人都无法坚持。这个不幸的消息让本就不富裕的郭家雪上加霜。

郭焕珍出生于广州九龙镇凤尾村中的一个贫困家庭，家里共有三姐妹，主要以务农为生，父亲在建筑工地干活。自从孩子患病后，目前已经做完第一个化疗，共花费了6万元，这几乎耗尽了家中所有积蓄。而此后，还有6个疗程，每一个疗程都需要很多的钱。郭焕珍母亲在接受记者采访时，一直在抹眼泪，诉说得知女儿患病后的难以置信和承担的巨大压力，同时，她也非常感谢学校师生对女儿的关心。热心人的捐助是对这个家庭最大的鼓励。

微博传真情，学院师生雪中送炭

“昂贵的医药费用把我的家庭压垮了……看到家人为我的医疗费用忙碌奔波，无助的我唯有求助各位老师和同学们，希望你们伸出援助之手，献出一份爱心，解我燃眉之急，给我支持和鼓励。”当受到全班同学信任爱戴的（2）班班长苏碧达在病房里亲手接过这封求助信，看到那熟悉的笔迹，想起每次期末考试前都亲手整理复习资料并借给全班同学复印的郭焕珍同学时，忍不住满心酸涩。

10月6日下午，苏碧达在微博上以私人名义发出了这封信：“@Peter 的

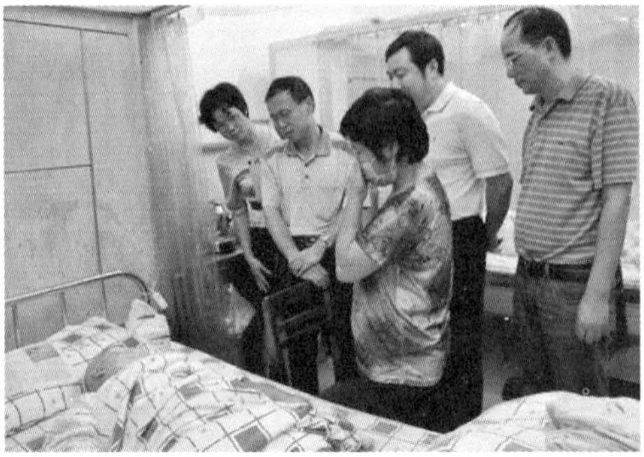

故事：我们班的郭焕珍同学，学习成绩优异，经常无私地帮助他人，但就是这么一个积极开朗的同学却不幸确诊为患有恶性淋巴瘤，虽然患病以来她都积极面对，无奈高昂的医药费已经让其本身并不宽裕的家庭难以为继。我们全班在此恳求大家献出一分力量，哪怕只是一杯奶茶的钱，也能为这个困难的家庭带来温暖和帮助。”短短两天内，这条微博被转发近700次，学校先给郭家发放了特殊困难补贴5 000元。8日，苏碧达找到学院书记，学院立刻下发《为郭焕珍同学募捐倡议书》，短短两天时间，生科院全体师生共捐款近3万元。

郭焕珍班上的同学们也特别热心，有每隔一段时间送课本书籍过来的，有不断向媒体求助想要筹集更多捐款的，有经常打电话发信息询问病情的……在10月11日广东电视台公共频道播出的节目中，班上同学对着镜头一起大喊“我们等着你一起毕业”，这些温情让这个终日躺在病床上与病魔作斗争的女生铭记于心。（余洁晶　摄影：张令）

10月14日　广州万国特约之第十七届“岷灿杯”辩论赛开赛

广州万国特约之第十七届“岷灿杯”辩论赛在广州大学桂花岗校区综合楼北601室拉开帷幕，活动邀请了法学院辩论队的资深辩手们担任大赛的评委。当天共举行两场辩论赛。第一场，法学112班和法学113班就“出国留学低龄化是利大于弊还是弊大于利”这一辩题展开了激烈的辩论。第二场则是法学111班和法学112班就“李娜的成功模式是否应该在体育界普及”这一辩题而展开的精彩辩论。经过双方激烈的辩论，最终，法学113班和法学111班获

胜。此次比赛给新生们的思想交流提供了一个平台，也给他们提供了一个历练的机会，让新生们展现了自我风采。(法学院学工办)

10 月 15 日　第十二届“挑战杯”全国大学生课外学术科技作品竞赛

10 月 15 日，由广州大学校团委学术科技部挑战杯部门牵头，带领“挑战杯”国赛参赛队伍前往大连理工大学参赛。

在第十二届“挑战杯”全国大学生课外学术科技作品竞赛终审决赛中，广州大学参赛的 6 项作品全部获奖，其中《基于偶氮四唑配合物荧光材料的合成及其在细胞成像中的应用研究》等 3 项作品获得二等奖，《便携式三轴航空侦察飞行器》等 3 项作品获得三等奖，广州大学再次获得“‘挑战杯’全国大学生课外学术科技作品竞赛发起高校”称号。而参加世园会专项比赛的 3 项作品也均获奖，《广州低碳经济发展现状及前景探析》等两项作品获得二等奖，《广州大学城垃圾分类回收现状调查与对策研究》获得三等奖。(冯敏儒)

10 月 15 日　芳村志愿行

为了给那些听力有障碍的孩子们以更大的呵护并让他们体验与正常孩子一样的快乐，也为了实现志愿者们的自我价值，土木工程学院青协与旅游学院青协一同举行了一个定期志愿者活动——芳村志愿者活动。每周六，志愿者们来到芳村聋哑儿中心，为先天听力不良的儿童进行知识与身心教育。(土木工程学院学工办)

十月

10 月 16 日　人文学院第六届“青葵杯”新生辩论赛打响第一炮

10 月 16 日晚，人文学院第六届“青葵杯”新生辩论赛在理科教学南楼隆重举行。据了解，当晚初赛有两个辩题，分别是“学生就业压力大有（不）利于成长”和“文人相轻（亲）”。人文学院 11 级 10 个班就两个辩题进行对垒，最后，经过激烈的角逐，中文（3）班、中文（5）班、中文（6）班、中文（8）班、中文（1）班获得了本轮比赛的胜利。（人文学院学工办）

辩手们正在认真准备

10 月 17 日　广州市政协主席林元和来校作报告

10 月 17 日下午，我校“广州发展论坛”邀请广州市政协主席林元和为广大师生作了题为“关于当前经济结构调整的思考”的专题报告。校长庾建设主持报告会。

会上，林元和结合自己在广州、佛山两地的工作经历，以丰富生动的事例和大量具体的数据，从“质量振兴”战略是珠三角结构调整、转型升级的核心以及区域经济一体化的探索两个方面阐述了自己关于经济结构调整的两点思考。庾建设代表学校向林元和表示感谢并作大会总结发言。

副校长龙少锋、师生代表、广州大学广州发展研究院全体人员等约 400 人聆听了报告。报告会结束后，林元和在庾建设、龙少锋等陪同下来到学校名人林植树，为秋天的校园增添了一抹绿色。（高良铨　刘红弟）

10 月 18 日　佛山电视台来新闻与传播学院招聘并举行实习基地授牌仪式

新闻与传播学院 23 名同学参加了佛山电视台在院会议室举行的小型招聘会，其中有 20 名同学来自 08 创新班。面试结束后，新闻与传播学院领导和佛山电视台领导进行了交流，并举行了“广州大学实习基地”授牌仪式。（新闻与传播学院学工办）

授牌仪式

10 月 18 日　第三届化学实验技能大赛开幕

广州大学第三届化学实验技能大赛暨化学化工学院第六届化学节开幕，副校长屈哨兵参加了开幕式并现场品尝了化工学子制作的奶茶。

本次化学实验技能大赛的主题是“畅游科学海洋　点亮化学人生”。来自化学化工学院、环境工程与科学学院、土木工程学院和生命科学学院的498 名学生报名参赛，参赛人数再创新高。本届化学节历时一个月，包括广州大学第三届化学实验技能大赛、“金阳杯”科技论文创作大赛、“学化学　爱化学　用化学”科技论坛等十多项活动，让更多的同学走进化学、认识化学、了解化学，体验化学的魅力，接受化学文化的熏陶。（周童）

屈哨兵副校长参观开幕式现场

10月18日 国际著名道德测验心理学家乔治·林德来学校讲学

10月18日，应广州大学教育学院的邀请，国际著名道德测验心理学家、德国康斯坦茨大学乔治·林德（George Lind）教授就道德测验的相关问题为师生作了一场精彩的学术报告。林德教授就他的道德测验方法进行了演讲。报告会由教育学院院长叶浩生教授主持。（教育学院学工办）

10月18日 旅游学院举行高尔夫球队成立暨校外导师聘任仪式

旅游学院高尔夫协会在文俊东楼406室隆重举行高尔夫球队成立暨校外导师聘任仪式。学院选拔了一批专业技能较强、学习优秀的大学生组建学院高尔

夫球队，进行日常训练，参加各项赛事与加强对外交流，并以此促进学院高尔夫教育的发展与建设。球队的成立将会为学院师生、校友、高尔夫行业人士以及各兄弟院校搭建一个沟通与交流的平台，为高尔夫球爱好者提供锻炼机会，积累专业实践经验。同时球队聘请众多校外导师，为球队提供高尔夫方面的指导和支持。（陈志明　黄嘉琦）

10 月 18 日　人文学院 11 级新生心理健康辅导讲座

10 月 18 日下午，人文学院 11 级新生心理健康辅导讲座在广州大学图书馆讲学厅举行。人文学院邀请了广州市第一人民医院的侯倩宇医生为新生主讲，学院学工办主任刘军军出席了本次讲座。

讲座中，侯倩宇医生以“大学新生活，健康校园行”为主题，详细分析了大学新生普遍面临的公共性心理问题。本次讲座的举办，向同学们普及了心理健康知识，让心理健康的观念更加深入人心。在场聆听讲座的同学们纷纷表示获益良多，希望今后学院多组织这样的心理健康教育讲座。（人文学院学工办）

十月

10 月 18 日　“分析中英文不同语境中的隐喻”讲座

10 月 18 日下午，在文清楼 110 室举办了以“分析中英文不同语境中的隐喻”为主题的讲座。此次讲座邀请了美国斯坦福大学语言学博士 Michael Barlow 作为主讲。Michael Barlow 教授以为什么要学习语言及语言学这个问题为出发点，给在场的同学们带来了一场让人受益匪浅的讲座。通过这次精彩的讲座，同学们开阔了视野，对中英文不同语境中的隐喻有了很大的认识，并激发了学习文化差异的兴趣。（刘燕燕）

10 月 18 日　义务维修，服务你我

10 月 18 日，计算机协会在红棉路旁摆摊，开展义务维修活动。在义务维修时段，计算机协会派出技术部的优秀干事现场为同学们解答有关电脑方面的疑难或者维修电脑。活动中，协会干事尽心尽力为同学们服务，在给予他人帮助和方便的同时，也是在实践中挑战自我，给予自己成长的机会。（王美云）

10 月 19 日　公共管理学院作品获第十二届全国“挑战杯”终审决赛二等奖

由共青团中央、中国科协、教育部、全国学联和辽宁省政府共同举办的第十二届“挑战杯”全国大学生课外学术科技作品竞赛终审决赛于 10 月 16 日至 19 日在大连理工大学举行。代表广州大学参赛的公管学院作品《城市发展进程中的民生关怀和政府责任——基于广州市“城中村”改造中猎德村创新模式的调查与思考》获得全国终审决赛二等奖。（谢玲）

10月19日　全国商科院校会展技能大赛团体赛广州大学初赛

旅游学院举办了会展技能大赛的初赛。本次比赛以团队的形式参加，由会展管理知识赛合格的选手组成团队，采取会展项目策划方案评审、项目陈述和现场答辩相结合的方式，为师生们展现了会展技能的风采与魅力。评委将在赛后结合策划方案的成绩，挑选五支优秀队伍参加全国总决赛。比赛中，同学们展示了他们精心准备的PPT，想法新颖，视角别具匠心，策划方案详尽而完备，充分展示了扎实的专业功底。（陈志明）

10月19日　化学化工学院在第十二届全国“挑战杯”大赛中喜获佳绩

第十二届“挑战杯”全国大学生课外学术科技作品竞赛于10月19日晚在大连理工大学落下帷幕。化学化工学院董文、周爱菊老师指导的陈文斌等同学的《基于偶氮四唑配合物荧光材料的合成及其在细胞成像中的应用研究》，尚小琴老师、刘汝峰老师指导的林梅莹等同学的《改性天然高分子工业废水处理剂的制备和应用》作品在第十二届“挑战杯”全国大学生课外学术科技作品竞赛中喜获二等奖。（化学化工学院学工办）

10月20日　举办“建筑寻迹——梁思成与林徽因”讲座

建筑与城市规划学院邀请建筑物理实验室主任、岭南建筑研究所主任、建筑学博士汤国华教授为同学们举行主题为“建筑寻迹——梁思成与林徽因”

的讲座。汤国华教授通过PPT和有关梁思成与林徽因的纪录片向同学阐释了他对古建筑的热爱并希望同学们能从古建筑中“取其精华，去其糟粕”。（建筑与城市规划学院学工办）

10月21日　一堂别开生面的党员教育课

“辛亥革命改变了中华民族的命运，科技创新将呈现一个强大的新中国——建设强大的新中国必须要走创新之路。”10月21日下午，学校关工委组织员李富潮老师在文新楼224室以“创新”为关键词，为生命科学学院全体学生党员上了一堂别开生面的党员教育课。开课前，教室的大屏幕上就显示出“revolution & innovation（革命与创新）”。课中，李富潮老师着重比较了革命与创新的作用，从历史和现实的角度出发，深刻强调了创新的重要意义。

通过李富潮老师强有力的论证，在座的学生党员都进一步了解了创新的重要性，并深刻认识到：作为一名合格的党员，必须拥有创新理念而且要勇于创新。（李燕冰）

10月22日　法律咨询服务社官洲街法律咨询活动

社员在耐心地回答市民的法律问题

10月22日，广州大学法律咨询服务社来到海珠区官洲街为社区居民们进行普法教育和免费法律咨询活动。本次活动于9：30正式开始。同学们分成两组：一组同学热心地向居民们宣传普法知识，派发普法传单、维权小册子；另一组同学则留在咨询点，耐心地为居民们解答相关法律疑惑，并提供自己的建议。遇到个别对法律认识片面的居民，同学们努力地向他们解释法律的作用以及面对问题要怎样拿起法律武器来维权。

经过一个多小时的辛勤劳动，该活动圆满结束。本次活动，不仅向周边居

民普及了法律知识，提供了法律援助，还增强了同学们运用法律面对现实问题的能力，激起了同学们学习法律的热情。（曾维维）

10月24日 建筑与城市规划学院学生举行古建筑旅行摄影展

袁艺峰是建筑与城市规划学院研究生三年级学生，师从汤国华教授，学习岭南传统建筑。过去几年内，他在北京、天津、河北、山西、陕西、四川等地进行建筑考察，拍下了不少或著名或特别的中国古建筑照片。这次，他为时两周的个人摄影展共展出174张照片、8张速写、2张海报。该摄影展让学院师生了解到了更多有关我国古代建筑的知识与情况，唤起了大家对传统建筑技术、艺术以及传承发展的关注，同时丰富了大家的创作灵感与学余生活，更活跃了学院的学术氛围。（建筑与城市规划学院学工办）

10月25日 广州大学100名学生获“恒大助学金”资助

2011年中国扶贫基金会·恒大集团贫困大学生助学金发放仪式在广州大学隆重举行，广州大学100名品学兼优但家庭经济困难的大一新生每人获得1 500元的助学金。广州大学学生处、团委相关领导、各学院学生资助工作负责老师及受助学生等共计150人参加了本次仪式。（陈爱平 摄影：刘思雨）

10 月 25 日　教育学院“成长论坛”暨师生互动博客正式启动

教育学院举办“成长论坛”暨师生互动博客启动仪式，新一轮联系学生班级的领导干部出席了启动仪式，并与联系班级进行了对接。“成长论坛”和师生互动博客是教育学院开展大学生思想教育和学风建设的一项新举措，旨在拓展领导干部联系班级和专任教师值班制度的教育功能，提供更多师生交流的机会。（教育学院学工办）

10 月 25 日　李步云“中国的人权理论与实践”讲座

由广州大学李步云教授主讲的题为“中国的人权理论与实践”的讲座在桂花岗校区拉开帷幕。广州大学团委书记何晓晴、副书记郑美玲，基础学院团委书记周云以及活动相关负责人出席了本次讲座，同时众多热爱法学的学子也参加了讲座。

在讲座中，李教授讲解了人权的发展历程，并指出随着社会生活和经济水平的逐步提高，人们将越来越注重权利的保障问题。李教授还向大家列举了我国近年来在人权保障方面的具体措施，特别说到妇女权利保障方面的很多成就。最后，李教授鼓励同学们要敢于追求自己的理想，并希望通过这次活动，能够让同学们了解更多有关人权的知识，也让法律精神得到更广泛的宣扬。（伍美珊　丘小露）

10月26日　研究生举行2011迎新歌舞晚会

10月26日晚，随着闪动在大屏幕上激动人心的倒计时和一声轰鸣的礼炮声响，2011研究生迎新歌舞晚会正式拉开了帷幕。本次晚会以“木棉花下缘广大”为主题，分为“新”、“馨”、“心”三个篇章。校研究生处相关负责人出席了开幕式，来自华南师范大学等学校的嘉宾观看了晚会。（黎莉芩　摄影：刘畅）

10月27日　旅游学院举行2011两协一部交流会

10月27日晚，广州大学旅游学院团委实践部、青年志愿者协会、心理卫生协会交流会圆满结束。这次活动以“手牵手 一起走”为主题，面对全体成员展开，旨在加强协会部门间的联系及交流，提高相互的合作化程度，进而增强整体凝聚力，让每一位新干事都进一步了解自己的工作环境及工作伙伴，方便彼此间的合作，也让大家庭中的每一位成员在繁忙的学习之余得到一个休憩的机会，以此来激发大家的灵感与热情，为自己以后的工作增添更多色彩，也为今后工作的顺利进行打下更坚实的基础。（宋杨凌子）

10 月 28 日　人文学院举行第四届新生班服设计大赛

由人文学院宣传部组织策划的“华服之悦，人文之约”人文学院第四届新生班服设计大赛暨成果晚会在图书馆讲学厅顺利举行。晚会请来了郭杰老师及新闻与传播学院团委宣传部部长等嘉宾担任评委。人文学院团委、学生会负责人出席晚会并发表讲话。（人文学院学工办）

11 中文（6）班班服 Catwalk Show

10 月 28 日　我校获华南第五届大学生化工设计创业大赛金奖

10 月 28 日，“瑞派杯”华南地区第五届大学生化工设计创业大赛决赛在广东石油化工学院举行。广州大学化学化工学院王正平教授指导的益拓队、邹汉波副教授指导的绿色畅想队的作品在 26 件晋级决赛的作品中脱颖而出，分别获得金奖和银奖。我校获“瑞派杯”第五届大学生化工设计创业大赛组委会“优秀组织奖”。（周童）

10 月 29 日　驰骋赛场，忘我飞翔

10 月 29 日上午，广州大学外国语学院和机械与电气工程学院联合举办了 2011 年田径运动会。外国语学院和机械与电气工程学院的领导、老师们出席了开幕式。

这次运动会，在两院师生的热情参与和共同努力下，经过一天紧张、激烈的角逐，各班运动员奋力拼搏、努力争先，圆满完成了各项比赛，取得了竞赛成绩和精神文明的双丰收。（孔韵妍　邝婉雯　李绮雯　黄楚君）

10 月 29 日　奉献点点温情，关爱残疾儿童

10 月 29 日，广州大学外国语学院红十字会秉承“人道，博爱，奉献”的精神，走进盲人学校，举办了一次以“奉献点点温情，关爱残疾儿童”为主题的实践活动。此次社会实践活动给广州市盲人学校的学生送去了关怀，也让广州市盲人学校的学生在内心感受到社会对他们的关注。同时，这次活动给同学们提供了一个锻炼自我的机会，让他们在实践中体验生活，丰富个人阅历，增加个人的社会实践经验，培养他们为人民服务的服务意识和爱心。（李黎）

10 月 29 日　建筑与城市规划学院举办雅室大赛

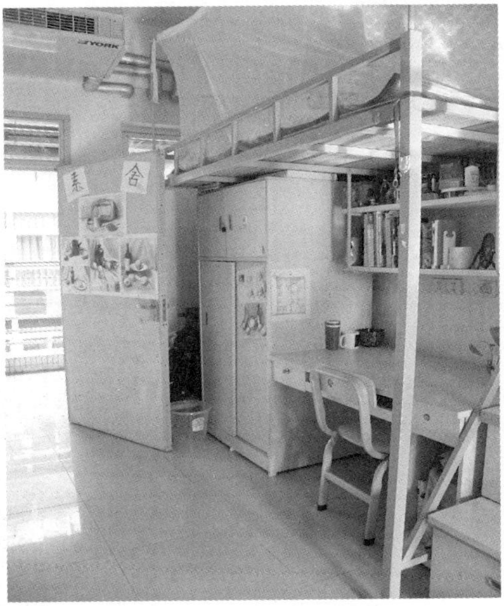

雅室大赛是由建筑与城市规划学院学生会举办的公寓文化活动。各参赛寝室打造出自己寝室的风格，或文雅，或温馨，或活泼。通过悬挂健康向上的书画作品或摆放富有特色的物品等方式设计出宿舍的美好形象，反映了健康活泼、有朝气、有活力的大学生活，体现出寝室成员的共同理想与追求。在活动中涌现出了许多环境优雅、有人文气息的寝室。这些都是未来建筑师们的审美观对生活态度的真实写照。建筑师们的大学生活在雅室中度过，建筑师们的设计从寝室开始。（建筑与城市规划学院学工办）

10 月 30 日　研究生孟新迎作品入选第四届“全国青年美展”

美术与设计学院 10 级研究生孟新迎同学创作的作品《静思》入选第四届全国青年美术作品展览。

第四届全国青年美展是国家级综合性大展，不仅为青年美术家搭建了展示才华的重要舞台，而且通过青年美术家的优秀作品表现了他们的创新精神、创作热情和对社会的人文关怀，反映了当代中国美术的新发展、新特点，被誉为美术家的摇篮。孟新迎同学的作品能够入选本次展览，充分显示了他的艺术才华和潜力，也展示了美术与设计学院师生的艺术创作和教学水平。（美术与设计学院）

入选作品《静思》

10 月 30 日　人文学院与华师文学院举行党支部交流会

金秋十月，秋风送爽。10 月 30 日，人文学院中文系学生第三党支部与华南师范大学文学院 09 级第二党支部在文清楼举行了交流会，双方党支部有关负责人、支部成员共 50 人参加了交流会。通过交流会，取得了互相了解、互相借鉴、互相进步的良好效果。（人文学院学工办）

双方党员合照

10 月 31 日　陶澍教授主讲“中国多环芳烃排放、迁移与呼吸暴露风险”讲座

10 月 31 日下午，由北京大学陶澍教授主讲的题为“中国多环芳烃排放、迁移与呼吸暴露风险”的讲座在行政西楼拉开帷幕。广州大学副校长陈永亨、团委副书记郑美玲等出席了本次讲座。我校环境学院和土木学院的学生及一些热爱科研的研究生也来到现场聆听陶教授的讲座。（蓝嘉怡）

我们的大学

November 十一月

十一月

11月1日　绿色动力协会爱护伴侣动物活动月

在亚洲动物基金的支持下，广州大学绿色动力协会开展了以“爱护伴侣动物，和谐共处”为主题的宣教活动。这次活动不仅吸引了广大学子积极参与，还深受当地社区居民的欢迎。

宣传活动分别在广州大学校内及广州市东山社区开展。图文并茂的讲解、形式多样的趣味游戏、丰富实用的环保奖品，既能引发玩家主动思考，又能锻炼他们的动手、应变、创作等能力。很多家长都带着小孩来积极参与，还大赞此次的宣传活动让大家受益匪浅。每位工作人员都在努力撒播爱的种子，因为他们坚信：爱能让这个世界变得更加美丽！保护伴侣动物，能让地球更加和谐！（环境科学与工程学院学工办）

11月1日　数学与信息科学学院顺利开展数学文化训练营

为了让新生们充分感受大学氛围，更好地展现数学与信息科学学院的良好风貌，数学与信息科学学院在红棉路举行了2011年数学嘉年华系列活动之数学文化训练营。数学学院团委书记周世慧和团委副书记杜亚辉在现场与同学们一同沉浸在数学的氛围中。

本次数学嘉年华文化训练营活动共设有六营，分别为娱乐训练营、IQ训练营、活眼力训练营、运动常识训练营、娱乐训练营和体力训练营。每个游戏都很具人气，参赛者运用自己的智慧通关。

数学嘉年华是数学与信息科学学院的品牌校园文化活动，旨在以趣味游戏的形式推广数学文化，提高同学们对数学的兴趣，展示数学在现代生活中的应用，激发同学们对数学的热爱之情。本次活动让同学们在活动中陶冶情操、获取知识的同时，也大大丰富了校园生活，有力地弘扬了数学特色文化。（杜亚辉）

11 月 1 日　2011 学生社团展演晚会

“青春起航　梦想飞扬”广州大学学生社团展演晚会在广州大学桂花岗校区艺术楼小礼堂拉开帷幕。晚会邀请了广州市教育局副巡视员黄树生，思政处副调研员谭卫文也出席了本次晚会。此外，校团委副书记郑美玲、廖勇，基础学院桂花岗纺织服装学院党总支书记李暖均、副书记陈泽龙以及校学生会、学生社团联合会等各组织的代表参加了本次展演晚会。在共青团广州大学委员会、广州大学学生社团联合会、广州大学学生会的共同努力下，晚会顺利举办。逾十个社团参与表演，在舞台上书写了他们的青春激情，奏响了他们的青春颂歌。（校学生会）

同学们献上精彩表演

充满意境和激情的诗朗诵

11 月 1 日　珠江网络传媒交流会

新闻与传播学院副院长戴剑平、田秋生，党委副书记孙凌带领老师及 08 级创新班的部分同学前往广东电台参观学习。前广东电台副台长李宏图、珠江经济台节目总监周小新、节目副总监陆敏华、节目监制黄慧和暨南大学的部分老师亦参加了此次活动，就全媒体的发展展开学习交流。讲座结束后，我院一行还参观了广东电台的录音工作室，体验一档电台节目制作的严谨和专业。（新闻与传播学院学工办）

11 月 1 日 “新媒体环境下电视记者与主持人的困境与机遇”讲座

广东南方电视台经济频道副总监、资深记者、评论员王世军以“新媒体环境下电视记者与主持人的困境与机遇”为题在我校文清楼120室举行讲座。我院党委伍建芬书记、田秋生副院长、孙凌副书记、许莹冰老师、刘玉萍老师出席了此次讲座。王世军老师严谨的思维和幽默的谈吐博得了阵阵掌声。

王世军老师精彩演说

在自由提问环节中，他表示很欣赏我院学生从业时的韧性，希望在未来多样化的就业要求下，同学们能突破现有体制的限制，尝试各类媒体工作，适应挑战，成为全新媒体人。（新闻与传播学院学工办）

11 月 2 日 “机电风”学术科技节

机械与电气工程学院团委学术科技部在红棉路上开展了“机电风”学术科技节系列活动。本次活动主要包括班服班徽设计大赛的投票、学术作品展示、音响设备展示、CAD 协会技术展示、科学知识有奖问答和车迷协会等几个环节，从整个活动过程中可以看出同学们非凡的创新意识。活动充满着科学技术的气氛，大大提高了同学们对科技的兴趣和热情。（李海鹏）

11 月 2 日 “环境艺术设计”讲座

中国建筑学会室内设计分会（CIID）理事、中国装饰委员会委员、广东省环境艺术行业协会常务理事、广州专业委员会副主任、广州大学美术与设计学院吴宗敏教授应邀在文逸楼 7 楼为美术与设计学院学生作主题为“环境艺术设计”的专题讲座。

通过这次讲座，同学们不仅了解了环境设计专业的发展，而且知道了很多

与环艺相关的软件、硬件、手绘图等专业知识，从而极大地拓宽了视野。（美术与设计学院学工办）

11 月 3 日　青春起航，创业创新

为培养广州大学学生的创业意识，拓展创业思维，提高创业能力，了解创业理念，经济学会在综合楼 405 室为学生播放资深教师的有关创业计划大赛指导的讲座视频。讲座受到同学们的欢迎，得到了热烈的响应。（黄建）

11 月 4 日　人文学院第八届“不闷团课”活动

人文学院团委组织部联合人文志愿者讲解队发起了第八届新生“不闷团课”活动。人文学院 11 级中文（4）班和（7）班以及对外汉语班先后到黄埔军校旧址、孙中山纪念馆进行参观学习。在讲解队队员的带领下，同学们初步了解了黄埔军校的基本构成与领导机构。随后，他们又来到孙中山纪念馆，参观伟人故居，了解孙中山先生的生平事迹。

在本次团课活动中，通过参观黄埔军校旧址，同学们对辛亥革命这一段风云历史有了更清晰、更直观的了解，既让团课学习活动变得生动，又激发了同学们了解历史、铭记历史的兴趣，很好地达到了本次团课的学习目的，体现了其深厚的教育意义。（人文学院学工办）

11 月 5 日　“番禺城市建筑设计杯”第十届三校快题竞赛颁奖典礼

由广州大学建筑与城市规划学院主办、广东工业大学建筑学者协会与华南理工大学建筑学院协办、番禺城市建筑设计院赞助的第十届“番禺城市建筑设计杯”三校快题竞赛颁奖典礼在广州大学行政西二楼会议厅隆重举行。建

筑学院党委王琼书记主持典礼，潘文彬副书记、院长助理赵阳副教授、建筑系主任彭长歆老师，华南理工大学钟冠球老师、庄文庞老师，广东工业大学王平老师，番禺城市建筑设计院冯新文副院长等嘉宾，以及建筑学院学生共200余人出席了仪式。快题是建筑设计的基本技能，“三校快题竞赛”作为学生切磋设计水平的一个平台，面向广州最初的三所建筑院校在校生，分高年级、低年级组开展比赛，目的在于加强各院校建筑设计交流和提高大学生专业设计水平。此赛历经十年，已经成为广州市建筑行业的一个品牌活动。会上获奖的高年级、低年级同学代表发表了获奖感言以及做快题的体会，三校教师嘉宾对获奖的作品进行了点评。（建筑学院学工办）

11月5日　地理科学学院学生荣获华南地区高校“地理文化presentation”大赛三等奖

第四届华南地区高校“地理文化presentation”大赛传来喜讯，由地理科学学院院长吴志峰教授带队，刘毅华教授、吴大放博士指导的广州大学代表队在比赛中脱颖而出，获得大赛第五名，荣获三等奖，作品主题为《基于房屋数据库的城中村消防及洪涝风险评估——以广州大学城南亭村为例》。

华南地区高校“地理文化presentation”大赛是中山大学依托中国地理学会华南地区代表处发起组织的华南地区规模最大、水平最高的地理专业大学生学术科技竞赛，它充分展现了华南地区地理专业本科学生的研究能力、团队协作能力及口头表达能力等综合素质。（地理科学学院学工办）

11月5日　友爱在车厢志愿服务活动

友爱在车厢志愿服务活动于B3与204沿线的公交站点开展。广州大学青年志愿者协会的志愿者是本次活动的主力军，其他学校的志愿者和社会人士也参与了本次志愿活动。在本次志愿活动中，志愿者们的工作主要是将印有青年志愿者协会标志的贴纸派发给有需要被让座的乘客，将其赠送给为他人让座的热心人士，

以此来鼓励这种行为，从而传递社会的温暖和宣扬社会的爱心，并促使这种行动和美德不断传承下去。

在志愿者们的努力工作和社会人士的积极配合下，本次活动顺利完成。在宣扬社会的爱心的同时，也让社会人士对志愿者活动有了进一步的了解。（林美珊）

11月6日　校青年志愿者协会与培英职业技术学院交流活动

广州大学校青年志愿者协会的20名志愿者，前往国黄村培英职业技术学院，与该校学生开展了一场有趣的交流活动。志愿者们表演了话剧《非诚勿扰》，培英的同学也通过手语表演《樱花草》和歌曲《够爱》来表达对志愿者的感谢。表演过后，同学们还进行了有趣的猜数字游戏以及蒙眼画画游戏。此外，双方还在校内篮球场上进行了一场友谊赛。

通过这次交流活动，志愿者了解到：尽管培英职业技术学院大多数同学有一定程度上的生理或心理障碍，但人生的挫折并没有影响他们对生活的积极态度。在此次活动中，培英的同学们脸上总是流露出积极和坚强的笑容。（邹秋华）

11月7日　聚手鼓瑟，起武欢歌

广州大学DIY手工艺术协会与武术协会全体人员在学生活动中心联合举办了一场精彩的迎新晚会，本次晚会的主题是“聚手鼓瑟，起武欢歌”。此次晚会为两个协会提供了互相了解的平台，促进了彼此的感情交流，共同演绎了“聚手鼓瑟，起武欢歌”的精彩，让现场的观众享受到歌武迭起的欢愉，让本次晚会充满意义。（吴少君）

11月7日　文明礼仪，从我做起！

2011年广州大学学生会干部培训讲座之社交礼仪于图书馆讲学厅正式拉开帷幕，本次讲座由现任广州大学社科部党总书记刘树谦教授主讲。校学生会副主席陈夏云以及学生会全体干部参加了本次讲座。

在整个讲座过程中，刘老师所举的例子生动形象、通俗易懂，幽默诙谐的语言引来同学们的阵阵笑声。同时，同学们也认识到：礼仪不需背，不需考试，而是一种习惯、一种行为，需要人们在生活中慢慢养成。（校学生会）

11月7日　珠江经济广播电台DJ悟空：语言的角色转换功能

广州大学新闻与传播学院以“语言的角色转换功能”为主题的讲座在文俊西楼308A室举行。本次讲座邀请到的主讲者是曾获广东电台年度十佳主持人的珠江经济广播电台著名DJ悟空（实名：区艺献），除了慕名而来的同学们，新闻与传播学院的李鸿图老师、许莹冰老师、刘玉萍老师也出席了此次讲座。通过这次讲座，同学们获益匪浅，深刻认识到：在以后的学习中必须多练习、多实践，才能得到实际的经验来充实自己。同时，同学们对语言角色有了进一步的认识，了解到如何扮演好不同的角色。（新闻与传播学院学工办）

11月8日　党建理论研究会在桂花岗校区召开会员动员大会

广州大学党建理论研究会会员动员大会在桂花岗校区综合南楼518室召开。出席此次大会的有房地产学会、阳光义工团、人力学会、营销学会等各社团的代表。

本次动员大会加深了会员们对党建理论研究会先进性质的理解和认识，展示了党建理论研究会一系列富有内涵、特色的部门活动。更重要的是，本次动员大会调动了同学们的积极性，营造了部委与会员之间温馨和谐的氛围，为研究会将来工作的开展奠定了基础，取得了预期效果。（刘凯文）

11月8日　“岷灿杯”辩论赛决赛

万国特约之广州大学法学院“岷灿杯”辩论赛决赛在桂花岗校区小礼堂隆重拉开了帷幕。参加本次冠亚军角逐的分别是来自法学111班的“Hello Kitty”队和来自法学112班的“一派胡言”队。大赛邀请了法学院党委副书记钟晓玲、团委学生会指导老师李娜、法学院詹明鹏老师、吴保宏老师及钟才君老师作为出席嘉宾，生命科学学院辩论队队长张新、旅游学院辩论队副队长郑钰千、法学院辩论队前队长李沛成及法学院辩论队资深辩手卢韵、汤诗韵担任评委。本场比赛的辩题是“见危不救是否应该入罪”。正方“一派胡言”队所持的观点是“见危不救应该入罪”，反方“Hello Kitty”队所持的观点则是“见危不救不应该入罪”。

一番唇枪舌剑后，经过评委团的商议，“一派胡言”队最终夺魁，正方三辩叶世康荣获“最佳辩手”称号。这场针对社会现状的辩论赛在为辩手们提供展现自我风采的平台的同时，更让“见危不救是否应该入罪”的问题得到了深刻的剖析，引人深思。（法学院学工办）

11月9日　广州大学第八届ERP企业模拟大赛初赛

11月9日，广州大学第八届ERP企业模拟大赛初赛在广州大学大学城校区教学区文俊东楼架空层拉开帷幕。ERP企业模拟比赛是面向广州大学全部在校大一至大三在读生的大型学术性竞赛。本次比赛把企业运营所处的内外环境抽象为一系列的规则，让参赛者对企业资源的管理过程有一个实际的体验。

此次比赛，使参赛者在模拟企业经营管理中，一方面参悟管理科学，一方面培养团队精神，对提升参赛者的综合能力不无裨益。（商学院学工办）

11月9日　“文明校园，你我共创”征文活动

为了响应胡锦涛总书记在清华大学100周年校庆上有关加强思想道德建设的讲话的要求，持续开展广州“创文”活动，广州大学知行读书社举行了以“文明校园，你我共创”为主题的征文活动。

这次征文活动面向广州大学全体学生，要求同学们加强个人文明和校园文明，学习胡锦涛总书记有关思想政治教育的讲话，并通过对“文明”的深刻理解，思考自己应该怎样做才能真正地成为一名合格的大学生。（翟维晓）

11月9日　音乐舞蹈学院举办首届“艺术硕士人才培养学术活动周”

广州大学音乐舞蹈学院首届“艺术硕士人才培养学术活动周”拉开帷幕，活动时间为11月9日至17日。学术活动周期间，将举办包括“2011中国广州第二届音乐教育哲学学术研讨会暨传统音乐教育高端论坛”在内的各类学术活动。来自美国、俄罗斯、法国及我国两岸三地著名高校的权威专家、学者汇聚广州大学，在我国音乐与舞蹈学的学科研究方法、人才培养模式等领域展开广泛讨论，不断推出高水平的研究成果。

广州大学音乐舞蹈学院在培养过程中注重研究生人文素养的提高与养成，不仅要求艺术硕士研究生掌握表演创作的技能技巧，而且重视学生的科研能力及艺术创作实践经验的积累，更提倡创新意识的培养。相信在这种培养理念的指导下举办本次活动，通过活动周的开展能够对硕士研究生人文素养的提高、

表演技能的增进产生较大影响。活动周主要围绕音乐会、学术讲座、研究生工作展开。(音乐舞蹈学院学工办)

11 月 10 日　住房和城乡建设部建筑节能与科技司巡视员武涌教授作学术报告

住房和城乡建设部建筑节能与科技司巡视员武涌教授受土木工程学院和建筑节能研究院的邀请，为土木学院和建筑研究院的老师和同学们作了一场题为“中国的绿色建筑发展之路”的学术报告，省住房和城乡建设厅科教处钟汉谋处长全程参与了学术报告。

武涌教授关于绿色建筑发展之路的学术报告，主要以绿色建筑这一理念为核心，向同学们介绍了当前我国建筑领域在节能减排方面所取得的成绩以及遇到的问题，向同学们传达了一种全新的绿色理念，引发了同学们对中国未来建筑可持续发展之路的思考。(土木工程学院学工办)

11 月 10 日　走进诗歌殿堂

为营造广州大学中华经典诵读的良好学习氛围，并推进中华经典诵读考试，由广州大学人文学院的吴晟教授主讲的“走进诗歌殿堂”讲座在桂花岗校区举行。基础学院和桂花岗纺织学院的 400 多名师生参加了此次讲座。

讲座上，吴晟教授以端午节吃粽子、赛龙舟的由来为引，用诙谐幽默的语言向同学们介绍了屈原、李商隐等诸多人们耳熟能详的诗人的背后鲜为人知的故事，以及他们的诗歌中所饱含的诗人内心深处的情感。在互动环节，现场学生把握机会积极地与吴教授进行面对面交流，并向吴教授询问了关于如何鉴赏诗歌以及大学生如何学作诗等问题。

吴教授表示，在讲座中看到了诗歌对当代青年的吸引力，看到了诗歌的未来，希望通过这次讲座，能让更多的人走进诗歌殿堂，把中华民族的传统文化发扬光大。（校团委）

11月11日 “中国广州第二届音乐教育哲学学术研讨会暨传统音乐教育高端论坛”召开

“中国广州第二届音乐教育哲学学术研讨会暨传统音乐教育高端论坛”于2011年11月11日至12日在广州大学召开。会议由广州大学音乐舞蹈学院主办，美国密歇根大学音乐教育系主任玛丽·麦卡锡教授，中国音乐学院原院长樊祖荫教授，星海音乐学院原院长赵宋光教授，星海音乐学院副院长周广平教授，中国音乐教育学学会理事长、中国音乐学院音乐研究所所长谢嘉幸教授，星海音乐学院周凯模教授，中国艺术研究院音乐研究所李岩研究员，上海音乐学院音乐教育系主任余丹红教授、副主任杨燕宜教授，哈尔滨师范大学音乐学院副院长郁正民教授，武汉音乐学院音乐学系主任周耘教授，西南大学音乐学院院长张友刚教授，安徽师范大学音乐学院院长王自东教授，广州大学音乐舞蹈学院院长马达教授，广州大学音乐舞蹈教育研究所所长陈雅先教授，来自美国以及我国两岸四地的63所院校、音乐类核心刊物编辑部、研究机构的130多名代表参加了此次会议。本次研讨会收到论文60余篇，论题涉及音乐教育哲学、传统音乐教育和其他研究领域。

此次会议在音乐教育哲学研究方面，客观地分析了中国学校音乐教育发展的历史和当今音乐教育的现状，批判性地思考了西方各音乐教育哲学流派，同时对建立具有中国特色的音乐教育哲学理论进行了思考。在传统音乐教育研究方面，对从社会渠道的传承到学校渠道的

传承进行了深入的探讨，通过大量的田野工作，归纳总结出许多有益的经验和方法，同时从理论层面对传统音乐教育的社会价值、文化价值进行了思考和论证。（音乐舞蹈学院学工办）

11 月 11 日　姜源穗同学获得第四届现场模拟面试比赛一等奖

由广州大学招生就业处主办、机械与电气工程学院承办、南方人才市场大学城服务中心协办的广州大学第四届现场模拟面试比赛决赛，于 11 月 11 日在图书馆一楼讲学厅隆重举行。由广州铁路（集团）公司人事处（党委组织部）技术干部科工程师、毕业生招聘主管何宗兆先生，卡宾服饰南区公司市场总监杨志洪先生，广州酷旅信息技术有限公司人力资源经理陈纪凌女士，南方人才市场大学城服务中心副主任彭罡先生和广州大学招生就业处罗福先副处长担任比赛评委。

此次比赛历时一个多月，分为简历筛选、初赛和复赛三个环节，最终三个职位组（技术类、行政助理类、营销策划类）共六名选手角逐当晚的冠亚军。外国语学院的姜源穗同学在自我介绍、回答评委提问和情景模拟面试两个环节中以敏捷的思维、流利的语言表达，征服了评委和观众，获得行政助理类一等奖。（李黎）

11 月 12 日　我校一千多名学生参加亚运会一周年纪念活动

11 月 12 日，“亚运回响”第 16 届亚运会一周年纪念晚会在海心沙隆重举行。省委汪洋书记以及省委省政府、市委市政府等主要负责同志与近两万名观众一同观看了晚会。在相关纪念活动中，我校共派出 1 000 名学生演员、150 名观众服务志愿者以及 130 名亚运城庆典活动志愿者。

此次纪念晚会中，我校组织了来自土木、公管、外语、体育四个学院共 1 000 名学生演员参与了六个节目的演出。在学校领导高度重视和相关部门的共同努力下，学生志愿者们克服降温、降雨等各种困难，冒雨排练，最终以优异的综合素质和良好的精神面貌圆满完成各项工作任务，体现出“敢想会干为人民、和谐包容共分享”的广州亚运精神。（校团委）

11 月 13 日　模型协会“模型教室”的新人培训活动

广州大学模型协会在文新楼 201 室开展了名为“模型教室”的新人培训活动。干事们给新会员分发了特备的迎新礼物——由知名模型商赞助的三国 SD 系列模型。

此次活动让新会员体会到了制作模型的乐趣，同时也发掘了当中的无限可能性。参与此次培训的同学，有不少人都准备参加即将来临的热炽模型展，这次活动则为同学们提供了一次实际操作的机会。（张伟豪）

11 月 14 日　化学化工学院举办第三届模拟招聘会决赛

为加强学生职业生涯规划教育，提高职业生涯规划意识，化学化工学院团委、学生会主办了“第三届模拟招聘会”。经过前期的初赛，2011 年 11 月 14 日晚 7 点在图书馆讲学厅迎来了模拟招聘会的决赛。南方人才市场大学城服务中心副主任彭罡、学工办的老师们出席并担任评委。经过激烈角逐，来自 10 级化学（1）班的杨素华同学凭借 92.5 的高分荣获此次模拟招聘会的一等奖。（周童）

11 月 15 日　旅游学院高尔夫学术讲座

为了促进旅游学院高尔夫专业教育的建设与发展，学院邀请被誉为“中国高尔夫球传播先行者”的戴耀宗先生，在文新楼 211 室为高尔夫与休闲管理专业的师生们进行了一次高水平的学术讲座，一起探讨有关高尔夫运动的发

展与问题。戴耀宗先生首先了解了目前师生们对从事高尔夫行业的意愿与疑虑。面对众多学生的踊跃提问，戴耀宗先生耐心、详细地进行解答，帮助同学们更好地规划学习生涯和职业发展生涯。讲座及交流活动在热烈的掌声中结束。本次学术讲座获得了前来听讲座的领导、老师、业界人士和同学们的一致好评。许多与会的同学们纷纷表示在这次高水平学术讲座交流中受益匪浅。（陈志明　黄嘉琦　刘绍东）

11 月 15 日　中山大学高定国、周欣悦教授来我校进行学术交流活动

中山大学的高定国、周欣悦两位知名教授前来广州大学教育学院名家讲坛为教育学院的教师、研究生和本科生讲学。

周欣悦副教授本次主讲的题目是《东方人遇到西方人：控制感剥夺如何影响认知加工方式》。周教授研究了东西方被试在短期和长期两种剥夺控制感的概念辨认任务实验，证明短期剥夺控制感的东方被试与西方被试的思维方式相似等。周教授富有启发、生动风趣的演讲获得了台下观众的阵阵掌声。

论坛结束后，许多同学还在网上与周教授微博交流，分享自己的体会心得，受益匪浅。本次演讲掀起了本月研究生学术论坛的小高潮，大家期待着下一场精彩的演讲。（教育学院学工办）

11 月 16 日　“调研中国”报告会在我校举行

“最初的梦想——珠三角地区农民工积分入户实施情况调查报告会”在广州大学图书馆五楼报告厅举行，该调查已入选 2011 年“调研中国”中国大学生社会调查活动项目。作为项目的组织者，《南风窗》杂志社总编辑李桂文在报告会上致辞，并向广州大学赠送纪念牌匾，学生处饶东方处长代表学校接受了牌匾。

“调研中国”广州大学团队介绍了最近一年珠三角地区农民工积分入户政

策的实施情况，指出该政策存在的问题和不足，提出了改革的建议。在场观众踊跃提问，气氛十分热烈。《广州日报》、《南风窗》等媒体对报告会进行了跟踪报道。

据悉，“调研中国”广州大学团队由广州大学数学与信息科学学院七名在校研究生和本科生组成，他们利用暑假的时间，先后在广州、深圳、东莞、中山、惠州等地，对农民工积分入户政策实施情况进行了实地调研。（高菲）

11月16日　第十三届“全球地理信息系统日”走进我校

11月16日，第十三届“全球地理信息系统日”庆祝活动在我校拉开帷幕。省遥感协会、省内各大科研院所及我校地理科学学院有关领导出席活动，来自中大、华农、广大等高校的近四百名地理专业学子积极参与。

据了解，11月16日是第十三个“全球地理信息系统日”，今年的活动由我校地理科学学院和广东省遥感与地理信息系统协会承办，主题为“以高端遥感技术开拓美好未来”。

当天的开幕式由中山大学陈晓翔教授主持。广东省遥感与地理信息系统协会叶柄良会长致开幕词，省遥感协会副理事长、我校地理科学学院院长吴志峰教授作“我们生活在地理学的时代——美国地理学未来10年战略方向解读”的主题报告。报告详尽介绍了当今地理学发展现状，并指出其运用于实际的迫切性。ESRI（北京）有限公司王昊副总裁作了题为“让我们一起拓展地理信息系统（GIS）世界”的报告。报告指出，目前，地理信息系统技术不仅作为一个行业技术学科，而是以其高端性不断开拓一个GIS世界。

开幕仪式结束后，众多企业如中海达公司、南方数码公司等现场招聘各高校毕业生，并进行GIS技术成果演示，同时为学生提供求职专业指导，现场气氛十分活跃。（徐一　刘向晖）

11月16日　“新东方杯”英语口语比赛

为了激发同学们学习英语的热情，提高英语口语的能力，广州大学英语俱乐部再次与新东方在文新楼联合举办了“新东方杯”英语口语比赛。

通过此次比赛，增强了广大学生学习英语的热情，除此之外，大赛也锻炼了选手们的胆魄，使同学们积累了很多公众演讲的经验，即使没有拿到名次，对自己的人生阅历方面也是一次锻炼和提高。同时，同学们通过比赛而相识、竞争，结下了友谊，收获了快乐。（姜迪）

11 月 16 日　哲学学术讲座：提高文化自觉意识　树立正确文化消费观

哲学社合照

公共管理学院哲学学习社 2011—2012 学年度首次哲学学术讲座于理科教学南楼 304 室圆满落下帷幕。本次讲座由 2009 年广州大学唯一获得“全国优秀教师”荣誉称号的胡潇教授开讲。胡教授就当下大学生的消费现状和消费心理作了深刻的剖析，旨在让同学们学会识别文化、享受文化，树立和提高当代文化自觉意识，为各位社员带来了一次深刻的哲学洗礼。

针对文化消费中出现的问题，胡潇教授特别提出同学们要尊重民族传统文化，在以开放的心态接受外来文化的同时，要有一种文化的自觉，要提高大学生的文化创造力，在学会学习和享受文化的基础上，学会创造文化。（公共管理学院学工办）

11 月 18 日　新学年第一次手语歌课堂

广州大学社会工作协会与人文学院青年志愿者协会、土木工程学院青年志愿者协会在文新楼 123 室举行了本学期的第一次手语歌课堂活动。本活动以游戏、唱歌的方式带同学们走进手语的世界，让同学们体验到了学手语的乐趣与意义。

活动一开始，与手语有关的视频短片《听说》就牢牢地抓住了学员们的眼球。随后，学员们在教员的示范指导下，认真地学习手语歌《青春纪念册》。活动期间还穿插了不少的游戏环节，如“击鼓传花”、“看动作猜词语”等，气氛十分活跃。学员们学习手语的热情高涨，短短几个小时就能用这种会说话的姿势，勾勒出美好的《青春纪念册》。(武尚通)

11月18日　广州大学法语协会法语风采大赛

广州大学法语协会在学生活动中心举办了以“Mon petit chat，mon petit Paris”为主题的法语风采大赛。

在这美妙的夜晚里，有动听的法语香颂，有工作人员的精心策划，有热情如潮涌的观众粉丝团的尖叫欢呼，有评委老师的精彩点评，精彩纷呈，让人难忘。

其中选手李扬扬的粉丝团非常给力，全场的气氛在他们的带动下变得火热起来；“黑玫瑰”曾扬子的一曲《玫瑰人生》更是曼妙至极，浪漫迷人；吴梓豪和卢丽莎精心填词的法文版《小情歌》也是原汁原味；大一的法语初学者也很有潜力，一曲《我的名字叫依恋》超越经典，有自己的风格，确实难得。每个选手都是含苞待放的花朵，积蓄了对法语无限的热爱，于今夜，骄傲且美丽地绽放。

另外，每名进场的观众都可获得法语协会自己设计的明信片，现场的抽奖和游戏互动环节更是掀起阵阵高潮。选手们的倾力演唱和观众们的全情投入，使得法语大赛圆满成功。

我们希望明年可以涌现更多的法语爱好者参赛，也期待更丰富的表现形式。同时，我们相信在法协全体人员的努力下，法语风采大赛一定能越办越好。(蔡智恩)

11月18日　弘扬民族文化，传承中华经典

广州大学演艺中心上演了一场由海丰县西秦戏剧团演出的精彩历史剧——新编历史西秦戏《留取丹心照汗青》。该剧是由广东省文学艺术界联合会与广东省戏剧家协会联合举办的“广东省戏剧进校园”系列活动之非遗剧种广州大学专场演出。广东省戏剧家协会主席倪惠英、原广东技术师范学院院长马世品、广州大学副校长徐俊忠、杰出人才讲座教授曾永义、广东省社科院研究员

许翼心、广州大学人文学院院长刘晓明等领导出席并观看了当晚的演出。

《留取丹心照汗青》的演出由一首浩然的正气歌拉开序幕，全剧分为“元军南侵”、“再举义旗”、“屯兵丽江”、“血战五坡”、“元营斥敌”、“过零丁洋”和“遗韵”七个部分，结合在海丰当地所搜集到的史料和民间传说，用当地的西秦戏来演绎，讲述了文天祥岭南抗元的事迹。

此历史剧以文天祥的壮烈牺牲为结尾，最后再次响起正气歌，首尾呼应，令人深思。演出结束后，热情的同学们纷纷上台与演员们合影留念。演出的武术指导梁均强表示，演出能够受到同学们的欢迎就是最大的成功。（校学生会）

11 月 18 日　动画作品《波罗鸡的传说》入选首届中国动画艺术大展

首届中国动画艺术大展在宁波市美术馆开幕。从国内外 350 多部动画短片中脱颖而出的 70 多部优秀动画作品参加了此次展览。首届中国动画艺术大展由中国电影家协会动画电影工作委员会、宁波市镇海区政府、宁波市教育局主办，宁波大学科学技术学院、宁波市国家大学科技园管委会、宁波市美术馆、宁波帮博物馆等具体承办。活动旨在为动画创作者搭建有效的交流桥梁，打造国内动画展览和沟通的平台。

广州大学美术与设计学院学生的动画作品《波罗鸡的传说》入选本届大展，作品由张昱聪（08 工业设计）、黄思睿（08 动画）、梁启华（09 艺术设计）、徐侠（08 动画）创作完成，指导老师为雷莹、陈广英、李小敏。（美术与设计学院学工办）

11 月 18 日　采访苏州大学访学团邵小文老师

为了深入了解广州大学今年举办的首届第二校园经历访学活动，11 月 18 日知行读书社编辑部特采访了公共管理学院苏州大学访学团的带队老师——邵小文老师。

在采访过程中，编辑部的同学针对访学团成员的挑选、访学前的准备、访学过程和成果等问题对老师进行了采访。邵老师用幽默、生动的语言耐心地作出解答，以自己的所见所闻向采访人员介绍了苏州大学的一些基本情况，以及访学团成员在异校生活、学习的场景。邵老师充分肯定了这次的访学活动，她认为通过这个活动，不仅能促进学校间的交流，加深彼此的认识和了解，而且在访学过程中，师生们发现了对方学校存在的不足之处，同时也看到了自身的优势和特点。邵老师最后说，希望以后有更多的学生有机会参加到访学活动中。（陆晓丽）

采访中

11月19日　全国教育科学规划办公室张彩云博士莅临教育学院讲学

由全国教育科学规划办公室张彩云博士主讲的“当前我国教育研究的若干重点问题”讲座在广州大学教育学院学术报告厅举行。

张彩云博士首先为师生们介绍了十七届六中全会对哲学社会科学的要求。张博士分别从学前教育与义务教育阶段的择校问题、减轻中小学生课业负担、进城务工人员随迁子女入学问题、拔尖创新人才培养问题、保障教育经费、教师队伍建设、管理体制改革等七个方面对教育科研的热点问题进行了系统的介绍。

通过这次讲座，让在场的老师们都深刻认识到着力培养有社会责任感、具备优秀科研素质及严守学术规范的学生的重要性，也让同学们更加明确了自己的目标。（教育学院学工办）

11月19日　2011年广东省研究生化学学术研讨会喜获佳绩

由广东省化学会主办、广东省石油化工研究院协办、广东工业大学承办的2011年广东省研究生化学学术研讨会在广东工业大学大学城校区顺利召开。本次大会共收到来自全省的127个作品，共有近百名学生代表参加了大会，并最终评选出一等奖3名、二等奖3名、三等奖8名、优秀奖10名。

经过现场口头报告和激烈的答辩，化学化工学院研究生代倩雯和向超分别荣获口头报告二等奖和优秀奖。此外，在参展的4份墙报中，牛飞同学的墙报以清新、简洁的风格获得了“优秀墙报”称号。与去年的化学学术研讨会相比，今年无论是参赛作品的数量还是质量，广州大学学生的积极性和取得的成绩都得到了很大的提高。

经过申请，2012年的广东省研究生化学学术研讨会将由广州大学承办，相信广州大学的研究生们一定会再接再厉，取得更优异的成绩！（化学化工学院学工办）

11月20日　拉拉操省赛

2011年全国拉拉操联赛（广州站）在广州大学体育馆拉开帷幕，广州大学派出三支队伍出征赛场，分别为五级难度的拉拉队、花球表演，一级难度的套路操。当天有许多支队伍参加比赛，广州大学技巧拉拉队脱颖而出，获得大学组一级难度的套路操第一名。（樊健明）

11月20日　易天团队参加江苏卫视节目录制

罗瑞琪（左）、劳森兴（右）与同期嘉宾合影留念

广州大学新闻与传播学院09级网络班的罗瑞琪和劳森兴代表广州大学自主创办非官方社团易天团队，受江苏卫视《非常了得》节目之邀，赴南京参加节目录制。

此次易天团队受邀的主要原因是由其原创并引起了社会较大反响的一部公益宣传片——《冷漠》。在节目录制前，劳森兴模拟片中和

路人打招呼的环节，在观众进场时和观众打招呼，进行冷漠度的测试，然后在录制节目过程中，将这段视频在揭露身份环节展示。在参加节目录制的过程中，这两名同学见识了编导们工作的高效率和高质量，收获颇多。他们更希望通过这部公益宣传片呼吁全社会的人们共同努力，拒绝冷漠。（新闻与传播学院学工办）

11月21日　毛泽东与马克思主义中国化学术研讨会专场晚会

“待到山花烂漫时——毛泽东与马克思主义中国化学术研讨会专场文艺晚会”在广州大学演艺中心盛大举行。中共中央文献研究所李捷副主任，中共中央文献研究室第一编研部张素华副主任、卢杰副主任，广州大学党委书记易佐永、副校长徐俊忠等出席了晚会。

本次文艺晚会节目精彩纷呈，有合唱、舞蹈、器乐合奏、舞剧等。首先是由广州大学音乐舞蹈学院混声合唱团带来的混音大合唱《南泥湾》和《没有共产党就没有新中国》，精湛的混声合唱引得台下阵阵欢呼。紧接着的是广州大学音乐舞蹈学院舞蹈系同学表演的舞蹈《咏春》等精彩节目，其中广州芭蕾舞团的芭蕾舞剧和广州歌舞团的女子群舞合力演出共同带来一场视听觉盛宴，将晚会气氛推向高潮。晚会的压轴节目是广州大学音乐舞蹈学院带来的歌舞《太阳最红，毛主席最亲》，同学们用真诚的表演和热情的歌唱表达出对毛主席的敬爱之情。

表演嘉宾与出席领导合影留念

混音大合唱《南泥湾》

本次晚会标志着毛泽东与马克思主义中国化学术研讨会的圆满结束。同学们将坚持马克思主义中国化，坚定不移地运用马克思主义的科学理论武装自己，为未来的社会主义建设探索出一条全面、协调、可持续发展的道路，开拓社会主义建设新境界。（校学生会）

11月21日　音乐舞蹈学院硕士研究生焦皓华赴台湾交流学习汇报会

11月21日，广州大学10级音乐教育方向硕士研究生焦皓华同学向学院师生作了题为“赴台音乐教育考察之旅”的汇报。焦皓华同学在到台湾屏东教育大学做交换生的四个月的学习与交流中，对台湾中小学和大学的音乐教育状况进行了深入的了解和调研。此次汇报会主要从以下四个方面展开叙述：初识台湾国小国中音乐教育、身临其境的中小学音乐教育体验、与台湾国小国中音乐教师的对话、屏东教育大学音乐所学习考察。

最后，焦皓华同学围绕屏东教育大学基本情况简介和所修习课程简介这两个方面，汇报了他在屏东教育大学的学习体验，主要是从系所特色、师资介绍、未来展望、硬件设备、软件设备、图书馆所订阅的音乐期刊这六点进行介绍。

焦皓华同学的汇报，使同学们对台湾的音乐教育现状有了一个初步的认识。焦皓华同学赴台学习调研的方法、搜集资料的方法、整理资料的方法等许多方面对音乐舞蹈学院研究生的学习有很大的启发。（音乐舞蹈学院学工办）

11月22日　化学化工学院女生部举办不织布DIY培训

广州大学化学化工学院女生部在文新楼718室举办不织布DIY培训，女生部的同学讲解了蝴蝶结发夹的做法和不织布卡套的具体制作方法，运用封口针法的缝纫法可使卡套更美观。同学们经过认真学习和不懈努力，制作出许多精美的作品。

此次活动培养了同学们的动手能力，提升了同学们的生活技能，更陶冶了同学们的情操，丰富了课余生活。（周童）

11 月 22 日 “中华诵·经典教育论坛”学生集体诵读活动培训

“大学之道，在明明德，在亲民，在止于至善……”11 月 22 日下午 4 点，广州大学演艺中心大广场上传来了《大学之道》的阵阵诵读声——这是广州大学“中华诵·经典教育论坛”集体诵读的彩排现场。学生处副处长林雪松，新闻与传播学院党委副书记孙凌、辅导员吕志强和谭丰云到场观看。来自新闻与传播学院、人文学院、旅游学院总计 654 名大一新生负责此次集体诵读的领诵部分，新闻与传播学院讲师苏凡博受邀为此次活动担任培训讲师。（新闻与传播学院学工办）

11 月 22 日 心理健康月之心理委员培训

心理健康月之心理委员培训讲座于 11 月 22 日举行，本次讲座邀请心理健康辅导中心资深咨询师冯清梅老师为各学院的心理委员进行培训。

冯清梅老师的讲座内容包括常见的大学生心理困境、如何处理紧急事件、如何进行恰当的心理干预、心理保健的方法、如何预防心理疾病、如何提高自身心理素质等。心理委员们在讲座中认真听讲，仔细地做好记录，在讲座上也与老师积极地交流。心理委员们提出自己工作中遇到的问题或自身的疑惑，与老师共同探讨。

通过讲座培训，心理委员学到了更多的心理保健知识，增加了与其他心理委员交流的机会，也促进了心理健康教育知识的宣传，有利于心理委员日后在学生工作中的专业性、方向性、强度等方面的提高。（刘芷珊）

11 月 23 日 广州大学第一届“IWODE”杯市场营销决赛完美落幕

由人文学院寻梦园勤工助学中心主办的广州大学第一届“IWODE”杯市场营销比赛决赛在图书馆讲学厅隆重举行。此次决赛的评委由埃沃环球定制有限公司的财务总监、营销总监和市场部高级经理担任。其中，人文学院 11 级历史（2）班的王梓杰进入了决赛。

营销比赛决赛现场

比赛的第一部分是“Show Time”。7名选手轮流上场，在5～10分钟内通过PPT展示自己的“IWODE”市场营销方案。比赛的第二个环节，每名选手用1分钟对其他选手进行优劣评价，在肯定对方表现的同时，也对其他选手提出质疑并指出不足之处。

经评委评分、现场观众投票，4号选手许旭超获得最具人气奖，7号选手罗尔登荣获本次大赛的一等奖，6号团队Ambition获得二等奖，郭锡业、许旭超和林伟俊分别获得三等奖，王伟行、王梓杰分获优秀奖。最后，评委老师与参赛选手合影留念，大赛圆满落幕。（人文学院学工办）

11月23日　建筑与城市规划学院“寻找城市肌理”摄影大赛颁奖

由建筑与城市规划学院举办的“寻找城市肌理”摄影大赛，通过网络投票与专业人士评分相结合的评分方式，评选出本次比赛的获奖者，并举行了颁奖典礼。

城市肌理作为城市形态中比较深层的形态物质内容，是城市人文精神复兴的重要议题，亦是记载城市历史记忆的一种重要方式，如人们的生活习惯、风俗民情、行为道德、礼仪风尚、文化宗教等。城市肌理可以反映出城市精神，从城市肌理可以看出一个城市的状态。（建筑与城市规划学院学工办）

11月24日　“爱因斯坦和宇宙大爆炸”学术讲座

北京师范大学天文系何香涛教授在广州大学图书馆副楼的报告厅，就“爱因斯坦和宇宙大爆炸”这一专题为广州大学师生作了一场精彩的报告。

何教授以“登月计划”、中国神舟飞船等话题拉开演讲的序幕。何教授认为爱因斯坦是20世纪最伟大的物理学家，他在天文学领域同样作出了重大贡献，宇宙大爆炸的理论基础就是他建立的。在讲座中，何教授用“微波背景辐射”、“哈勃定律”、“元素含量”等科学材料，并通过动画演示“宇宙膨胀”、“黑体辐射”等形式向同学们详细讲解了有关宇宙大爆炸的知识。此次讲座开阔了同学们的思维，为日后的学习明确了方向。（黄恒）

11 月 26 日　第五届“中华诵·经典教育论坛”在我校开幕

“大学之道，在明明德，在亲民，在止于至善……”11 月 26 日早晨，虽然天空飘着蒙蒙细雨，但朗朗的读书声却在校园里回荡，我校数千名学生在演艺中心广场集体吟诵中华传统经典《大学》，此举拉开了第五届“中华诵·经典教育论坛”的序幕。

此届论坛由国家教育部语言文字应用管理司指导，中华书局和广州大学联合主办。中华书局副总编辑顾青，北师大教授、中华孔子学会副会长郭齐家，广东省语委办主任张毅，山东省语委办副主任韩述梅，安徽省语委办副主任王学武，“中华经典素读法”第一人陈琴，广州市教育局局长、我校原副校长屈哨兵，我校党委书记易佐永，以及来自全国 18 个省、市、自治区的教育行政部门相关负责人、大中小学校长代表、我校师生代表参加了开幕式。中华书局副编审、中华书局经典教育推广中心主任祝安顺主持了开幕式。

顾青在开幕式上讲话，他代表中华书局对我校承办此次论坛表示衷心感谢。他表示，为了实现中华民族的伟大复兴，就需要文化的振兴，需要文化的强大。建设“文化强国”，不能离开传统文化。朗诵经典，能让我们内心得到洗礼，心灵得到净化，激发我们内心的良知，唤醒我们心中作为中国人的民族自尊、自信，从而实现我们的自强。中华书局即将迎来100周年华诞，中华书局一直致力于传承文明、普及教育、弘扬中国传统文化，希望通过举办“中华诵·经典教育论坛”，每个中国人都能在中华优秀传统文化的浸润中把自己修炼成有信仰、有归依、内心纯净、精神高贵的人。

顾青同志讲话

张毅同志讲话

张毅也在会上讲话。她表示，诵读经典是新时期推广普通话、推行规范汉字、提高国民语言应用能力的重要举措，是弘扬中华优秀传统文化、开展爱国主义教育的重要载体。从2009年以来，广州大学一直在推动中华经典诵读活动，积极开展中华经典诵读的研究和实践，并且取得了可喜的成绩，为中华经典教育提供了丰富的学术支持。

易佐永在会上致辞，对来自全国各地的与会朋友表示热烈欢迎。他表示，广州大学作为全国经典诵读示范学校，在经典诵读活动的宣传和推广方面，经过多年的探索形成了一定的基础，取得了较好的社会影响。从坚持了多年的唐诗宋词朗诵比赛到现在每年的中华经典诵读比赛，活动规模不断扩大，参加人数不断增加，学校经典诵读的视角不断提升，活动影响不断深入，

易佐永致辞

经典诵读活动在校园蔚然成风，去年由广州大学举办的“中华颂·端午篇2010”经典诵读晚会更是把活动推向高潮。相信通过本次论坛的研讨，我们对中华经典必将有更加全面、更加深刻的理解，我们的文化传承将取得更好的效果。

据了解，本届论坛以“四书”之一、中国传统教育的纲领性著作《大学》和集中国传统教育方法论之大成的《礼记·学记》为专题，邀请知名专家就《大学》、《学记》的历史流传、文本解读、思想文化进行专题报告；汇聚全国名师就《大学》、《学记》的诵读、书写、讲解课进行观摩分享、示范教学；聚集语言示范校师生就经典诵读进行汇演展示。此次活动将持续四天，邀请了北京大学特聘教授、台湾知名学者龚鹏程，北京师范大学教授、中华孔子学会副会长郭齐家，故宫博物院研究员、国家行政学院特聘教授张志和，首都师范大学书法院教授解小青，“鲁迅文学奖”、“人民文学奖”、“小说选刊奖”和“冰心散文奖”获得者、宁夏作协副主席郭文斌等专家前来讲学。本届论坛的特色是突出了关注文化思想的引领、经典诵读教育的课堂实践，以及于26日晚上举行的文艺汇演。

屈哨兵讲话

一直以来大力倡导和推动中华经典诵读活动的屈哨兵教授在接受记者采访时表示，本次活动是为了使生活在现代缺乏传统文化浸润的学生们深切体会中华经典文化，使社会聚焦传统文化。他还表示，中华经典诵读活动不仅警示了大学所需要的民族使命感，而且反映了现当代中华民族的精神需求。开幕式后，北京师范大学教授郭齐家为与会人员作了《学记》的讲解，“中华经典素读法”第一人陈琴上了一节吟诵经典示范课。（刘红弟　何茜华）

11月26日　“羊城古风”文艺汇演隆重举行

第五届中华诵“羊城古风”文艺汇演在广州大学隆重举行。广州市教育局局长屈哨兵，中华书局副编审、中华书局经典教育推广中心主任祝安顺以及中国孔子基金会传统文化教育分会副会长陶继新作为嘉宾出席了本次晚会。晚会还吸引了数百名广州大学师生以及众多家长前来观看。

师生同台朗诵

晚会以师生同台朗诵《童儿上学，师读〈大学〉》开幕，一群身着古装的小学童摇头晃脑地朗诵“大学之道”，模样精灵可爱，赢得阵阵掌声。集体吟诵《鹿鸣》和吟诵《江南》、《燕子》让人耳目一新，随后，由广州大学音乐舞蹈学院学生表演的优美舞蹈《咏春》，将全场气氛推向高潮，接下来的精彩的吟诵节目则各有特色，荡然古风，经典传诵。由广州大学艺术团朗诵的《广州大学赋》给全场带来一股雄浑激昂之风，将“现代羊城”与“经典古风”结合得完美无缺。最后，晚会在一片掌声中完美落幕。（校团委）

11月26日　举行“廉洁诚信周”表彰大会暨反腐倡廉教育讲座

广州大学清廉知行学社全体成员和廉洁志愿者以及全校学生在广州大学行政西楼二楼学术报告厅参加清廉知行学社组织策划的广州大学第一届“廉洁诚信周”总结表彰活动暨反腐倡廉教育讲座。此次讲座中，表彰了在“12·9廉洁诚信周”中工作表现突出的志愿者，并为在这次知识竞赛中取得好成绩的同学颁发了获奖证书。（马汶青）

11月27日　化学化工学院举办首届研究生论坛

化学化工学院首届研究生论坛在理科北楼隆重开幕。国家自然科学基金委孙宏伟处长、北京理工大学佘远斌教授、陕西师范大学刘昭铁教授、我校陈爽副校长等知名专家学者莅临论坛现场。

在论坛上，陈爽副校长首先发表致辞，然后国家自然科学基金委孙宏伟处长、北京理工大学佘远斌教授、陕西师范大学刘昭铁教授分别就化学和化工学科领域作了精彩报告。在场专家还为研究报告作了精彩点评。论坛最后，由刘

自力等领导及教授为获奖选手颁发荣誉证书，大会顺利落下帷幕。（周童）

11月27日　陶继新先生与空海大师解读大学之道

山东教育出版社编审、原总编辑，现任《创新教育》（报道版）执行主编——陶继新及台湾佛教界名高僧空海大师莅临广州大学，开设题为“从《学记》、《大学》看当下的教育回归”的讲座。另外，青岛明珠国学专修学校客座教授刘宇庭应邀为现场观众带来一节精彩的“中华诵·经典义理教程”示范教学课。

讲座中，陶继新先生就《学记》的思想要义及教育方略发表了演讲，阐明了学习应该是快乐的事情，不应该成为教育者及受教育者的负担。而空海大师在解析“大学之道”时指出，“大学之道”的核心有二——“明德”与“格物”，两者是相辅相成的，人应当通过格物来明德。

讲座结束后，刘宇庭教授与一群中学生上台，带来了一节“中华诵·经典义理教程”示范课。通过讲解“闵损芦衣”，强调了“孝”这一中华民族优秀传统美德。（人文学院学工办）

11月28日　曾大兴教授讲解文学地理对经典的影响

应“中华诵·经典教育论坛”主办方邀请，人文学院中文系教授、中国词学研究会常务理事曾大兴教授在广大演艺中心作了题为“中国文学地理——经典是如何产生的”的讲座。

讲座伊始，曾教授便指出：一部经典作品的诞生，需要满足四个条件，即天才的作家、特定的时间（即时代背景）、特定的空间（即地理环境）以及作者在这些条件下所产生的特定的心境。四者缺一不可，但人们只对其中的作家、时间及心境加以重视，而往往忽略了其创作的地理环境背景，因而难以创作出经典。随后，曾教授以初唐著名诗人王勃创作的《滕王阁序》为例，解释了特定的地理背景对于经典作品的影响。曾教授说：正是初唐时期政治开明、学制宽松的人文环境以及南昌赣江沿岸绝胜的自然环境，“江山之助”使天才诗人触景生情，从而造就了千古名篇《滕王阁序》。后朝历代名人大家，如韩愈、王安石、辛弃疾等亦多次登临滕王阁吟诗作赋，只因四个条件无法一一具备，无一人能达到王勃之水准。席间，曾教授多次用当今社会的事实依据论证其观点，将文学理论同社会思考联系起来，语言诙谐幽默，博得现场观众的阵阵笑声和掌声。（人文学院学工办）

曾大兴教授

11 月 29 日　商学院举办楼宇风情之旅系列活动

广州大学商学院房地产研究协会举办了楼宇风情之旅活动，本次活动主要面向 11 级、10 级的同学们及房地产研究协会的会员，大学城校区和桂花岗校区的同学都积极参加。

在白云区“岭南新世界”楼盘销售经理的带领下，同学们参观了几间不同样式的样板房，并向其提问，工作人员也详细地进行了解答，让同学们了解了许多往日不清楚的关于房产销售的常识。装修十分精美时尚的样板房，让同学们眼前一亮，十分兴奋，同学们到处欣赏观看。接着，同学们又参观了“利海—托斯卡纳”楼盘，新颖的欧式风格又是另一种味道，各式各样的样板房，在小区中浏览亦十分惬意。两种不同风格的楼盘对比，让同学们一饱眼福。

这次外出参观楼盘活动，让更多同学认识了房地产行业，了解了房地产市场和购房流程，学会了购房技巧等，也为同学们提供了广阔的现场实践平台。（商学院学工办）

11 月29 日　广州大学第五届简历设计大赛

由广州大学招生就业处主办、学生职业生涯发展委员会承办、中国南方人才市场大学城服务中心协办的广州大学“南方杯”第五届简历设计大赛闭幕。本次大赛一等奖由来自生命科学学院09 级生物科学（1）班的赵飞燕同学获得。

赵飞燕同学的作品将生物科学知识与个人简历进行极具创造性的结合，把树木的根、茎、叶、果等与个人介绍、参加的学校活动、社会实践、获奖情况等有机联系，既简洁又新颖，大受好评。（李燕冰）

11 月29 日　清廉知行学社参观廉政文化教育基地“宝墨园”活动

广州大学清廉知行学社全体成员和廉洁志愿者一起参观了广东省廉政文化教育基地“宝墨园”。“以史为鉴，共建和谐——扬清激浊宝墨园，廉政文化长流传。”欣赏宝墨园美景时，使“崇尚廉洁、诚信守法、勤俭节约、文明行事”的道德观念深入人心，促使学生廉洁做人。（马汶青）

11 月29 日　教育学院协办广州大学关工委成立十周年庆祝活动

“老有所为，关爱后代”——广州大学关心下一代工作委员会在红棉路门诊部前的广场举办了成立十周年的庆祝活动。为了配合本次庆祝活动，教育学院借校关工委成立十周年之际，在红棉路设立心理咨询点，通过展示及操作心理实验仪器，让参与活动的师生亲自动手操作，感受心理学的魅力，更借此机会加强了对学生工作的宣传，让更多的师生了解了教育学院心理学专业特色以及关工委对学生心理健康的关注，从而动

员、吸引更多老同志加入关心学生工作的行列，同时也让更多的同学借这个机会与老师进行交流、关注自己的成长。活动期间，广州大学党委赖卫华副书记来我院咨询点参观慰问。（教育学院学工办）

11 月 29 日　社工专题讲座——走近社工世界系列活动

广州大学社会工作协会在文清楼410室举办了社会工作专题讲座，讲座特别邀请金沙街家庭服务中心的主任李伯平先生为主讲人。

本次活动主要是李伯平先生与同学们分享在多年的实务工作中获得的经验以及对社工这份工作的理解。同时也举了许多事例让同学们分析，同学们都积极地表达了自己的想法。李伯平先生以自己的亲身经历来为同学们讲解社会工作者的工作要求，并且在最后的提问环节中，详细解答了同学们提出的疑问。

这次活动让在场的许多11级社会工作专业的新生更加了解社会工作这个专业，李伯平先生也解答了许多同学对这个专业的疑惑，达到了开展这次讲座的预期效果。（钟文婷）

11 月 30 日　英国社会科学院院士约翰·R. 布莱森应邀莅临讲学

应地理科学学院邀请，英国社会科学院院士、伯明翰大学企业和经济地理教授约翰·R. 布莱森于11月28日至12月4日到广州进行为期一周的学术交流。

30日上午，约翰·R. 布莱森教授在广州大厦作了一场题为“生产者服务业与城市转型”的精彩讲座，来自广州大学、中山大学、暨南大学和华南师范大学的师生以及广州和佛山相关部门人员聆听了讲座。讲座由广州市外国专

家局彭巍处长主持，广州大学副校长陈爽教授致欢迎辞，并向约翰·R. 布莱森赠送纪念品，学院院长吴志峰教授进行点评。约翰·R. 布莱森教授用翔实的资料，深入浅出地与听众分享了服务业研究领域的新进展、新知识和新理念，介绍了服务业发展的国际经验，并且认真回答了听众的提问。此次讲学拓宽了师生的学术视野，也加强了两国的交流合作。（黄婷薇）

11 月 30 日　地理科学学院首届“地理师范技能大赛”圆满落幕

为期半个月的地理师范技能大赛正式落下帷幕。本次比赛共分为板画、板书、地质、天文、课件、课堂、说课、气象八个板块，地理系主任李文翎老师、郭建老师作为嘉宾评委出席了本次比赛。比赛为地理科学学院师范生技能培训提供了一个专业平台，增强了同学们的教学技能。

经过激烈的角逐，评委们本着“公平、公开、公正”的原则分别对每项赛事评出了一、二、三等奖。李老师高度评价了本次比赛选手的表现，并依次对每名参赛选手的授课作了认真的分析，指出每名选手存在的不足，让同学们受益匪浅。选手们表示，会继续努力争取在今后的比赛中取得更优异的成绩，为以后的教学打下良好的基础。（刘晓亮）

11 月 30 日　旅游学院暑期赴美社会实践经验交流会

由旅游学院就业创业促进部承办的暑期赴美社会实践经验交流会在文新楼 123 室举行。本次活动由暑期赴美实习生讲述暑假期间在美国的精彩经历，与同学交流在异国他乡的生活经验。活动一开始，五名留美实习生便滔滔不绝地讲起了各自在美国的工作、居住、饮食以及交通方面的趣事，在座同学笑声迭起。随后，实习生向同学们展示了美国旅游图片秀，风光旖旎、别有天地的美国风景，带给同学们一场别开生面的视觉盛宴。在其后的互动环节，同学们对到美国实习的五名同学提了一些学习和生活方面的问题，实习生均作了详细的回答。最后，学院领导作了简短精练的讲话，为本次交流会作了总结。

本次交流会让旅游学院的同学们有更多机会感受不同民族之间的文化差异，并分享在异地生活的经验，教育同学们一定要自立自强，同时也为部分有意赴美参与实习活动的同学提供了相关学习及生活上的经验。（卢德　刘绍东）

11月30日　我校师生在“首届全国数学艺术设计大赛”获奖

由中国数学艺术设计专家委员会、中国电子视像行业协会、中国VR艺术研究中心等单位联合主办的“首届全国数学艺术设计大赛”，共有206所知名院校、1.6万名师生参赛，参赛作品共33 617份。广州大学美术与设计学院阙镭老师获“优秀指导教师奖”，其指导的学生许晨曦的二维动画作品《N次贴》获“最佳视觉奖”；阙镭、黄睿老师指导的学生尹文静、邓欣的三维动画《鸡精工厂》获“入围奖”。（美术与设计学院学工办）

我们的大学

December 十二月

12 月 1 日　第八届校运会开幕

广州大学第八届田径运动会开幕式于广州大学北区体育馆隆重举行，本次运动会的主题是：运动、健康、幸福。开幕式由广州大学副校长董皞主持，出席开幕式的领导嘉宾有：广东省体育局副局长高敬萍，广东省教育厅体育卫生与艺术教育处处长许舒翔、调研员韩世枢，以及广州大学领导易佐永、赖卫华、董皞、禹奇才、陈少梅、邓成明、周云。

隆重的入场仪式结束后，董皞副校长发表了讲话，他对在场的运动员和工作人员表示祝贺和问候，同时总结了广州大学这些年来在体育事业上取得的成绩。最后，他向全校师生发出“传承亚运精神，建设幸福广大”的倡议，号召全校师生“走在阳光下，迈向体育场”，积极追求“运动、健康、快乐、幸福”的生活理念，从锻炼健康体魄开始，为实现广大建设“国内一流、世界知名的高等学府”的宏伟目标共同努力拼搏。（物理与电子工程学院）

12 月 2 日　入党积极分子与关工委老党员谈心活动

外国语学院党委特别安排各学生党支部的入党积极分子分三批上门拜访关工委组织联络员，开展与老同志谈心和学习活动。

学生党支部给关工委老党员们买了鲜花、水果，老同志们特别开心。在退休老党员吴克贤老师家中，吴老师亲切地向每名入党积极分子询问了现在的学习情况和生活情况，并叮嘱在场的入党积极分子：作为当代的大学生，尤其是入党积极分子，要珍惜现在来之不易的学习条件，认真钻研，为祖国建设奠定坚实的基础。

与关工委老党员的谈心活动，不仅仅是对党的理论学习的深化，更是结合实际端正入党动机、实践党的章程的一次理论实践，这也将坚定学生党员、入党积极分子们的理想信念。（廖旺星）

12月3日　建筑与城市规划学院举办专题讲座

12月3日，建筑与城市规划学院邀请瀚华设计公司资深建筑师在广州大学理科北楼举行了一次“思想沙龙”，讲座以“正在消失的羊城”为主题，对广州城区建筑的变化进行评析和思考。此次讲座吸引了大批建筑学院学生前来学习听讲，同学们从建筑师的角度看世界，受益匪浅。随后，建筑师们又向同学们提出了一些宝贵的学习建筑的经验和建议，并解答了同学们的疑问。（建筑与城市规划学院学工办）

12月3日　参与2011羊城自行车文化节

第四届广州市公路自行车公开赛暨2011羊城自行车文化节在大学城自行车馆举行。此次活动改变了单纯举办竞赛活动的单一模式，通过集公路自行车公开赛、绿道趣味低碳骑游活动、城市自行车低碳成果展示、自行车体育产业展示四位一体的全新综合性活动，有效推动全民健身运动的深入开展，全面促进体育产业的开发与发展，倡导低碳环保的健康生活方式。

在此次自行车文化节中，广州大学自行车协会参与了大学生团体接力赛、山地体验组及公路体验组的比赛。在接力赛中，5名选手配合紧密。除此之外，广州大学自行车协会还组织了30余名会员担任此次活动的志愿者，负责绿道趣味低碳骑游等活动。在此次活动中，同学们对自行车竞技有了更深的认识，同时锻炼了自己，服务了大众，也收获了友谊。（林曼瑶）

12月3日　启创禁毒项目访谈

启创社会工作发展协会起源于中大社会工作教育与研究中心，目前已有7个独立注册机构，有121名员工，并已负责承包海珠区禁毒项目。

广州大学社会工作协会的会员们来到海珠区启创社会工作发展协会中心，

与社工助理主任就他们所承包的禁毒项目进行了交流。交流中，会员们了解到，社会工作不只是要关注吸毒这个行为，更要去探索吸毒者的价值观和内心的真实需求。吸毒者从决心戒毒到戒毒成功，会经历一系列的过程。而启创现在也会遇到人手不够、有些服务对象拒绝服务以及不被吸毒者所理解等问题。所以接手这个戒毒项目，的确是个艰巨却伟大的任务。同时，会员们都深刻体会到社工这个职业的价值所在。正如社工助理主任所说："它就是一个用生命去影响生命的职业。我相信，启创会像一盏明灯，照亮那些戒毒者的心，为他们带去久违的温暖。"（公共管理学院学工办）

12月4日　志愿服务参加首届志愿服务广交会（社区专场）展示

由省社工委指导，团省委、省文明办、省志愿者联合会、广州市发展志愿服务事业指导委员会等单位共同举办的"粤志愿粤幸福"2011广东志愿文化节暨首届志愿服务广交会在广州海珠区TIT创意产业园举行。

广州大学青年志愿者协会指导的法学院法律咨询服务社"法律援助进社区行动"项目和公共管理学院长洲心园社区服务项目参加了以"拥抱社区　幸福同行"为主题的首届志愿服务广交会（社区专场）展示。法咨社"法律援助进社区行动"项目还获得了活动支持方的项目经费资助，并与支持方现场签订了社区服务合作协议书。全国百优青年志愿者、广州市首届优秀义工、全国道德模范赵广军到广州大学展区了解社区志愿服务项目开展情况，并

法咨社与活动支持方现场签订社区服务合作协议书

鼓励在场的志愿者。

今后广州大学校团委将进一步加强青年志愿服务区校对接，积极引领广州大学青年志愿者深入社区服务群众，投身社会管理创新实践。（校团委）

12 月 5 日　第二届青年志愿者文化节

每年的 12 月 5 日是国际志愿者日，广州大学青年志愿者协会借此契机在红棉路正式拉开广州大学第二届青年志愿者文化节的帷幕。这次文化节的主题是“传承志愿心，延续温暖情”。

此次文化节增设了“绘画我心目中志愿者的形象”、“点歌”、“看照片回答问题”等活动。通过这些活动，同学们能更进一步了解志愿者的活动和领略志愿者的精神。在此期间，校青协的志愿者还会寻找大学城一些需要帮助的人进行爱心专访活动或者去老人院进行义工活动等。通过此次活动，志愿者们把无私温暖的志愿精神传递下去，传播开来，让更多的人加入志愿者的服务行列。（贺思洋）

12 月 6 日　携手你我，普及艾滋病知识

12 月 6 日，广州大学红十字会联同广州大学自行车协会在广州大学红棉路举办了一场有关艾滋病认识与防范的以“遏制艾滋、履行承诺”为主题的宣传教育活动。目的是进一步推进大学生思想道德建设工作，切实提高大学生对艾滋病的防治意识，有效遏制艾滋病在现代人群中的传播，促进广大学生健康成长。（黄景豪）

12 月 6 日　刘雯雯喜获“乾图杯”法治演讲比赛二等奖

广东省大中学生“乾图杯”“成长成才，与法同行”演讲比赛决赛在珠江宾馆举行。新闻与传播学院 09 级普播班的刘雯雯参加了此次比赛，并获得大学组二等奖。

本次比赛分为中学组和大学组，每组 6 名选手。参赛选手围绕本次主题，结合自己的亲身经历以及身边的人和事，表达对法治的认识。而新闻与传播学

院的刘雯雯从法律历史、法律在生活中的作用和青春需要法律三个方面展开演讲，并结合马加爵杀人案等真实事例，使演讲更加丰富生动。对此，作为评委之一的省委党校法学部主任、教授宋儒亮坦言：刘雯雯的演讲用词优美，用华丽的辞藻表达出她的理解。

09级普播班的刘雯雯正在演讲

省委常委、常务副省长肖志恒，省委常委、政法委书记、公安厅厅长梁伟发，省人大常委会副主任、省依法治省工作领导小组副组长兼办公室主任陈小川及省直有关单位负责领导出席了本次颁奖仪式。（新闻与传播学院学工办）

12月6日　展现专业技能，赛出师范风采

由外国语学院英语系英语教学法教研室主办，外国语学院团委学生会承办的2011年广州大学外国语学院师范生教育技能大赛在文新楼106室拉开帷幕。比赛开始前，外国语学院院长肖坤学教授致辞。他提出，作为师范生应该注意培养实践技能，对师范技能模块中的每一环节都应高度重视，还要保持自己内心的一份自信。

比赛共分两大部分，场外比赛和现场比赛。场外比赛分别为英语板书比赛、PPT设计和英语教案设计比赛，现场比赛由英文说课比赛和中文知识竞赛组成。

这次比赛的顺利举办，为师范生构建了学习和交流的平台，展现出了师范生的风采，也激励着更多的师范生朝着提高自己专业技能的方向迈进，营造了良好的学习氛围。（刘燕燕）

12 月 7 日　爱心包裹，广大传递

为帮助我国西部贫困地区的孩子抵抗严寒，广州大学自强社“爱心包裹”募捐活动在红棉路圆满举行，共筹得捐款约 2 600 元，该活动得到了广大同学的热情支持和积极参与。捐款现场十分热闹，同学们积极捐款，都希望能够为西部受寒受苦的孩子出一份微薄之力，真正地把这份爱心、这份温暖传递给有需要的孩子们。

爱心包裹，广大传递！自强社于 12 月 13 日下午在中大邮局寄出了本次“爱心包裹”募捐活动 2 600 元的善款。此善款兑换成 26 个学生型文具包（即 26 个包裹），受益者将由电脑系统随机选出。自强社将跟进包裹的投递进展，使得捐款活动更加完善、更加透明。（莫小龙）

12 月 7 日　人文学院第四届“十佳学生”评选活动圆满结束

人文学院第四届“十佳学生”评比选举活动在图书馆讲学厅火热进行。出席本次活动的嘉宾有我院党委副书记李芬、学工办副主任陈永添以及中文系辅导员郭杰、秘书系辅导员罗兵、历史系辅导员冯建生。

本次“十佳”评比活动吸引了众多学生前来观看，讲学厅内气氛热烈，

座无虚席。比赛的开始先把15名选手按选号分为三组，每组五人，然后每组的选手依次上台演讲。组内的选手演讲完毕后，以组为单位进行才艺表演。三组选手都完成以上流程后，每名选手的亲友团都会上台拉票。

参与这次评比的15名候选人不仅是本专业学习方面的佼佼者，同时也热衷于参加各种社会实践活动。所以选手们的演讲都充分体现出对专业知识的重视，以及对素质能力的培养。此次“十佳”评选活动在温馨的气氛中落下帷幕。(人文学院学工办)

12月7日　登峰街“法治越秀”外国人与大学生志愿者普法座谈会

法律咨询服务社咨询部的同学们来到登峰街道的司法所，作为志愿者与外国人进行了普法座谈会。参加此次座谈会的还有登峰街道司法所的所长。众人与受邀而至的三位外籍人士对一些法律问题进行了讨论。法咨社咨询部的各位同学都各抒己见，友好地与外籍友人进行交流，三位外国友人也发表了自己的看法，整个活动在严谨却又轻松的氛围中顺利开展。据登峰街道司法所所长介绍，登峰街有许多外籍人士居住，所以此次登峰街“法治越秀”外国人与大学生志愿者普法座谈会的举行很有必要。

通过此次活动，社区街道能与外籍人士更好地互动，给予外籍人士更多的帮助，更重要的是让外国友人们对中国普法活动有了一定的了解。(马粤琪)

12月9日　向领袖学习，做青年领袖

中共广州市委党校党史党建教研部主任尹德慈教授在广州大学行政西二楼会议厅以“向领袖学习，做青年领袖”为主题进行了一场专题讲座。

讲座开始，尹教授便提出“什么样的人才能成为领袖”这一问题。尹教授认为，毛泽东的雄才大

略、邓小平的韬光养晦、周恩来在外交上的得心应手等都是我们应该学习的领袖的为人处世艺术。尹教授以“当年苏共对其领袖人物的评价不当最终导致了苏共的垮台”这一例子要求当代大学生应该实事求是地评价领袖，辩证地看待党史中的典型人物。

最后，尹教授以“每个领袖都曾是一个不平凡的青年，都曾是青年领袖，向领袖学习，做青年领袖”作为结束语，并对在场的青年马克思主义者培养工程学员和学生骨干寄予厚望。这次讲座对提高学员的思想政治素质、更加坚定他们走中国特色社会主义道路的信念、促使他们成长为中国特色社会主义事业的合格建设者和可靠接班人有重大作用。（蓝嘉怡）

12 月 9 日　新闻与传播学院 09 级学生洪诚宇即将展开军旅生活

临别叮咛

广州大学 2011 年冬季入伍学生欢送大会在行政西楼会议厅举行，为来自广州大学本部及二级学院的 40 名新兵送行，新闻与传播学院 09 级粤语播音班的洪诚宇便是其中一员。大会上，校长助理周云代表学校发表了讲话，新兵代表和家长代表也分别发言。大会结束后新兵在新政西楼与老师同学们合影留念。学院党委副书记孙凌代表学院赠与洪诚宇有师生签名的贺卡和日记本，贺卡寓意着即使他身在军队身边也有新闻与传播学院的陪伴，日记本则期冀他两年的军旅生活充实，成为一段难忘的回忆。（新闻与传播学院学工办）

12 月 10 日　成功承办“2012 届毕业生广东省环保企业专场招聘会”

为支持高校的教育工作，促进广东省环保专业大学生的顺利就业，由广东省环境保护产业协会牵头，在广州大学校区举办“2012 届毕业生广东省环保企业专场招聘会”。广州大学招生就业处和环境学院具体承办了本次校园招聘会。广东省产学研促进会及广东省民间组织管理局综合处领导到招聘现场进行指导，广州大学陈永亨副校长，环境科学与工程学院常向阳院长、党总支刘文波书记、朱晓军副书记也都亲临现场指导工作。

招聘会当天，在广州大学图书馆广场，来自全省各地的108家环保企业为毕业生提供了1 200多个职位，吸引了近4 000名应届毕业生前来应聘。这些来求职应聘的不仅有来自广州及周边地区高校的毕业生，还有来自我省东西两翼地区各高校的毕业生。

广东省环协、广州市环协、深圳市环协、香港工业总会珠三角工业协会的4位秘书长还被广州地区7所高校环境学院联合聘请为“高校学生就业指导顾问”，并在现场举办了广东省环保产业产学研合作研讨会，对加强校企合作及共同培养环保专业人才的模式进行了有益的探索实践，本着“互利共赢、共同发展”的宗旨，期待今后有更进一步的合作与交流，并结出更多的丰硕果实。(李慧)

12月10日　舞蹈《围城》获第六届广东大学生舞蹈大赛金奖

由共青团广东省委员会、广东省教育厅、广东省文化厅、省学生联合会联合主办，暨南大学承办的第六届广东大学生校园文化艺术节之“红彩飞扬·舞爱中华”广东大学生舞蹈大赛在暨南大学礼堂隆重举行，来自全省各大高校的27支参赛队伍参加了当晚的角逐。

比赛分非专业组与专业组进行。经过各队“舞”林高手的激烈竞技，广州大学音乐舞蹈学院选送的舞蹈作品《围城》以96.35分取得了专业组第一名的好成绩。这个作品是由音乐舞蹈学院舞蹈系青年教师王志刚和贾东霖联手编创，舞蹈系全体男生倾情出演的。作品以辛亥革命为时代背景，塑造了动

十二月

荡年代里中国革命先贤们的英雄形象。作品气势恢弘，正气云天。同学们的表演干净利落，情绪饱满，赢得了比赛现场阵阵掌声。（音乐舞蹈学院学工办）

12月11日　“第25届广州地区大学生日语演讲比赛”我校获骄人成绩

由日本驻广州领事馆、广州日本商工会、广东外语外贸大学主办的“第25届广州地区大学生日语演讲比赛”在广东外语外贸大学白云山会堂拉开帷幕。来自中山大学、广东外语外贸大学、暨南大学、广州大学等12所高校共29名日语精英齐聚一堂，一决高下。

该比赛分为零起点组（三年以下日语学龄，含三年）和非零起点组（三年以上日语学龄，或有日本留学经历）两组，参赛选手两组分别为14人和15人。广州大学外国语学院日语系三年级的曾琳同学和四年级的郑莉诗同学分别获得零起点组第四名（二等奖）和非零起点组第七名（三等奖）的喜人成绩。（外国语学院日语系）

12月13日　广东省2012届高校毕业生大学城专场供需见面会

广东省2012届高校毕业生大学城专场供需见面会在广州大学梅苑大篮球场隆重开幕，352家企业单位参加了此次招聘会。在学校领导的指导以及学生职业发展协会和我校青年志愿者协会的努力下，本次招聘会取得圆满成功。

据现场了解，用人单位对现在的大学毕业生提出了一些新要求。一家企业的招聘负责人透露，大学生应该对自己的能力进行正确定位，许多大学生工作经验不足又不愿从基层做起，这种“高不成低不就”的就业观是导致大学生就业困难的重要原因。（邹秋华）

12月13日　垃圾有分类，回收不浪费

广东省生活垃圾分类公益广告创意征集活动颁奖仪式在广州大学演艺中心拉开帷幕。广东省人大环资委副主任郭德勤、住房和城乡建设厅巡视员刘锦

红、广州市城市管理委员会副主任张建国、广州大学副校长陈永亨等领导嘉宾出席了此次颁奖仪式。

陈永亨副校长和刘锦红巡视员在会上先后致辞，向获奖同学表示祝贺并对所有参加评比的专家评委表示感谢。广东省住房和城乡建设厅厅长房庆方也评价本次创意大赛很有意义、很成功，垃圾分类确实要广而告之，深入人心。随后，文艺演出在花球表演《快乐同行》带来的一片热烈奔放的气氛中正式开始。

广大话剧团带来小品《谁不分类?!》

颁奖仪式最后，嘉宾及同学们一同到演艺中心大厅欣赏本次活动的优秀作品。至此，本次活动完美落下帷幕。（校学生会）

12月13日　我校举行广东文化基金助学金发放仪式

12月13日下午，我校举行了2011年广东文化基金助学金发放仪式，广东中华民族文化促进会秘书长洪志军、副秘书长卢子辉等四位促进会领导，广州大学学生处相关领导，21个学院的受助学生以及辅导员出席了仪式。

仪式上，广东中华民族文化促进会秘书长洪志军与副秘书长卢子辉向今年我校获得资助的158名受助学生颁发助学金和助学证书。学生代表在发言中表达了对促进会的谢意以及以后回报社会的决心。此外，受助学生还向促进会赠送了亲笔书写的书法作品作为纪念品以表谢意。同时，促进会还现场接受了已毕业受助学生的回捐款项。

最后，促进会秘书长洪志军发表讲话，鼓励受助学生坚强面对困难，迎难而上，努力学习，以后回馈社会，帮助更多有困难需要帮助的人。（学生处）

12月13日　新西兰奥克兰大学Siew－Young Quek教授讲学

来自新西兰奥克兰大学的Siew－Young Quek教授莅临化学化工学院，为师生们作了题为“从功能性食品中提取具有生物活性的成分并表征”的精彩学术报告。报告会在行政西楼前座309室举行，化学化工学院50多名师生出席。Siew - Young Quek教授采用中英文结合的方式讲述了功能性食品的提取、开发与利用，特别是从微胶囊包材的包埋率、微胶囊里的活性物质被释放出来所需要的时间、微胶囊的稳定性三个方面介绍了经微胶囊技术处理后的活性物质加入食品中的一些理化性质，以及微胶囊技术提取油脂中的活性成分用于食品的方法和技术，给在场师生带来了一顿丰盛的知识盛宴。师生们都很认真地聆听了报告，老师们还根据自己科研的实际情况和问题与Siew - Young Quek教授进行了交流与探讨。此次学术报告得到了师生们的一致好评。（化学化工学院学工办）

12月14日　新闻与传播学院学生作品《爱心满城》获广州大学第五届校园原创DV大赛一等奖

“火红的青春”广州大学第五届校园原创DV大赛颁奖仪式于行政西二楼会议厅隆重举行。校党委宣传部、网络中心、校团委和教务处的领导和老师，新闻与传播学院党委副书记孙凌及各院师生代表出席了仪式。

《爱心满城》获得一等奖

本届比赛的一等奖作品《爱心满城》是由10级记者班的姚南、陈曦、郑彩丽、陈文标和10级网络班的李建红、吴桂峰六名同学组成的团队创作的。他们用纪实的手法，以大学城里常见的一位行乞老奶奶为切入口，深入了解并积极参与了“爱心满城”组织的志愿活动，走访了该组织的创立者和志愿者，完成了《爱心满城》的摄制。（新闻与传播学院学工办　摄影：刘思雨）

12月14日　新闻与传播学院与松下公司携手举办“高清拍摄技术与技巧”讲座

由新闻学院广播电视实验室和学工办携手，与松下公司合作筹办的“高清拍摄技术与技巧”专题讲座在图书馆一楼讲学厅举行。广东电视台电视剧制作中心技术科科长、著名电视剧《外来媳妇本地郎》的技术总监钟华青先生应邀出席活动，就高清理论概述、高清的前期拍摄、高清摄像使用心得、高清后期编辑的注意事项四个方面作了演讲。来自广播电视系统公司的贾天尧先生为同学介绍了松下产品。在讲座中，钟华青先生和松下公司的周小姐与现场的师生进行问答互动，现场气氛热烈。新闻与传播学院党委书记伍建芬、副院长李辉教授、党委副书记孙凌出席了本次活动。

此次讲座让同学们了解了更多的新知识、新概念，开阔了视野，提升了同学们对摄影的认识。（新闻与传播学院学工办）

12月16日　外国语学院英语教师教育专业学生获奖

2011年全国高师院校学生英语教师职业技能竞赛广东赛区决赛在广东外语外贸大学英语教育学院举行。广州大学外国语学院08级（2）班江淑妍同学和11级研究生赵忻同学获得一等奖，09级（2）班万丽香同学和08级（1）班郭翠婷、08级（2）班吴楚玲同学获得二等奖。

赛后，同学们纷纷表示这是一次非常难得的学习机会，对接下来的专业学习、教师招聘等方面都会有极大的帮助。（陈丽虹）

12 月 17 日　旅游学院赴台湾地区交换生交流会

12 月 17 日，一场别开生面的赴台湾地区交换生交流会在文新楼 119 室举行。这场交流会吸引了 100 多名旅游学院的学生参与。交流会的主讲嘉宾分别为旅游学 08 级的黄小敏和卢晓君，她们作为交换生去台湾地区高校学习生活了一个学期。两名同学精心制作了 PPT，用生动的语言为同学们讲述了自己在台湾的访学历程。讲述结束后，她们耐心解答同学们的问题，并带来了一些十分有价值的资料供同学们借阅，还当场发放了从台湾带回来的精美礼品。此次的交流会不仅大大鼓舞了一些有意愿参与交流学习的同学积极争取外出机会，同时也增进了同学们对两岸关系的理解，还让同学们领略到了浓浓的台湾民俗风情。（卢德　刘绍东）

12 月 17 日　新闻与传播学院举办“新媒体环境下广播电视业发展及人才培养”学术研讨会

由新闻与传播学院主办的“新媒体环境下广播电视业发展及人才培养”学术研讨会在我校图书馆副楼学术报告厅举行。原凤凰卫视中文台执行台长、现搜狐公司副总裁刘春，深圳广播电影电视集团副总编辑李静，以及省内各大广播电视媒体的部分领导、暨南大学等部分高校新闻院系的领导嘉宾参与了本次学术研讨会。

此次大型学术研讨会使同学们认识到：应当充分利用校园媒体、网络等平台练兵；同时培养自己的国际素养；掌握新媒体的技术。其中，珠江经济广播电台副总监陆敏华则希望高校能针对市场需求培养出“马上能用”的复合型人才，还指出当前广播业已走出广播间，广播媒体人经常走到公众面前

研讨会现场

举办公开的社会活动。大学生们若在组织策划社会活动方面拥有一技之长，会对就业很有帮助。最后，广州大学新闻与传播学院副院长戴剑平作总结发言，他把新媒体环境下人才的要求概括为“新闻意识，传播理念，艺术素养，专业能力”。（新闻与传播学院学工办）

12月18日　关爱老人，收获温暖

广州大学曲艺社、广州大学人文青协、广州大学土木青协，以及南方都市报工作人员带着由广州大学的同学们捐赠的物资来到增城市建娱村探望老人，开展关爱老人活动。同学们把物资送给老人，为老人带来精彩的节目、温暖的慰问。曲艺社的两位代表为老人们演唱《帝女花之香夭》，获得老人们的连连赞声。同学们还陪老人聊天，听他们诉说自己的故事，分享他们的快乐，感叹他们的悲伤，老人不时叮嘱同学们要好好学习。

这次走访建娱村，关爱老人、奉献爱心志愿的活动进行得十分顺利。通过这次活动，希望建娱村的情况能让更多的社会人士了解，有越来越多的人关心当地村民，希望社会充满温情。（温雅瑶）

12月19日　大手拉小手——生命科学学院与瀛洲小学科技活动

生命科学学院田长恩院长、肖杏烟副书记、院关工委李富潮主任、专业教师宋莉英副研究员、学工办李燕冰主任、团委林龑勇书记一行六人到瀛洲小学进行科技辅导活动总结与交流座谈会。

参观瀛洲小学科普项目做实验的果蔬生长情况

座谈会上，瀛洲小学的刘校长、蒋副校长与李老师希望生命科学学院能在日常协助小学开展课外科技活动，充分发挥科研优势指导其科普研究活动。瀛洲小学在 2011 年 5 月成功获得了海珠区科普计划立项“酸雨对瀛洲果树影响的调查研究”，希望生命科学学院作为课题合作单位，在项目的实施过程中给予理论和科技上的指导，并提供实验中所需的科学仪器。生命科学学院领导和专家均表示大力支持，并给出了具体项目的实施指导意见。

随后，大家一起参观了瀛洲小学前期科普项目做实验的果蔬生长情况。双方对未来大手拉小手青少年科技创新活动的携手合作充满信心。（李燕冰）

12 月 19 日　美术与设计学院“09 级美术教育太行山写生画展”开幕

美术与设计学院“09 级美术教育太行山写生画展”开幕式在演艺中心隆重举行。学院院长汪晓曙教授、副院长卢小根教授与陈其和教授出席大会并作了重要讲话，出席大会的还有副书记温志昌、院长助理王丹、美教班班主任以及带队指导老师等。

同学们自发的热情和工作能力使画展办得非常完美。同时，学院领导表示以后学院将会加大力度支持类似的学生画展，并鼓励学生大胆创新，旧为新用，把这次画展作为楷模传承下去。同学们鼓掌表示认同，陈其和教授的一句“看到这次学生作品，美术与设计学院研究生更有生源了”，更是引起全场的老师和同学的欢笑，场面温馨，气氛轻松。（美术与设计学院学工办）

12 月 20 日　广州大学第九届学生公寓文化节之游园系列活动

广州大学第九届学生公寓文化节“雅　文　乐”之游园系列活动在红棉路正式开始。此次活动由广州大学学生自律委员会学生服务部与广州大学学生会生活部联合举办。活动由雅室评比、分享书阁、游园活动、环保服装 DIY 大赛组成。

这次的公寓文化节与往届主要依靠“雅室大赛”活动的学生公寓文化节相比，无疑多了更多乐趣，尤其是游园活动乐中带文、文中带雅、雅中带乐。游园中的“夹气球”游戏，完美诠释了“合作，互助，共赢”的重要性。

这场活动带给同学们的除了欢乐，更是一种生活的态度：珍惜身边每一件

事、每一样物、每一个人，学会乐中带文、文中带雅、雅中带乐。（邱俊）

12 月 20 日　土木工程学院举行“力创德仁”奖学金颁发仪式

广州大学土木工程学院联合东莞市力创钢架结构工程集团有限公司共同举办了“力创德仁”奖学金颁发仪式。土木工程学院院长张俊平、党委副书记邓思清、学工办主任侯丽萍，力创钢架结构工程集团有限公司总经理黄志伟和该公司代表曹晓丽以及学生代表出席了本次仪式。

奖学金颁发仪式

据悉，“力创德仁”奖学金于2010年创立，是为土木工程学院品学兼优的学生设立的专项基金。该项基金的建立，不仅培养了同学们回馈社会的意识，还极大地激励了土木工程学院学子在知识的海洋中奋勇拼搏。（土木工程学院学工办）

12 月 20 日　广州大学聘请刘超博士为兼职（客座）教授

广州大学聘请广州市公安局刑警支队副支队长、广州市公安局刑警支队刑事技术所所长、主任法医师刘超博士为兼职（客座）教授，聘请仪式在文清楼举行，副校长陈永亨教授到会讲话并为刘超博士颁发了聘书。

聘任仪式结束后，刘超博士为生命科学学院师生作了题为“DNA 检验技术在法庭科学中的应用”的讲座。演讲中他展示了大量珍贵的图片和丰富的科研资料，博得广大师生的阵阵掌声。今后，刘超教授将经常性地来校与生命科学学院相关专业的师生交流、座谈，共同申报各级各类科研课题以及给学院介绍横向课题，指导生物学学科的研究生、相关本科专业尤其是生物技术专业的学生毕业论文。（李燕冰）

12月20日　我校举行2010—2011学年度学生表彰大会

12月20日下午，我校在演艺中心举行2010—2011学年度学生表彰大会，对我校本年度“十佳学生”和“优秀学生”进行表彰。校党委书记易佐永、副书记赖卫华、纪委书记陈少梅等出席此次会议并为获奖学生代表颁奖，大会由我校副校长陈爽主持。

本年度“十佳学生”之一的林梅莹同学作为获奖学生代表进行发言。来自化学化工学院08级化工贸易专业的她连续三年获得奖学金，连续两年被评为“广州大学优秀学生”，大一时就加入了老师的科研项目，并积极参加实验技能大赛、广东省大学生创新实验等活动，作为团队的组长，她带领同学参加全国“挑战杯”比赛，获得了第十二届“挑战杯”全国大学生课外学术科技作品竞赛国赛二等奖、省赛一等奖和校赛一等奖的好成绩。“在我们风华正茂之时，勇敢地去追求生命的律动和梦想吧，让生命为之而燃烧，让自己拥有一段珍贵而美好的青春岁月！”林梅莹用努力的汗水和自信的姿态书写了自己的大学生活新篇章。

此外，大会还对学生课外学术科技活动以及奖助学金获得者代表进行颁奖，并为先进班集体授锦旗。据悉，大会上共有6 000多名学生获得学校表彰，林焦敏获第七届“中国青少年科技创新奖”，方雪贤等10名学生获得“广州大学十佳学生”称号并获特等奖学金的奖励。我校在第十一届“挑战杯”广东省大学生课外学术科技作品竞赛、第十二届“挑战杯”全国大学生课外学术科技作品竞赛终审决赛，以及第八届“挑战杯”全国大学生创业计划竞赛中，均取得了良好成绩。

赖卫华副书记总结说，过去一年是学校取得丰硕成果的一年，她强调，新时代的大学生要有历史责任感，须时刻牢记肩上的国家使命。她号召同学们积极投身校园文化建设，鼓励同学们在实践中提升自己的科学文化素质，希望同学们积极培养创新思维和实践能力，重视校园文化建设，积极学习和锻炼。最

后，赖卫华对支持我校教学发展、关心我校学生成才成长的社会团体和热心人士表示衷心的感谢。（魏榆力　陈心瑶　余洁晶）

12 月 21 日　广州大学“院团结合”音乐舞蹈人才培养创新实践展演

广州大学“‘院团结合’音乐舞蹈人才培养创新实验区”第二届艺术实践展演活动在演艺中心举行。本次展演活动由广东省教育厅“‘院团结合’音乐舞蹈人才培养模式创新实验区”项目组、广东省高等教育教学改革项目“‘院团结合’艺术人才培养模式创新的探索与实践”项目组、广东省高等教育教学改革工程项目“艺术类人才培养综合改革的探索与实践”项目组主办，广州大学“院团结合”艺术实践课程组承办。

广州大学音乐舞蹈学院院长马达教授对本次活动给予了充分肯定，认为本次艺术展演充分利用了院团的优秀专业资源，是对“院团结合”艺术实践活动的一次成果展示，“院团结合”的人才培养模式提高了音乐舞蹈学院的教学质量和效益，促进了音乐舞蹈专业教育的学科发展。

“院团结合”是音乐舞蹈学院人才培养的特色和亮点。本次艺术实践课程展演的顺利举办充分表明了“院团结合”音乐舞蹈人才培养模式的科学性、合理性、可行性、优越性。（音乐舞蹈学院学工办）

12 月 21 日　土木工程学院举行“土木助困”奖学金颁发仪式

2011 年土木工程学院“土木助困”奖学金颁发仪式在文新楼 206 室举行。土木工程学院党委副书记邓思清主持了本次仪式。党委书记冀兆良、副院长张朝升和童华炜等领导和学生代表出席了本次仪式。

仪式上，吴旷怀教授阐述了土木助困基金的由来及土木工程学院优秀教师携手成立助困基金会的真正意义，并勉励受助同学勇于克服困难，同时不忘心系母校，感恩母校。（土木工程学院学工办）

12 月 22 日　广州大学拉拉队获得全国冠军

在由中国大学生健美操艺术协会主办的“第六届中国学生健康活力大赛暨 2012 年世界拉拉队锦标赛中国选拔赛”中，广州大学拉拉队获大学五级难度组冠军。广州大学拉拉队是广州大学四大艺术团之一，也是体育学院主要的运动团队。拉拉队成立以来，硕果累累，2006 年到 2010 年连续获得 5 届中国学生健康活力大赛世界拉拉队锦标赛中国选拔赛第二名。

“激情四射、青春无敌、活力十足”是本届比赛的主题，“Cheer goats！Go Go Go！”队员们响亮有力的开场语成为全场焦点。在激扬的音乐声中，身着鲜艳红黄色表演服的队员默契配合地做出各种高难度动作，整个队伍分成几个小组，单腿高臂的技术动作，娴熟稳定；侧手翻、后空翻干净利索、一气呵成。参赛选手们熟练而富有青春气息的舞姿、热情耀眼的笑容赢得了在场观众的热烈掌声和各评委的一致好评。（体育学院）

12 月 23 日　“广之旅杯”广州大学城未来导游之星大赛

第一届“广之旅杯”广州大学城未来导游之星大赛决赛在广州大学演艺中心隆重举行。从 300 多名初赛选手中脱颖而出的 30 名选手，在决赛晚会中开始角逐之旅。在景点介绍环节，每位选手自选一个广东省内的旅游景点并自创一段导游词，其中，广州市的著名旅游景点陈家祠成了多名选手讲解的热门景点。也有选手选择讲解开平碉楼、越秀公园、余荫山房等著名景点。而在突发事件应急问答环节中，每名选手先进行现场抽题，并立即作答，这一环节考查选手们的应变能力。选手们的回答淡定自信而准确，可见选手们为这次比赛作了充分的准备。经过近三个半小时的精彩展示和激烈争夺，来自广州大学旅游学院的许

少丽、王若菡分获冠军、亚军。（刘绍东　陈志明）

12 月 27 日　2012 年基础学院元旦晚会

由广州大学基础学院和桂花岗纺织服装学院团委学生会主办，商学院团委学生会和法学院团委学生会协办的 2012 年基础学院“欢歌闪耀，齐舞青春”元旦晚会在桂花岗校区运动场隆重举行。广州大学学生处副处长陈爱平、广州大学基础学院和桂花岗纺织服装学院院长聂衍刚、学院党总支部李暖均书记、陈泽龙副书记及基础学院桂花岗校区的各位辅导员出席了本次晚会。

本场晚会的节目内容丰富，样式新颖，如法学院 Band 的《温柔》、舞蹈《欢聚一堂》、话剧《回到 194 ×》、舞蹈剧《白雪公主》等为观众们奉上了一场精彩绝伦的视听盛宴，引得台下观众热烈欢呼，掌声连连。此次晚会不仅为学生们提供了一个充分展现当代大学生青春、阳光和张扬的个性的平台，更为学生们送上了冬日温暖的元旦问候。（基础学院学工办）

12 月 27 日　广州大学物流管理专业建设研讨会

广州大学商学院物流管理专业建设指导委员会成立暨专业建设研讨会在学校会议厅召开，来自省政府、省内高校、企业及协会的专家 20 余人和物流专业全体师生共约 200 人参加了开幕式。禹奇才副校长代表学校致辞。开幕式宣告物流管理专业建设指导委员会正式成立，并为委员颁发了聘书，同时为广州大学华新商贸集团公司实习基地和广州大学拜尔空港冷链物流中心产学研基地与食品冷链安全实验室授牌。开幕式后，专家们就商学院物流管理专业的人才培养方案进行了热烈的研讨，提出了很多建设性的意见与建议。本次会议的召开，对广州大学物流管理专业的建设与发展具有重要的意义。（商学院学工办）

12 月 28 日　化学化工学院举行2010—2011 学年度表彰大会暨“仲远助学金”颁发仪式

化学化工学院在图书馆讲学厅举行2010—2011 学年度表彰大会暨“仲远助学金”颁发仪式。广州仲远工贸有限公司总经理区文深先生及学院领导出席了大会。大会对在2010—2011 学年学生课外学术科技活动、院团委学生工作、科技辅导团工作中表现突出的学生个人和团体进行了表彰，同时颁发了“仲远助学金”。（周童）

何蕴华书记与获奖同学合影

12 月 31 日　2012 年跨年热炽模型交流会

广州大学模型协会应琶洲保利博览馆邀请参加了第二十届热炽模型交流赛，进行摆摊交流活动。本次活动是广州最大型的模型交流会，本协会的会员丙烯获得了本次交流会模型比赛的“最佳民用类”一等奖。

本次热炽模型交流会不但为模型协会提供了一次展露自己的平台，更提供了同学们和其他模型界人士沟通交流的机会，让广州大学模型协会会员开阔了眼界，加深了认识，让会员们在发展自身模型技术的道路上越走越远，是一次非常有意义的社会交流活动。（易德辉）

附录：2011 年日志清单（未收录部分）

1 月 1 日	“心之韵，新体会”走访优秀党员系列活动启动
2 月 2 日	玉兔蹦蹦跳跳送新年
3 月 1 日	“中华诵·经典诵读宣传推广月”活动
3 月 8 日	人文女生节，快乐诵读日
3 月 8 日	2011 年建筑与城市规划学院三八妇女节送祝福活动圆满落幕
3 月 8 日	关注身边生活，优秀无处不在
3 月 9 日	“红歌、红舞、红诗”会暨第三届美丽方程式
3 月 11 日	携手共进，努力拼搏——记知行读书社第一次社干见面大会
3 月 12 日	建筑与城市规划学院“小邮差”信件传递祝福，传递真情活动顺利举行
3 月 12 日	消费者权益保护日系列活动之送法进社区大型法律咨询
3 月 12 日	广州大学第八届女生节系列活动之“美丽女人心”健康讲座
3 月 13 日	党徽在我心
3 月 13 日	物流学会召开新学期的第一次干部培训
3 月 14 日	“Teenage Dream 花漾年华”——女生节系列活动
3 月 14 日	机械与电气工程学院第四届班际篮球赛
3 月 15 日	2011 外国语学院女生节活动
3 月 15 日	普通话专题讲座活动
3 月 15 日	2011 年建筑与城市规划学院第八届女生节圆满落幕
3 月 15 日	人文土木女生节嘉年华
3 月 15 日	女生节“乐自由我”游园会，虚拟货币拍卖会引热潮

3月15日	消费者权益保护日系列活动之龙津普法咨询活动
3月15日	消费者权益保护日系列活动之“消费与民生”宣传海报展
3月15日	球协新年新活动，共聚球场看女排
3月15日	旅游学院女生节系列活动之蛋糕快乐工坊
3月17日	学校关心赴日交流学习的学生及在我校的日籍师生
3月17日	“音天？情天”校园歌唱比赛
3月17日	10级对外班领导联系班级活动
3月17日	广州大学党建理论研究会第二学期第二次走访优秀党员活动
3月18日	我校召开加强学生宿舍教育管理工作交流会
3月18日	哲学无处不在——哲学通讯交流会
3月18日	全情投入工作，共同筹备比赛——球协成员筹备七人足球赛
3月19日	相约党员——广州大学党建理论研究会第二学期第三次走访优秀党员活动
3月20日	人文学院团委、学生会干部培训大会
3月20日	金星野炊小记
3月20日	非凡自信，展现自我——记长洲岛小学义教人员招收
3月20日	众多成员聚一堂，共商协会数活动
3月20日	给力摆摊，展知行风采
3月20日	“广大附中环大学城远足行军活动”在广大落幕
3月21日	三校交流会之项目分析活动
3月22日	土木工程学院分党校第十七期培训班今日正式开课
3月22日	人文学院拔河比赛
3月22日	广大曲艺社活动
3月22日	雅言传承文明，经典浸润人生
3月22日	七人球赛鸣锣开战，酣畅淋漓精彩纷呈
3月22日	丝带蝴蝶结与折纸

3月22日	少年，一起来！
3月22日	长洲义教，成就明日之师
3月22日	旅游学院“中华经典诵读”知识竞赛活动
3月22日	2011年广州大学院际男子篮球赛第四轮——见分晓
3月23日	广州大学党建理论研究会第二学期第四次走访优秀党员活动
3月24日	五大社团联手，打造活力公管
3月25日	新鲜球类教学　球协干事尝鲜
3月25日	一人支教，众人受益——支教交流及义教人才培训
3月25日	广州大学院际男子篮球赛第五轮比赛开战，精彩连连
3月26日	三校社工协会交流会：促进高校交流，展现社工优秀文化
3月27日	携手谱写艺术人生 ——艺术团首届全体大会隆重举行
3月27日	小球联系两个协会感情
3月27日	广大社协与地理青协联手本学期第一次手语歌课堂
3月27日	法林争霸赛，学子精英齐聚会
3月27日	广州大学院际男子篮球大赛第六轮
3月29日	学之有道，风行校园
3月29日	男子三人篮球赛
3月29日	棠棣文学社社刊派发及征文比赛宣传
3月29日	旅游学院对阵体育学院篮球赛
3月29日	决一战，争八强
3月31日	第八届“挑战杯”创业大赛
4月1日	人文学院考研讲座
4月1日	08信工（通信）班问鼎第四届机电篮球赛
4月1日	公共管理学院年度学生干部培训班完美结业
4月2日	土木工程、化学化工、建筑与城市规划学院三院联合举办职业规划大赛

4月5日	建筑与城市规划学院举办第三届“最受学生欢迎的老师”评选活动
4月5日	旅游学院10级海南见习经验交流会
4月7日	为了明天——素社街爱心少男少女加油站义教培训活动
4月8日	广州市设计院副总工程师做客土木工程学院谈亚热带地区空调新技术
4月8日	数学学院第八期入党积极分子培训班开班
4月9日	土木工程学院、商学院海珠区康复中心活动
4月10日	快乐竞答，收获知识
4月10日	建筑与城市规划学院讲座：清华大学工作坊经历分享成功举办
4月11日	人文学院老师走访学生宿舍
4月12日	土木杯足球赛
4月12日	考研讲座与你相约
4月12日	“三尺讲台染芳华　师范技能显儒雅”师范技能大赛初赛
4月12日	第四届秘书节系列活动之朗诵比赛
4月12日	校团委携领迅公司专家来我校指导就业工作
4月12日	2011院际篮球赛半决赛争夺战——体育学院和法学院勇夺决赛门票
4月12日	中华经典诵读——“唐诗宋词欣赏”讲座
4月14日	“广州大学第八届校园辩论赛”摆摊活动
4月15日	你我再次相约党研会——广州大学党建理论研究会内部考核暨干培大会
4月16日	2011年建筑与城市规划学院“建筑杯”篮球赛成功举行
4月16日	难忘的党校活动——参观中共三大会址纪念馆
4月16日	小洲志愿成长营——团队拓展定向培训活动
4月17日	知行点灯，照亮明日之师——记知行读书社“明日之师”师范技能大赛

4 月 18 日　第四届秘书节系列活动之 DIY 创意大赛
4 月 19 日　音乐舞蹈学院学生干部培训以“礼仪知识”讲座落下帷幕
4 月 19 日　红会青春健康文化月书写比赛活动
4 月 19 日　结构设计竞赛
4 月 19 日　寝室文化节顺利举行
4 月 19 日　先知，而后流——2011 年商学院物流知识竞赛
4 月 19 日　第四届秘书节系列活动之职场经验交流会
4 月 19 日　第四届机电风开幕式即将举行
4 月 19 日　机电学院“歌舞青春”大赛隆重开锣
4 月 19 日　召开社会实践总结表彰大会
4 月 19 日　文化节开幕式，行协爱心义卖
4 月 19 日　文化节爱心义卖活动暨手语歌大赛宣传活动
4 月 19 日　物流知识竞赛宣传摆摊活动
4 月 19 日　心怀天下，共筑和谐——第八届校园辩论赛开赛
4 月 20 日　举办“党旗漫卷美如画”书法摄影比赛
4 月 20 日　“广州大学岭南建筑研究所承担亚运工程剖析”讲座圆满成功
4 月 20 日　10 电信（1）班荣获第二届“飞跃杯”象棋比赛冠军
4 月 21 日　忆大学城穗石小学义教
4 月 21 日　高力国际宣讲，与你共享房产
4 月 22 日　超级数学声，用歌声演绎你的青春
4 月 23 日　广惠交流会　两院再次齐聚
4 月 23 日　学习交流，共同进步——广州大学党建理论研究会华工之行
4 月 23 日　哲学电影分享会
4 月 24 日　环保进北亭
4 月 24 日　第四届秘书节系列活动之“墨舞青春”书法比赛
4 月 24 日　“明日之师”师范技能大赛决赛工作部署会议

4月24日	吉协成员健康晚会展风采
4月24日	聚八方友朋，立文学之盟——广东省高校文学联盟成立仪式
4月24日	体育学院力擒法学院，续写篮球王者传奇
4月25日	“争先创优，争当先锋”演讲比赛决赛
4月25日	我院夺得省“南粤杯”大学生思政教育主题网页设计大赛二等奖
4月26日	学生工作干部队伍远赴雷州调研经济困难学生家庭状况
4月26日	人文学院第四届秘书节闭幕式
4月26日	“三尺讲台染芳华　师范技能显儒雅”人文学院第四届师范技能大赛决赛
4月26日	建筑与城市规划学院举办讲座：Digital Design And Fabrication
4月26日	机电学院第四届“机电风”文化节之文化长廊
4月26日	电路板设计大赛
4月26日	火热进行第四届手工艺大赛
4月26日	金钱越多越幸福吗——音乐舞蹈学院对论旅游学院
4月26日	校园辩论赛复活赛之人文学院对阵物理与电子科学学院
4月27日	地理科学学院学生在第十一届省大学生“挑战杯”大赛中获奖
4月27日	化学化工学院学生喜获第十一届“挑战杯”作品赛省赛特等奖
4月27日	关爱我们的地球
4月28日	学院艺术团送节目到广西贵港市
4月30日	2011年“中华会计网校杯”全国校园财会大赛
4月30日	传承亚运　和谐共享——全民健身绿道骑行活动
5月1日	宿舍回访活动开展
5月3日	第一届党团知识竞赛

5月3日	机电风系列活动之——才智大比拼
5月3日	校企合作，争创发展新优势
5月3日	康乃馨——母亲节的礼物
5月4日	“高举团旗跟党走”活动
5月5日	纪德君“中华散文经典导读”讲座
5月6日	教育厅考核专家组到我校考核助学贷款工作
5月6日	广州大学举行2011年第二校园经历游学启动仪式
5月6日	七人足球赛完满落幕，冠军之争精彩纷呈
5月6日	口号大征集，邀你共参与
5月8日	新闻学院新生辩论赛顺利结赛　10广告问鼎冠军
5月8日	青春健康高校行——青春健康文化月活动
5月8日	旅游学院“5·8”世界红十字日红会活动
5月8日	“同饮一方水”——广州市番禺职业技术学院交流团抵达广大
5月9日	感恩系列活动暨土木青协成果展览
5月10日	大爱无疆，传递博爱之心
5月10日	广州大学第三届中华经典诵读大赛初赛
5月10日	公共管理学院在建党90周年系列活动中荣获佳绩
5月10日	红十字会，你我同惠——世界红十字日游园活动
5月10日	各自的精彩，一样的爱心——广州大学青年志愿者协会学院特色活动展示会
5月10日	校园辩论赛（8进4）土木工程学院激战教育学院
5月11日	“经典之前的中国智慧——关于一组上古神话的讨论”讲座
5月12日	第六届全国大学生职业规划大赛讲座
5月13日	学生到复旦大学访学
5月14日	音乐舞蹈学院“第二校园经历访学团”访学北京舞蹈学院
5月15日	活力团日志，舒畅心中情

5 月 15 日	第四党支部天后宫活动
5 月 15 日	岁月更迭，爱心不灭——环境科学与工程学院慰问孤寡老人活动
5 月 15 日	传承亚运志愿精神，撒播青年温暖情怀
5 月 15 日	旅游学院 10 级新生海南见习成果展示会
5 月 16 日	08 学前开展“庆祝建党 90 周年”团日活动
5 月 16 日	第八届校园文化艺术节“唱党歌，举党旗，铸党魂，跟党走”学生红歌歌咏比赛决赛落下帷幕
5 月 16 日	旅游学院“南方义卖”活动
5 月 17 日	“党的生日、我的献礼”——建党 90 周年暨党员义务培训班汇报演出小记
5 月 17 日	广州大学外国语学院文化节
5 月 17 日	邀请专家为毕业生解读就业政策
5 月 17 日	09 地信精彩定向越野活动日
5 月 17 日	因为有你，所以坚持——记棠棣文学社之社联会员日活动
5 月 17 日	第八届校园辩论赛半决赛：计算机学院抱憾错失总决赛，土木工程学院晋级
5 月 18 日	学生进入“H3C”2011 年全国大学生网络技术大赛复赛
5 月 18 日	我要做公务员，参加模拟公务员面试
5 月 18 日	旅游学院承办 2011 年四学院足球联赛
5 月 19 日	毕业之约　我们一定会再相见
5 月 19 日	地理科学学院中华经典诵读活动再结硕果——杨子同学荣获大赛一等奖
5 月 19 日	旅游学院之“成功考研及学生科研申报”讲座
5 月 20 日	土木工程学院第一作者讲坛之赴台交流见闻开讲
5 月 20 日	商学院举行建院十周年暨顾委会 2011 年年会

5月20日	旅游学院学生在我校中华经典诵读大赛上摘冠
5月20日	“爱心留母校，文明踏征程”——2011年广州大学毕业生文明离校系列活动
5月21日	传承美德，探访海珠区康宇老人院
5月21日	全院协力，给力南方义卖
5月22日	教育学院青协组织志愿者探访退休教师
5月23日	2011届毕业生文明离校拉开序幕
5月24日	土木工程学院召开“五四”表彰大会
5月24日	房产风采，由你谱写——2011年商学院房地产项目策划大赛
5月24日	党员宿舍走访活动
5月24日	风雨90年，红色永不变
5月24日	一次自由激情的课堂经历
5月24日	中华经典——诵读角
5月24日	第六届“Just Build It”房地产项目策划大赛决赛
5月24日	手指大动，点钞大赛
5月24日	旅游学院趣味运动活动
5月24日	计算机学院全男上阵　夺校园辩论赛季军头衔
5月26日	土木工程学院07级毕业晚会
5月26日	纪念建党90周年“演先进事迹，现辉煌历史”主题表演活动
5月28日	建筑与城市规划学院讲座：Routing through the Logical Mind
5月28日	高校武协交流，学知识增友谊——记第十届群英会暨各高校武术交流会
5月28日	广州大学城公务员考试交通指引志愿服务
5月29日	社协家庭同乐日　欢度“六一”嘉年华
5月29日	物流学会毕业生交流会完满结束
5月30日	“经验交流，互学共勉”——公管学院师生苏州大学访学活动

5月31日	李艺娟副教授学生毕业音乐会
5月31日	广州大学第六届英语演讲比赛
5月31日	十一届人大四次会议精神的解读
5月31日	建筑与城市规划学院“创意建筑　文化荟萃”第六届文化节闭幕仪式
5月31日	公共管理学院创新党课实践环节
5月31日	广州大学学生社团文化节
5月31日	欢乐六一——穗石小学义教
5月31日	昌岗东路小学科技节实验表演
6月1日	工业设计研究所多项设计获省长杯大奖
6月1日	法律咨询服务社换届大会
6月1日	球协干部共聚一堂，有趣温馨别开生面
6月1日	志愿滨江，品味红书——广青协在大元帅府小学与小朋友提前庆六一
6月1日	新疆少先队员参访广州大学
6月2日	公共管理学院2011年毕业生晚会　四年见证成长再出发
6月2日	“3+1”篮球比赛报名　热情点燃校园
6月2日	真情告白，感动你我——棠棣文学社征文颁奖大会暨换届大会
6月4日	建筑与城市规划学院2011年第十届三校快题比赛
6月6日	书籍画板回收与发放活动
6月6日	社会工作协会换届大会——换届大会迎来新一个团队，望越做越出色
6月7日	舞蹈系09级、10级专业课程结业汇报
6月7日	土木工程学院第17期党课培训顺利完成
6月7日	商学院2011学年四院足球精英赛

6月7日	传承·创新·致远——广州大学党建理论研究会第九届换届大会
6月7日	跳蚤市场及爱心捐献书籍活动
6月8日	DIY换届大会
6月9日	化学化工学院值班教师为同学们举办学术小讲座
6月9日	2011年区域资源协会换届大会
6月10日	公共管理学院08级学生党支部再次荣获“优秀党日”活动一等奖
6月12日	志愿讲解队为留学生义务讲解广州历史文化
6月12日	08教技举行“建党90周年”团日活动暨联欢晚会
6月13日	舞蹈系举行舞蹈考研交流会
6月13日	房地产学会第十七届换届大会
6月14日	学生调研团队入选“调研中国”
6月14日	公共管理学院学生综合表彰大会　“公管精神”溢满公管大家庭
6月14日	侃侃而谈，各抒己见——与《花溪》杂志交流会
6月15日	音乐舞蹈学院学生与肇庆学院音乐学院学生开展专业交流
6月16日	08级音乐教育专业学生教育见习顺利完成
6月16日	郑德芳副教授学生毕业音乐会
6月16日	广州大学召开2011届贷款毕业生诚信教育及还贷会
6月16日	外国语学院认真开展“第二校园经历访学”报名选拔工作
6月16日	化学化工学院开展“学党史、知党情、跟党走”主题教育活动
6月17日	学生支部举办创建学习型党组织暨庆祝建党90周年活动
6月20日	深入实际，创先争优——学生党支部党日活动获奖
6月21日	金星农庄之行

6月21日	风雨无阻，篮球魅力——“3+1”篮球赛风雨中落幕
6月23日	回收物品，传递爱心——2011毕业季物品回收捐赠活动
6月24日	外国语学院聘老同志为学生党建工作联络员
6月24日	公共管理学院学生双代会召开
6月29日	音乐舞蹈学院“院团结合”艺术实践初现成果
7月1日	新闻与传播学院新传网第二届记者团工作总结大会顺利落幕
7月8日	广州大学商学院2011学年暑期社会实践活动
7月12日	旅游学院团委学生会干部培训大会
7月13日	从化长流村暑期“三下乡”社会实践
7月14日	新的起点——官洲暑期外出咨询活动
7月17日	河源龙川县车田镇暑假三下乡
7月19日	暑假下乡，新兴之旅
7月22日	我校二A录取工作正式开始
8月8日	大学生活初记　新生报到有感
9月1日	妇联热线接听志愿活动
9月1日	“回首往昔，追忆百年辛亥；珍视现今，创建文明广州；放眼未来，关注五年新景”团日活动
9月2日	2011级新生报到
9月3日	人文学院2011届大型迎新活动
9月3日	易佐永书记指导我院新生报到工作
9月3日	“师妹，我来帮你拿行李啦！”——11级迎新活动
9月3日	一起来，更精彩！文明城市由我创——广州大学青年志愿者创建文明校园活动
9月4日	新鲜人新鲜事——2011级第一次新生训练营
9月4日	旅游学院实验旅行社义务引导新生游广大
9月5日	人文学院2011级新生入学典礼

9月5日	教育学院“两封信”迎接新生
9月6日	感恩教师节，朵朵赠爱心——新造义教
9月8日	“创文”志愿活动
9月9日	酸甜苦辣——大学军训
9月11日	建筑与城市规划学院广州市创文活动
9月12日	圆月当空照，激情广大扬
9月12日	花好月圆庆中秋——广州大学商学院2011年中秋晚会
9月12日	人文新生中秋联欢晚会
9月12日	建筑与城市规划学院举行中秋晚会
9月12日	中秋晚会
9月12日	中秋佳节，棍动激情
9月12日	旅游学院新生中秋迎新晚会
9月13日	军训之旅
9月13日	建筑与城市规划学院团委宣传部招新
9月13日	千里寄相思，欢聚中秋夜
9月14日	新生报到后对父母的思念
9月14日	让文明洋溢在校园的每一个角落
9月14日	又是一年花开时——广州大学青年志愿者协会2011招新活动
9月14日	校团委学术科技与素质拓展认证中心部门招新
9月16日	大学生活的第一课：坚持
9月16日	回首过去，展望未来——广州大学学生会主席联席会议第一次会议召开
9月17日	10中文集体“创文”，争做先锋人
9月17日	2011级新生心理普查
9月18日	10对外班南沙之行
9月18日	广州大学第一轮九院辩论交流赛

9月19日　广州大学2011级新生军训汇报表演暨表彰大会
9月19日　“广州创文”志愿服务
9月19日　地理科学学院收获军训工作先进学院六连冠
9月19日　精彩的汇演，难舍的情谊
9月20日　研究生举行新老生交流会
9月20日　桂花岗招新——招新现场人头攒动，大一学子锋芒初露
9月20日　爱心传递，只是一本书的关怀
9月20日　“力拔山兮气吞河”——记环境学院拔河比赛
9月20日　招贤纳士，增添活力——法学院团委招新工作开展
9月21日　第三党支部：新生党课教育领航者
9月23日　庾建设校长来我院调研，提出建设研究型学院目标
9月23日　09学前开展“幸福创文，给力广州”主题团日活动
9月23日　体验生活，品味人生——记金星农庄野炊
9月25日　辅导员寄语
9月25日　机械与电气工程学院迎新晚会——一场别开生面的晚会
9月25日　广州大学第二轮九院辩论交流赛
9月27日　广州大学2011年国庆迎新晚会
9月27日　建筑与城市规划学院2011年新旧生篮球赛成功举行
9月27日　博学讲坛讲座：“让大学成为丰盈人生的起跑线”讲座
9月27日　旅游学院2011年“新生杯”篮球赛
9月28日　洒热汗，燃激情，新生军训阅兵总动员
9月28日　外语与计机联合迎新晚会
9月28日　我院黄忠同学在第六届广东省职业规划大赛中获佳绩
9月28日　第六届广东省大学生职业规划大赛广州大学赛区决赛
9月28日　外国语 & 计算机学院迎新晚会表演
9月28日　旅游学院选手在校职业规划大赛获二、三等奖

9 月 29 日	物理与电子工程学院部长换届大会
9 月 29 日	广州大学积极与台湾高校成立联合研究机构
9 月 29 日	建筑与城市规划学院 2011 年新旧生交流会
9 月 29 日	桂花岗服务队面试
10 月 1 日	我们是冠军!
10 月 2 日	建筑与城市规划学院进行迎新干事培训
10 月 3 日	建筑与城市规划学院团委学生会招新工作及部门培训
10 月 7 日	公共管理学院新闻中心五周年：忆往昔峥嵘岁月　新老成员共奋进
10 月 7 日	广州大学第三轮九院辩论交流赛
10 月 8 日	外国语学院给校友的一封信
10 月 8 日	广州大学学生会第一次中层干部会议
10 月 9 日	我院参与 2012 年全国研究生广东站招生现场咨询会
10 月 9 日	建筑与城市规划学院团委学生会换届大会
10 月 9 日	传承经验，开拓未来——化学化工学院新旧生交流会
10 月 9 日	阳光十月，青春飞扬——广州大学党建理论研究会新干见面会（桂花岗）
10 月 9 日	第十八届新干事见面会
10 月 10 日	新闻与传播学院举行升旗仪式暨红歌比赛　11 广电（1）班得第一
10 月 10 日	历史系党支部走访新生宿舍
10 月 10 日	人文学院学生党支部召开第二次联合会议
10 月 10 日	纪念辛亥革命一百周年活动
10 月 10 日	百团大战　社团招新
10 月 11 日	土木工程学院级委选举
10 月 11 日	“百团大战”缤纷开场　社团招新尽显奇招

附录

10月11日	我们的大学——记组织、动员、监督关于“创文”之团日活动
10月11日	百团大战，硕果累累——法咨社招新活动
10月11日	红棉桂花夺目齐放，广大百团竞相争芳
10月12日	中华经典浸润人文新生
10月12日	新旧心相连——记11电气（2）班新旧生交流会
10月12日	新生辩论赛，你们准备好了吗?
10月12日	广州大学在纪念陶行知诞辰120周年征文活动中收获成果
10月12日	活动中充满欢乐，游戏中彰显智慧
10月12日	百团大战，博采众长
10月13日	建筑与城市规划学院学生素质拓展工作
10月13日	依依惜别——2011年第三次新生训练营
10月13日	新的生机与活力——社协招干面试
10月13日	广州大学学生会新干见面会顺利召开
10月14日	激情四射的院运会
10月14日	校团委学术科技与素质拓展认证中心全体成员培训大会
10月14日	梦想在此启程，曲艺伴你远航
10月14日	诗意中国，对传统文化的一种解读
10月14日	知行新社干面试活动
10月14日	手中彩印相伴，身旁伙伴同欢——广州大学青年志愿者协会干培活动
10月15日	户外干培，我们是一家
10月15日	建筑与城市规划学院院运会圆满完成
10月15日	华工之旅，陶艺之乐
10月15日	天河电脑城电脑节棍协表演比赛
10月16日	新人新见面，青协新活力

10月16日	清远一日游［09对外（2）班］
10月16日	干事培训，团结你我
10月16日	“百团大战”之后——跆拳道协会
10月16日	广州大学青年志愿者协会与各学院分会负责人交流会议
10月16日	2011级校学生会新干培训活动顺利举行
10月17日	军训服的回收与发放
10月17日	跆协会员动起来——记广州大学跆拳道协会2011首次动员晚会
10月17日	广州大学音乐协会迎新晚会
10月17日	广州发展论坛第一讲
10月17日	博学讲坛讲座：“当前经济结构调整的思考”讲座
10月18日	数学与信息科学学院心理协会健康讲座
10月18日	人文学院体育选拔赛
10月18日	2011—2012团委学生会第一次见面大会
10月18日	机电学院新干事培训活动
10月18日	土木工程新生杯篮球赛
10月18日	声像与灯光技术协会迎新晚会
10月18日	畅游科学海洋，点亮化学人生——化学化工学院举办第六届化学节
10月18日	第一次干部培训，完成个人的蜕变
10月18日	此夜开怀欢笑——记棠棣全体新干见面会
10月18日	行协招新之干事面试
10月19日	机械与电气工程学院团校培训大会
10月19日	知行读书社微格课堂开讲：见微知著，放飞教师梦
10月19日	广州大学学生会举行校情团情讲座暨考试
10月19日	走自己的路，创美丽人生

10 月 20 日	第一次英语角活动
10 月 20 日	棍协新血液，新希望
10 月 21 日	挥洒汗水，收获团结——法学院篮球赛
10 月 21 日	化学化工学院举行新生心理交友沙龙活动
10 月 22 日	电子 11 级（2）班金星农庄一日游
10 月 22 日	学以致用，关注民生——法咨社 2011 级新干事首次法律咨询活动
10 月 22 日	暨大棍协与广大棍协交流
10 月 22 日	数风流人物，还看今朝——广州大学青年志愿者协会 2011 届全体大会
10 月 23 日	2011 年广州大学商学院定向越野部门联谊
10 月 23 日	2011 级新生篮球赛开打啦
10 月 23 日	广阔天地，大有所为——记书画协会全体会员动员大会
10 月 24 日	新老生交流会
10 月 24 日	物理与电子工程学院新生辩论赛
10 月 24 日	2011 级新生辩论赛——“专才与通才”
10 月 24 日	常规训练令每个曲艺社成员获益良多
10 月 25 日	11 届红会第一次干培
10 月 25 日	师生互动　受益匪浅
10 月 25 日	爱，阳光——2011 年阳光义工团重阳节敬老系列活动
10 月 25 日	番禺区鱼窝头中学义教招募活动
10 月 25 日	巧手制作不织布猫咪卡套
10 月 25 日	博学讲坛讲座：“中国的人权理论与实践”讲座
10 月 26 日	博学讲坛讲座：“百年辛亥，历史风云”讲座
10 月 26 日	联谊大破冰，商院一家亲——广州大学商学院 2011 学年班级联谊

10 月 26 日	机电学院新生篮球赛之半决赛风云
10 月 26 日	我心目中的学生党支部
10 月 26 日	融入知行去　我是知行人
10 月 26 日	公文写作培训讲座顺利进行
10 月 27 日	土木工程学院第六届雅室评选
10 月 27 日	体验定向越野的乐趣
10 月 27 日	举行新干事见面会，提高协会的活力
10 月 28 日	“创优良学风班”评比活动
10 月 28 日	广东省第三届大学生艺术展演
10 月 29 日	探访老人院
10 月 29 日	快乐干培，燃放激情
10 月 29 日	2011 土木学生会与人文团委、学生会干部培训大会
10 月 29 日	机械与电气工程学院和外国语学院联合田径运动会
10 月 29 日	心的交流，爱的奉献——化学化工学院红会为瀛洲老人院做义工
10 月 29 日	支教之旅
10 月 29 日	暖心行动——广州大学党建理论研究会户外干培活动
10 月 30 日	探访流浪猫狗中心
10 月 30 日	广州话，你 Hold 住了吗？
10 月 30 日	青春健康知识竞赛
10 月 30 日	毕业前的最后一次烧烤
10 月 30 日	一起来摇滚吧——吉协迎新暨 25 周年庆晚会
10 月 30 日	球协迎来十一年，温馨团结是一家
10 月 30 日	欢笑与感动同在——记棠棣文学社 2011 迎新晚会
10 月 30 日	唇枪舌剑——2011 广州大学新生辩论赛第一轮比赛
11 月 1 日	土木工程学院第七届雅室评选

11月1日	普法讲课——南亭义教志愿服务活动
11月1日	机电学院2011级新生适应性调研
11月1日	第四届班服设计大赛——争奇斗艳　活力无限
11月1日	生命科学学院新旧生交流会
11月1日	商院雅室，风采尽显——广州大学商学院第九届雅室大赛
11月1日	两院专业辩论赛——艺术创作是否应该遵循市场需求
11月1日	2010—2011年度校团委素拓认证工作总结大会
11月1日	悦动青春，梦想飞扬——2011年教育学院迎新晚会暨年度表彰大会
11月1日	记我校学生社团举行展演并首次走进桂花岗校区
11月1日	手折礼物盒，痛苦并快乐着
11月1日	精彩大家创——学生会干培活动之趣味运动会
11月1日	青春起航，梦想飞扬——2011广州大学学生社团展演晚会
11月2日	学校召开2011年广东文化基金助学金评审会
11月2日	雅室评比大赛
11月2日	纪念辛亥革命一百周年（10对外班）
11月2日	机电学院Photoshop与CAD技能培训
11月2日	班徽班服设计大赛展示与公开投票
11月2日	我们辛苦并快乐着——记广州大学跆拳道协会跆协提高班第一次训练
11月2日	展现自我风采，秀出协会之风
11月3日	“别出新才”的迎新晚会
11月3日	2011年迎新晚会
11月3日	第六届新生演讲比赛决赛：广州印象在我心　精彩未来我做主
11月3日	Ghost化妆晚会主题英语角
11月3日	会员大会，延续精彩

11月4日	物电迎新晚会
11月4日	就业指导系列课程
11月4日	棠棣文学社、知行读书社、广大书友会、广大BBS联合举办“文字擂台”活动
11月5日	以策划者的角度看“干培”
11月5日	跨越旧时代与新都市——广州红砖厂，天河飘绢半日游
11月6日	院运会
11月6日	第六届“青葵杯”新生辩论赛半决赛
11月6日	广州大学人文学院2012届毕业生就业咨询会
11月6日	建筑与城市规划学院青红篮球赛
11月6日	新干事，新气象——2011社协第一次干事培训
11月6日	党建理论研究会2011年会员大会
11月6日	会员见面，延续精彩
11月6日	校团委学术科技与素质拓展认证中心送旧迎新
11月6日	拉近距离，提升你我——记知行读书社干培活动
11月6日	起死回生——2011广州大学新生辩论赛第二轮（复活赛）
11月7日	外国学习论坛活动
11月7日	广州大学人文学院辩论队与东涌镇团委交流会
11月8日	“90’s青春的诗”——人文学院2011年迎新文艺晚会圆满落幕
11月8日	感动我心　启智义工
11月8日	党员再教育活动
11月8日	考研与就业如何选　听校友坦诚说体验
11月8日	举办人文学院与新闻学院迎新晚会
11月8日	难忘的社区服务活动——南华西街残疾人工疗站
11月8日	广州大学化学化工学院第六届化学节游园活动
11月8日	“心会缘来”迎新晚会动员大会

11月8日	党研人欢聚一堂，手牵手共谱篇章
11月8日	走近义教，知识共享
11月9日	携手共创文明校园——“文明校园，你我共创”征文活动
11月9日	首届“全国‘大学生杯’设计大赛”顺利举办
11月9日	新视觉，新感觉——广州大学自行车协会会员大会
11月10日	荔湾区岭南街工疗站与广州大学社会工作系学生合作活动
11月10日	棍协出击，震天动地
11月10日	积累经验，学教结合——记知行读书社穗石小学义教活动
11月10日	会员迎新，与众同乐
11月11日	光棍节之夜
11月11日	台湾学者访问教育学院教育政策研究中心
11月11日	光棍节我们与你相伴——海珠区婚姻注册处志愿服务
11月11日	张扬大学生活力　青春由我来做主——全国青少年三人篮球冠军挑战赛志愿者服务
11月12日	“那一天，我闪着红色光芒”党课培训活动
11月12日	暖冬之行——记法咨社龙津街法律咨询活动
11月12日	青春不言输，爱拼才会赢——化工、生科、环境三院联合举办运动会
11月12日	“经验导航，梦想飞扬”暂缓就业党支部民主生活会顺利召开
11月12日	DIY走进广工游园会
11月12日	亚运一周年活动
11月12日	中华经典诵读学分考试
11月13日	高乐教授举行舞蹈编导工作坊
11月13日	激情院运
11月13日	共享游戏，共品真谛
11月13日	瀛洲乐苑行

11月13日	因爱而聚，新生之旅
11月13日	袅袅炊烟心头绕
11月13日	五大协会携手迎新　“心会缘来”动人心弦
11月13日	逐鹿中原——2011广州大学新生辩论赛8强赛
11月13日	模协11年模型教室第一课
11月13日	公共管理学院五大协会迎新晚会
11月13日	旅游学院导游社与华师社团联合开展讲解比赛
11月14日	广州大学广告协会迎新舞会
11月14日	旅游学院第九届雅室大赛
11月15日	呼唤人性——记法咨社文德路小学法律讲课活动
11月15日	“党支部一直在我们的身边”——2011级新生入党动员大会
11月15日	广州“中旅杯”高校英语口语大赛广州大学赛区复赛
11月15日	数学与信息科学学院和计算机科学与教育软件学院之党团地理知识竞赛
11月15日	“风雅颂，乐同行”雅室大赛
11月15日	机械与电气工程学院干培活动落下帷幕
11月15日	团校培训
11月15日	公管学院赴长洲心园家庭综合服务中心参与志愿活动
11月15日	手绳和魔术气球，你hold住了吗?
11月15日	旅游学院高尔夫协会协办“菁英杯”高尔夫邀请赛
11月15日	校学生艺术团入团仪式暨第二次全员大会
11月16日	“最初的梦想——珠三角地区农民工积分入户实施情况调查报告会”
11月16日	电影文化协会迎新电影播放
11月16日	哲学学习社2011年度首次哲学学术讲座——消费文化下的哲学思考

附录

11月16日	旅游学院2011年田径运动会
11月17日	广州大学土木工程学院团委内部多媒体技术大赛
11月17日	新生院际辩论赛总决赛：数学与信息科学学院对阵计算机科学与教育软件学院
11月17日	建筑与城市规划学院团训活动
11月17日	决战辩台之巅——2011新生辩论赛总决赛
11月17日	广州大学—广东顺德金康业塑料有限公司新材料联合研发中心合作协议书签约暨揭牌仪式隆重举行
11月17日	追忆红色岁月，传承文化经典——广州大学党建理论研究会红色电影会
11月17日	房地产电影夜
11月17日	2010年区协迎新晚会
11月18日	手语歌课堂
11月19日	建筑与城市规划学院组织2011下半年党课培训
11月19日	校团委学术科技与素质拓展认证中心部门篮球友谊赛
11月19日	研究生学术论坛公共管理分论坛暨“变革时代的公共治理”学术研讨会开幕
11月19日	走进社区，宣传法律知识
11月19日	精彩运动　羽协共享
11月20日	建筑与城市规划学院成功举办天琥讲座
11月20日	保护动物我先行——记葵蓬村爱心温室志愿服务
11月20日	联合运动会激情洒全场　竞技较量公管学子显风采
11月20日	心理健康月之心理电影赏析
11月20日	再次激战——2011广州大学新生辩论赛四强赛
11月20日	情系慈心，传递关怀——访广州慈心颐和园养老院
11月21日	“青葵杯”辩论赛决赛

11月21日	旅游学院高尔夫学术讲座
11月22日	我校“中华经典论坛”集体诵读准备活动打响
11月22日	综合测评及表决大会
11月22日	教育学院举办运动会
11月22日	“我的雅室，我的家”——公管学院雅室大赛正式启动
11月22日	友爱义教，充实人生——华洲小学的义教活动圆满举行
11月22日	旅游学院11届艺术团内部汇演
11月23日	丽江小学支教活动
11月23日	第九届学生公寓文化节
11月23日	生科院联系班级领导主讲生科讲坛
11月23日	穗石小学支教
11月23日	台湾师范大学环境教育研究所周儒教授来我院作学术报告
11月23日	广大乒协干事第四次常规活动
11月23日	他山之石，可以攻玉——党建理论研究会第一学期第三次走访优秀党员活动
11月23日	旅游学院11级新生辩论赛
11月24日	广州大学新生拔河赛
11月24日	歌舞青春，张扬自我
11月24日	机电学院11级新生辩论赛四强赛
11月24日	红会六院迎新晚会
11月24日	一名党员，一面旗帜——党建理论研究会第一学期第四次走访党员活动
11月24日	新的一年，新的路程——记法律咨询服务社第十六届会员动员大会
11月24日	六学院红会2011年联谊迎新晚会
11月24日	气盖山河　风采飞扬

附录

11月25日	外国语学院师生参与第九届全国中学（初中）英语教学观摩研讨会
11月25日	2011年数学教育学术研讨会成功举办
11月25日	土木工程学院学生会、考研协会举办首届考研宣讲会
11月25日	地理科学学院毕业班党支部召开通表大会
11月25日	地理学子黄顺婷获得广州大学“十佳学生”荣誉称号
11月25日	就业起航，扬起青春风帆
11月25日	力拔山河，青春绽放
11月26日	快乐秋游，“培”伴你我
11月26日	南亭义教出行记
11月26日	中华经典诵读开幕式及演讲
11月26日	龚鹏程教授讲解《大学》概要
11月26日	我校师生在“2011年全国视觉传达设计教育论坛”竞赛中获得佳绩
11月26日	爱护动物之东山社区活动
11月26日	第三届“祥珍杯”的收获
11月26日	赛出健康　赛出精彩——广东省高校第二十三届老年乒乓球团体比赛服务
11月27日	新闻与传播学院院运会落下帷幕　新闻系勇夺团体第一
11月27日	关爱社会，传递温情
11月27日	从《学记》、《大学》看当下教育回归
11月27日	立足当代社会——张志和
11月27日	建筑与城市规划学院探访老人院活动
11月27日	大夫山之旅
11月27日	化学化工学院举行第六届班际辩论赛决赛
11月27日	知行读书社实习经验交流暨义教技能培训大会

11 月 27 日	社团社联心连心——社团会长干培活动
11 月 27 日	ACM 计算机技术协会“技术”讲座告捷
11 月 27 日	四校联谊晚会
11 月 27 日	四强之争——2011 年广州大学新生辩论赛半决赛
11 月 27 日	有趣的小课堂活动
11 月 27 日	旅游学院在辛亥革命纪念馆开展团日活动
11 月 27 日	拔出的是团结，赛出的是友谊
11 月 28 日	育才中学普法讲课活动
11 月 28 日	屈哨兵分享现代大学教育心得
11 月 28 日	“粤唱粤强”粤语 K 歌大赛总决赛
11 月 28 日	物流学会会员日总结
11 月 29 日	“定向越野”活动正在启动
11 月 29 日	科学精神大探讨
11 月 29 日	关工委开放日摊位有奖问答活动
11 月 29 日	传递爱心，关注艾滋
11 月 29 日	我院召开本学期新党员通表及预备党员转正大会
11 月 29 日	初识房产——2011 年商学院第二届学术之旅楼宇风情系列活动
11 月 29 日	第五届“中华诵·经典教育论坛”闭幕式
11 月 29 日	关工委人文学院活动
11 月 29 日	人文学院 2011 年全体党员大会
11 月 29 日	土木工程学院第十八期第二次党课
11 月 29 日	公管学院师生积极参加广州大学关心下一代工作委员会成立十周年开放日
11 月 29 日	2011 广大—暨大哲学社联合读书交流会顺利召开
11 月 29 日	实行干事培训，提高干事能力

11月29日	好老师，从现在做起——记知行读书社华洲小学义教
11月29日	聆听你的意见——会员走访
11月29日	打开视野，初探楼盘
11月29日	区协友约大学馨园
11月29日	感受语言魅力，聆听心灵独白——棠棣茶话会
11月29日	旅游学院2011年世界艾滋病日讲座
11月29日	2011新生拔河比赛最后一战——冠军争霸战
11月30日	10级（6）班与关山老师开展座谈会
11月30日	心理健康月之一笑变心晴
11月30日	第八届“挑战杯”全国大学生创业计划竞赛校赛终审决赛
12月1日	Getting to zero（朝零努力）——记院红会“世界艾滋病日”宣传活动
12月1日	艾滋病日宣传活动
12月1日	重温百年辛亥风云，感铭革命精神光辉——走进广州辛亥革命纪念馆
12月1日	公共管理学院学生开展“感恩回馈”自愿组队清扫卫生活动
12月2日	校运会第二天战况激烈，人文学院捷报连连
12月2日	建筑与城市规划学院团日活动
12月3日	建筑与城市规划学院举办瀚华讲座圆满完成
12月3日	公共管理学院研究生总支委员会于辛亥革命纪念馆开展参观活动
12月3日	青春无悔，激情无限——2011广州大学第八届运动会闭幕式
12月4日	我校女篮获得广东省第四名
12月4日	“人民科学家钱学森”事迹展览
12月4日	公管学院学生赴“社义联动更精彩”嘉年华会参与志愿服务
12月4日	大学生，请拿起法律武器——记法咨社“送法进宿舍活动”

12月4日	登峰街“法治越秀”暨“12·4”全国法制宣传日活动
12月4日	大学生，请拿起法律武器
12月5日	“领导、教授联系班级”活动——11级中文（5）班
12月5日	美国驻广州总领事馆环境官员 Lee Skluzak 先生到学院访问交流
12月5日	九周年一直与你同在——广州大学青年志愿者协会九周年晚会
12月6日	物电学院党团知识竞赛活动
12月6日	庆党华诞九十载　共享党团知识文化
12月6日	2010—2011 外国语学院志愿者文化节
12月6日	数学学院本硕博篮球赛
12月6日	相会交流在今日　辉煌双赢在明朝
12月6日	在亲历中成长——2011年参观本田汽车公司系列活动
12月6日	迈开步伐，追逐梦想——2011年广州大学教育学院“成长论坛”第二讲
12月6日	建筑与城市规划学院成功举办“5+”手绘培训
12月6日	建筑与城市规划学院志愿者文化节
12月6日	家庭综合服务中心访谈活动——走近社工世界系列活动
12月6日	越秀区法院旁听活动——法咨社法院旁听
12月6日	参观学习，给你不一样的收获
12月6日	重温百年辛亥风云　感铭革命精神光辉
12月6日	越秀区法院旁听活动
12月6日	广州大学广告协会营销讲座
12月6日	四大学会广汽本田游
12月6日	志愿服务，义务维修——推广志愿服务，传播互助精神
12月6日	走近社工世界系列活动——长洲心园家庭综合服务中心访谈活动

12 月 6 日	旅游学院心理卫生协会心理委员培训活动
12 月 7 日	鱼窝头义教活动
12 月 7 日	人文学院第四届“十佳学生”评选
12 月 7 日	防狼必备绝招，你学到了吗？——记广州大学跆拳道协会交流之夜
12 月 8 日	学风建设活动
12 月 8 日	自信迎接期末考——党建理论研究会第一学期第五次走访党员活动
12 月 8 日	初识房产，竞赛风云
12 月 8 日	穗石义教，画出精彩——知行读书社穗石小学义教活动
12 月 9 日	旅游学院 2012 届毕业生晚会
12 月 10 日	芳村聋儿语训中心义教之行
12 月 10 日	2011 人文学院拔河比赛
12 月 10 日	凛冽寒风，暖法咨——记法咨社登峰法律咨询活动
12 月 10 日	以球会友，增进交流——广大羽协第二届新生杯比赛
12 月 10 日	寒风中普法——龙津街外出咨询活动
12 月 10 日	旅游学院学子赴流浪狗中心探访活动
12 月 10 日	广东培英职业技术学院与广州大学青年志愿者协会交流活动
12 月 11 日	相约环保行，缘聚大夫山——心协大夫山之旅
12 月 11 日	温暖满人心——记法咨社桂花岗第十六届会员动员大会
12 月 11 日	学为人师，我快乐——知行读书社采访优秀师范生活动
12 月 11 日	工程管理学友会，共叙校园情
12 月 11 日	狭路相逢——2011 广州大学辩论俱乐部新生交流赛决赛
12 月 11 日	展现自我风采——小教师的成长过程
12 月 11 日	书友会杂志首发会
12 月 12 日	高校毕业生专场招聘会

12 月 12 日	法学院团委学生会联络部“2011 级师生交流会”活动
12 月 13 日	我院举行以“实践　思考　展望未来”为主题的实践报告会
12 月 13 日	唇枪舌剑中的思想碰撞
12 月 13 日	外国语学院暑期实践工作总结表彰大会暨香港浸会大学访学经验交流会
12 月 13 日	广州大学人文学院“班团日记”评比
12 月 13 日	教育学院师生前往天河中学参观交流
12 月 13 日	建筑与城市规划学院专场招聘会成功举行
12 月 13 日	献爱心，亲参与——院青协摆摊记
12 月 13 日	备战考研，Are you ready?
12 月 13 日	地理科学学院第十一期分党校培训课程圆满结束
12 月 13 日	参观黄埔军校，缅怀革命先烈
12 月 13 日	新纪元的金融市场
12 月 13 日	心理健康月之心理广场活动
12 月 13 日	“和谐饭堂，你我共建”——参观饭堂日
12 月 14 日	手舞生命更精彩
12 月 14 日	冬日送春暖——记曲艺红会老人院爱心之行
12 月 14 日	旅游学院 11 级新生心理情景剧大赛
12 月 15 日	2011 人文学院“圣诞嘉年华”
12 月 15 日	精彩的碰撞——七人足球热身赛决赛
12 月 15 日	旅游学院会展协会全国技能赛赛后经验交流会
12 月 16 日	2011 年全国高师院校学生英语教师职业技能竞赛
12 月 16 日	2011 年“大学杯”全国大学生工业设计大赛揭晓
12 月 16 日	我校学子在省大学生实验室安全与环保知识竞赛喜获优胜奖
12 月 16 日	党研会组织会员参加“广州大学中国特色社会主义理论体系研究中心揭牌仪式”
12 月 16 日	旅游学院导游社小队之陈家祠互访活动

12月17日　坚持用法律来帮助大众——记法咨社登峰街法律咨询活动

12月17日　旅游学院2011旅游线路设计大赛初赛

12月18日　时事中的法律——学术研讨会的争锋

12月18日　房地产学会学期总结大会

12月18日　圣诞嘉年华

12月20日　学院2011—2012第一学期第二次团学总结大会

12月20日　人文学院2010—2011学年学生工作总结暨表彰大会

12月20日　建筑与城市规划学院“巧手女生”手工DIY活动顺利举行

12月20日　建筑与城市规划学院迎新晚会

12月20日　建筑与城市规划学院召开2011年思想政治工作会议

12月22日　圣诞狂欢暨冬至部门团员活动

12月22日　难忘的党总支换届大会

12月22日　旅游学院专家及博士讲坛讲座之第六场

12月23日　广百集团副总裁讲述“世界商贸零售生存法则”

12月23日　2011—2012学年第一学期广大社联总结表彰大会

12月23日　清廉知行协会组织开展“12·9大学生廉洁诚信周知识竞赛”

12月24日　教育学院学生前往市二宫参加圣诞嘉年华活动

12月24日　广东省第一届大学生跆拳道锦标赛开幕

12月24日　圣诞AC舞会，棍舞随心

12月24日　“举世舞双平安夜”舞会暨第十一届毕业舞会

12月26日　建筑与城市规划学院——关于“我的愿望谁来圆”心愿板活动

12月27日　领导干部联系班级活动：有一种幸福叫爱

12月27日　广州大学物流管理专业建设指导委员会正式成立

12月28日　“追逐繁星”首届舞蹈编导班原创作品毕业晚会圆满举行

12月29日　活泼向上的日语系，精彩纷呈的忘年会

12月29日　建筑与城市规划学院期末舞蹈交流比赛

12月30日　音乐舞蹈学院08级社音班举行毕业晚会

后　记

我们的大学故事已经讲述了三年，通过我们的故事全方位、多角度、全景式地按年度复原了广州大学文化素质教育的点点滴滴。2011 年的关键词有很多，中华经典诵读、珠江新人才、第二校园经历访学、青马工程、国际化，等等。一个学校的精彩不仅在于大师、大事，更在于学校中每一个鲜活的人、每一个平凡的故事。在编写本书的过程中，最大的感受就是原来真实的细微事件能投射出巨大的力量和意义。每每翻读，不禁感叹于大学故事的丰富与多元，正是这些我们可能会从熟悉到淡忘的种种，汇集成时代大潮下高等教育的发展与进步。

故事不断在发生，记录不断在延续，变化的是时间、人物、事件，不变的是编写者的初衷和文化素质教育的目标。文化素质教育在高校的重要性不容置疑，但怎么育，育什么，不同的高校、不同的教育理念持有者有着不同的实践。广州大学在记录故事的同时，也在深层次地思考、积极地探索。把中华经典诵读引入学分考试是大胆的创举，第二校园经历访学计划更是大手笔的“乾坤大挪移”，近两百名学生（其中一半是家庭经济困难甚至未曾走出过广东省的学生）到全国著名高校访学，吸收不同的校园文化，收获不同的感悟。

在广州大学，记录、回顾、反思已经成为习惯，学生处、教务处、研究生处、宣传部、团委、招生就业处、大学生文化素质教育基地等 10 个项目组，以及 22 个学院、近百个学生社团，都从自身的角度记录着各自的实践和探索。全校共征集 2 000 多篇日志，经筛选整理分类，本书收录了 446 篇，全书由陈爽、饶东方最后统稿并修改审定。这些日志不能代表全部，但是折射出广州大学在文化素质教育方面的积极努力，折射出新时期广东高校学子的成长历程。

在本书编写的过程中，各部门、各单位积极供稿，张俊峰、张华金等几名在读研究生在统稿审稿过程中付出了辛勤的劳动，在此对所有为本书的编写和出版作出贡献的老师、同学表示衷心的感谢，对广州大学城及周边地区高校国家大学生文化素质教育基地、暨南大学出版社的大力支持，在此一并致谢。

编写过程中难免有错漏之处，请读者批评指正。

本书编委会

2012 年 7 月 29 日